U0905881

我国保障房有效供给机制研究
——基于转型期地方政府行为的分析

WOGUO BAOZHANGFANG YOUXIAOGONGJI JIZHIYANJIU
—— JIYU ZHUANXINGQI DIFANG ZHENGFUXINGWEI DE FENXI

贾春梅 著

中国财经出版传媒集团
经济科学出版社
Economic Science Press

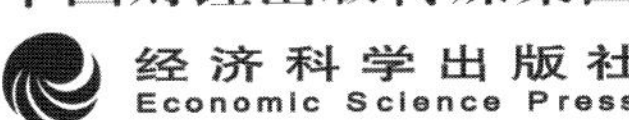

图书在版编目（CIP）数据

我国保障房有效供给机制研究：基于转型期地方政府行为的分析／贾春梅著．—北京：经济科学出版社，2019.3
ISBN 978－7－5218－0423－2

Ⅰ.①我…　Ⅱ.①贾…　Ⅲ.①住宅－社会保障制度－研究－中国　Ⅳ.①D632.1

中国版本图书馆CIP数据核字（2019）第058135号

责任编辑：杜　鹏　张　燕
责任校对：靳玉环
责任印制：邱　天

我国保障房有效供给机制研究
——基于转型期地方政府行为的分析
贾春梅　著
经济科学出版社出版、发行　新华书店经销
社址：北京市海淀区阜成路甲28号　邮编：100142
编辑部电话：010－88191441　发行部电话：010－88191522
网址：www.esp.com.cn
电子邮件：esp_bj@163.com
天猫网店：经济科学出版社旗舰店
网址：http://jjkxcbs.tmall.com
固安华明印业有限公司印装
710×1000　16开　13.25印张　230000字
2019年8月第1版　2019年8月第1次印刷
ISBN 978－7－5218－0423－2　定价：56.00元
（图书出现印装问题，本社负责调换。电话：010－88191510）

前　言

为了实现“住有所居”的政策目标，中国政府计划在“十二五”期间新建3600万套保障性住房（以下简称保障房）。当时该政策出台后引起了很大的争议，比如，3600万套保障房可否解决历史欠账？政府有无能力供给3600万套保障性住房？新建的保障房能否全部瞄准真正的保障对象？从社会福利的角度来看，保障房供给的合理性在于是否满足全部保障房需求（即第一个争议问题），但测度保障房供求缺口的难度相当大。最重要的是，从经济社会均衡发展的角度来说，地方政府（实际供给主体）的保障房合理供给水平不是满足全部需求的供给水平，而是与本地区的经济发展水平和政府财力相匹配的供给水平。从这个层面上来说，研究地方政府保障房供给缺口较之供求缺口更有现实意义。基于此，本书主要就第二、第三个争议问题展开讨论，重点考察地方政府有没有尽其全力供给保障房、为什么缺乏供给激励（理论分析与现实考察）以及如何进行制度创新才能有效激励与约束地方政府的行为。

1. 探讨了地方政府公共品供给行为，研究了地方政府在一般公共品供给中的作用，阐述了地方政府供给保障房的国际经验，以期对中国地方政府有效供给保障房有所启示。

2. 对地方政府保障房供给事实进行描述。第一，本书界定了保障房的公共品属性，明确地方政府的实际供给主体地位。第二，寻找地方政府尽其全力供给保障房的标准水平——合理供给，估算实际供给与有效供给，在此基础上，估计地方政府保障房有效供给不足（或供给缺口）程度。第三，将保障房有效供给不足分解为供给总量不足（合理供给与实际供给之间的缺口）和供给失效（实际供给与有效供给之间的缺口）两种情形，利用江苏各市（县）的微观数据测度保障房供给总量不足程度，运用审计署及福建省审计厅提供的廉租房或经济适用房审计数据描述保障房供给失效的典型事实。

3. 详细梳理了财政分权体制与政治治理机制等制度因素造成保障房有效供给不足的传导机理。具体地，有效供给不足被拆分为供给总量不足和供给失效两种情形分别进行梳理。第一，本书按以下两条线索梳理了制度因素对保障房供给总量不足的影响。(1) 财政分权体制 →供给总量不足。在地方政府实际垄断城镇土地一级市场的情况下，财政分权体制和“招拍挂”出让方式使地方政府产生了获取巨额土地出让金以及房地产相关税收，该财政激励成为保障房供给总量不足的可能原因之一。(2) 以 GDP 为主的政绩考核机制→供给总量不足。以 GDP 为主的政绩考核机制使地方政府官员产生了过度追求任期内经济增长以增加政治升迁可能性的政治激励，成为保障房供给总量不足的可能原因之二。第二，本书按以下两条线索梳理制度因素对保障房供给失效的影响。(1) 财政激励与政治激励→供给失效。中心城区的土地出让价格高，土地出让金与相关税收收入多，GDP 增长快，政治升迁可能性大。于是，在财政激励和晋升激励机制下，地方政府将保障房建在地价低的区域，以尽量压缩资金投入和尽量划拨最便宜的土地，从而造成供给失效。(2) 保障房制度设计缺陷与政策执行偏差→供给失效。经济适用房的“不经济”或“不适用”、准入退出机制不完善导致了供给失效。

在对制度因素影响保障房有效供给不足的作用机制进行系统梳理之后，接着进行了现实考察。本书利用江苏 73 个县（市、区）保障房建设的相关统计数据，逐一考察财政分权度和政府竞争度对保障房实际支出比重产生了怎样的影响，对不同地区地方政府是否产生不同影响，对不同类型地方政府是否产生不同影响以及地方政府的不同类型保障房供给偏好是否存在不同等系列命题。研究表明：(1) 财政分权度和政府竞争度均对保障房实际支出比重产生了负向影响；(2) 政府竞争是造成保障房供给不足的主要原因；(3) 财政分权对保障房供给的负向影响存在地区差异；(4) 政府竞争对保障房供给的负向影响也存在地区差异；(5) 与区级政府相比，财政分权度、政府竞争度对县（包括县级市）级政府保障房供给的负向影响更大；(6) 与廉租房相比，地方政府对经济适用房的供给偏好更低。

4. 有针对性地提出了增加保障房有效供给的政策建议。例如，优化分税制与政绩考核机制；加大法律约束与公众监督；完善准入退出机制等。

作　者

2019 年 5 月

目　　录

第一章　导论 …… 1

第一节　研究背景与问题提出 …… 1

第二节　已有相关研究述评 …… 3

第三节　主要研究内容与基本研究方法 …… 17

第四节　相关概念界定 …… 20

第五节　本书的创新与不足之处 …… 23

第二章　地方政府公共品供给行为的理论分析 …… 26

第一节　公共品供给的市场失灵与政府干预 …… 26

第二节　地方政府公共品供给行为取向 …… 29

第三节　地方政府的保障房供给职责 …… 34

第三章　地方政府保障房供给的境外经验 …… 36

第一节　地方政府保障房供给的境外做法 …… 36

第二节　对中国地方政府保障房有效供给的启示 …… 42

第四章　保障房有效供给不足的事实描述 …… 47

第一节　供给总量不足的估算：基于江苏各市（县）的数据 …… 48

第二节　基于纵向变化趋势的经验判断 …… 62

第三节　基于横向比较的经验判断 …… 68

第四节　供给失效的典型事实 …… 70

第五节　农民工纳入住房保障的现状：以江苏省常州市为例 …… 78

第五章　制度因素影响地方政府保障房有效供给的机理分析 …… 91

第一节　地方政府保障房供给行为取向变迁分析 …… 92

第二节　供给总量不足的机理分析 …… 96

第三节　供给失效的原因梳理 …… 111

第四节 激励机制、地方政府努力与保障房供给行为取向 …… 116
第五节 农民工住房保障问题的根源剖析 …… 122
第六章 制度因素影响地方政府保障房实际供给的实证检验
——来自江苏各县（市、区）的证据 …… 128
第一节 模型设定、指标选取与数据说明 …… 129
第二节 全样本回归 …… 135
第三节 分区域考察 …… 140
第四节 分政府类型考察 …… 147
第五节 分保障房类型考察 …… 151
第七章 隐瞒信息、寻租与保障房错配 …… 159
第一节 保障房配置效率的影响因素分析 …… 160
第二节 家庭与政府间博弈的一般均衡分析 …… 161
第三节 保障房有效配置的政策建议 …… 164
第八章 保障房有效供给机制的完善 …… 168
第一节 优化财政分权体制与政绩考核机制 …… 168
第二节 加大法律约束与公众监督 …… 170
第三节 完善准入与退出机制 …… 171
第四节 发展“共有产权式”经济适用房 …… 173
第五节 转变公共租赁住房的供给方式：理性选择与配套政策 …… 175
第六节 农民工住房保障创新：以常州市为例 …… 180
第九章 结语 …… 186
第一节 主要结论 …… 186
第二节 政策含义 …… 188
参考文献 …… 191
后记 …… 205

第一章　导　论

第一节　研究背景与问题提出

住房作为立足之处、栖身之所，是人类生存与发展必须具备的物质条件。居住需求不仅是指每个人享有满足基本生理需求的栖所，更是指每个人享有安全、和平与有尊严地居于某处的权利。

自1949年中华人民共和国成立以来，中国城镇住房供给先后经历了过度保障化、过度商品化以及住房保障与住房市场趋于协调发展的三个阶段。1949~1978年，中国实行的是纯粹的住房福利制度（即所有住房均保障化供给）。1979~1998年，中国先后在部分地区进行住房投资和分配机制等方面的市场化改革试点。20年的房改探索之后，1998年国务院发布《关于进一步深化城镇住房制度改革，加快住房建设的通知》，标志着住房福利制度的终结以及住房全面市场化改革的开始。住房全面市场化改革引致了住房供给激励机制和住房资源的市场优化配置，解决了多数城镇家庭“住有所居”的问题，改善了部分城镇家庭的居住条件，也带动了中国经济快速增长。

伴随着中国城镇住房市场化进程，2014年6月住建部明确表示，中国已逐步构建了实物配租和货币补贴两大保障方式，实物配租以公共租赁住房、经济适用住房、限价商品住房、棚户区改造安置住房为主要内容的住房保障基本制度框架。2014年之前，经济适用房和廉租房构成了住房保障供给体系的主体，两者统称为保障性住房（简称为保障房）。自2014年起，廉租房逐步并轨于公共租赁住房运行，并轨之后统称为公共租赁住房，简称“公租房”，除了城镇中等偏下收入家庭已纳入保障范围，《公共租赁住房管理办法》规定，在本地稳定就业达到规定年限的外来务工人员、新就业无房职工也应纳入公租房保障体系之内。在实践中，越来越多的城市在一定程度上也逐步实施了这一规定。如此一来，通过住房保障得以解决的住房困难群体的住房问题越来越多。

然而，在中国城镇住房市场化改革进程中，住房供给商品化所引致的住房保障与住房市场发展失调问题日益凸显，部分住房弱势群体既无力通过住房市场解决住房问题，又未被住房保障惠及的现象比较突出。住房弱势群体的住房问题由一般性的民生问题逐步演变成关乎社会公平与国家稳定的重大社会问题。

保障性住房是准公共品，住房保障问题是政府的一项重要职责。目前，中国政府分为中央政府和地方政府两个层级。按照职责划分办法，在保障房供给中，中央政府负总责，地方政府抓落实。然而，在中国独特的政治管理体制和财政分权制度下，中央政府与地方政府的行为目标和利益诉求大不相同，中央政府有经济增长和社会稳定两个主要目标，而地方政府更加关注经济增长（GDP 增长）。保障房建设既无法给地方政府带来 GDP 增加，也无助于财政收入增长，更无益于地方政府官员的政治升迁，因此，地方政府缺乏供给保障房的财政激励和政治激励。在保障房供给中，地方政府“阳奉阴违”“上有政策下有对策”地供给保障房成为一种常态，与此同时，地方政府供给行为经历了“忽视保障房供给”“重建设数量、轻供给质量”等变迁过程。中央政府意识到了这方面的问题，将保障房建设作为抑制房价过快上涨、平息舆论、促进住房公平的重要手段，这也是中国政府在“十二五”期间（2011~2015 年）新建保障房 3600 万套目标和措施的一个大背景。

“十二五”期间新建保障房 3600 万套的政策出台后，专家、学者以及公众对此有很多争议。争议的焦点之一是“3600 万套的数量可否解决历史欠账，有无超过应有的保障范围”，换言之，“当前供已过于求，还是供仍小于求”；争议的焦点之二是“政府有无能力建设 3600 万套保障房，换言之，是超过了其供给潜力，还是尚未达到其应该供给的合理水平”；争议的焦点之三是“实际供给的保障房能否全部用于真正的保障对象，即供给效率如何”。本书的基本内容主要针对上述三个焦点问题逐步展开。

从社会福利的观点来看，保障房供给的合理性在于地方政府保障房资金支出对社会总福利是否产生了不影响其他部门福利条件下的福利改进。换言之，在不影响其他家庭福利的前提下，是否满足全部低收入住房困难家庭的基本居住需求（即上述第一个争议问题），而究竟如何确定保障房需求则需要理论上的分析和经验上的判断，但这本身非常复杂，重要的是“全部保障房需求”数据难以获知，也难以找到可行的替代数据，因此，从估计或测度的角度上说，测度保障房供给与需求之间的缺口存在相当大的难度。最重要的是，基于经济社会均衡发展的思路，地方政府保障房合理供给水平并非一定是满足全部低收入住房困难家庭的基本居住需求的供给水平，而应该是与本地区的经济发展水平和政府财政能力相匹配的供给水平，是“既可以保障住房弱势群体的基本居住需求，又在地方政府能够承受范围之内”的供给水平。因而，本书主要针对上述第二、第三个争议问题展开研究，着重考察作为保障房实际供给主体的地方政府有没有尽其全力供给保障房、为什么缺乏保障房供给激励以及如何进行制度创新才能有效激励和约束地方政府的保障房供给行为。当然，除了从地方政府行为的视角分析保障房供给数量与质量，本书也从家庭行为的视角探讨了一些不符合保障条件的家庭通过信息隐瞒、寻租等办法享有住房保障，从而导致住房保障错配的问题。

第二节 已有相关研究述评

本部分较为详细地梳理了与地方政府保障房供给行为、保障房错配以及保障房有效供给机制相关的既有文献，并进行了适当的评论。

一、分权竞争与地方政府公共品供给行为

（一）分权竞争与地方政府行为

依据不同的研究命题和研究方法，财政分权研究可以分为两种：重点研究地方政府职能和公共品供给的第一代财政分权理论（first generation fiscal federalism，FGFF）和着重研究地方政府行为和经济增长的第二代财政分权理论（second generation fiscal federalism，SGFF）。

以蒂布特（Tiebout，1956）发表《地方支出的纯理论》为标志[①]，第一代财政分权理论（FGFF）开始兴起，后经斯蒂格勒（Stigler，1957）、马斯

① 1956 年，蒂布特发表了《地方支出的纯理论》（*A Pure Theory of Local Expenditure*）。

格雷夫（Musgrave，1959）、奥茨（Oates，1972）等学者的创新与完善，逐步形成了以中央政府与地方政府之间合理安排公共品供给责任为核心内容的FGFF。蒂布特认为，居民可以在不同地区之间进行自由迁移的前提下，“用脚投票”机制能够使得居民的真实偏好与地方政府公共收支最佳模式相匹配。斯蒂格勒（1957）认为，不同地区的居民对不同公共品的需求具有很大的差异性，若由中央政府统一供给公共品，则无法满足居民对公共品的异质性需求；地方政府更接近当地居民，对辖区内居民的公共品需求偏好具有明显的信息优势，因此，地方政府供给公共品更具效率。因此，为了更好地在公共品的供给有效性和分配公正性之间进行权衡，中央政府和地方政府之间需要进行必要的分权和分工，中央政府赋予地方政府相对独立的权力（Musgrave，1959）。地方政府根据当地居民有差异的偏好进行有区别且有效率的财政资源配置，中央政府负责协调和统筹各地方政府之间的利益关系（方晓利、周业安，2001）。根据“奥茨分权定理”，差异化供给带来的边际收益等于所伴随的外部性产生的边际成本时，异质性和规模经济之间达到均衡点，分权供给公共品达到最优边界（Oates，1972），换言之，中央政府与地方政府之间达到最优分税程度。

第二代财政分权理论（SGFF）从探讨政府间公共品供给责任划分问题转向了财政分权为地方政府推动增长提供了激励问题。温家斯特（Weingast，1995），麦金农（Mckinnon，1997），罗兰（Roland，1998），金、钱和温家斯特（2005）论证了分权的合理性，认为深化市场改革（减少政府干预，放松管制）、有效的财政激励以及地方政府预算硬约束均可促进经济增长。布兰查德和施莱弗（Blanchard and Shleifer，2001）、周黎安（2004）认为，晋升激励是官员激励的主要来源，中央政府利用“职务晋升”激励地方官员，能够促进地方经济发展。

（二）分权竞争与公共品供给

1. 分权竞争对公共支出整体水平的影响

分权竞争能否促进公共品的供给？理论分析和经验研究并没有给出一致的结论。

（1）分权竞争能够促进公共品的供给。

哈耶克（Hayek，1945）认为，因为地方政府获取居民偏好具有信息优势，所以地方政府能够比中央政府更好地提供公共品。斯蒂格勒（1957）认为，因为居民偏好具有异质性，因而地方政府提供公共品效率更高。蒂布特（1956）引入地区竞争，阐述分权能够改善公共品供给。但是，他没有探讨地区竞争通过怎样的路径对地方政府产生激励以及对其行为产生影响。一些学者注意到了该理论的缺陷，随后对此进行了弥补与完善，认为，财政收入和支出责任相对等时，分权才可以改善公共福利（Musgrave，1959）。奥茨（1972）研究认为，当居民偏好同质且公共品具有外溢性时（分权供给会导致具有正外部性的公共品的供给不足，具有负外部性的公共品的供给过多），中央政府集中供给更有效率。贝斯利等（Besley et al.，2003）认为，集中供给公共品存在成本在地区间分摊时的利益冲突，因而分权供给公共品具有优势。总之，上述文献基于发达经济体进行研究，得到了“分权能够促进公共品供给”的结论。

（2）分权竞争并不必然促进公共品的供给。

20世纪90年代中期以来，科恩和马驰兰德（Keen and Marchand，1997）、特里斯曼（Triesman，2000）、巴尔丹（Bardhan，2002）、蔡和特瑞斯曼（Cai and Treisman，2005）开始反思分权的负面效应，认为分权并不必然或没有普遍地提升公共品的供给效率。理由有三点：其一，居民不会因为公共服务的差异而自由流动；其二，在发展中国家，因为居民对地方政府监督体制效率不高、地方政府容易被地方利益集团俘获、地方政府较少关注当地居民偏好，更强调收入分配等非效率目标，所以地方政府的运行往往不满足效率原则；其三，地方政府的治理能力比中央政府差。

就中国而言，中国式分权并不满足蒂布特模型的前提假设。其一，虽然中国的流动人口数量很大，但是中国独特的二元户籍制度决定了基础教育、基础医疗等准公共品按照户籍进行供给的事实，因而，“用脚投票”机制在中国难以发挥作用。其二，地方政府官员职务变动由经济绩效确定，所以地方政府官员缺乏对居民需求的有效反应。因而，中国式分权不具备促进公共品供给效率的前提条件①，分权有效性的结论仍有待检验。

2. 分权竞争对公共支出结构的影响

大量研究针对分权竞争对公共支出整体水平的影响，而针对分权竞争对公共支出结构影响的研究尚不多见。少数研究意识到公共支出结构扭曲的重要机制在于地方政府对资本的竞争。在分权体制下，地方政府竞争资本虽然

① 对财政分权与公共品供给关系的更详细综述参见傅勇（2010）。

硬化了预算约束，但是财政支出结构却偏离了社会最优解（Roland et al.，1998）。巴克外斯卡（Bucovetsky，2005）研究发现，基础设施的投资在各个地区都是过度的，投资于基础设施的地区数量也是过多的。

根据对经济增长促进作用的不同，公共品可以划分为两种类型。皮建才（2010）将公共品分为有利于当地企业发展的发展型公共品和有利于提高当地居民生活质量的民生型公共品。傅勇（2010）将地方政府提供的公共品分为经济性公共品和非经济性公共品。两种划分只是在名称上存在细微差异，其本质完全一致，一种是可以快速拉动 GDP 增长的公共品，另一种是短期内对 GDP 增长作用不明显的公共品［在以下的文献述评中，我们使用傅勇（2010）对公共品类型界定的称呼］。众多文献就分权竞争对两种类型的公共品产生的不同影响展开了大量的研究。

（1）分权竞争对经济性公共品供给的影响。

张军等（2007）利用省级面板数据对中国拥有良好的基础设施的原因进行揭示。张军等（2007）认为，地方政府之间在“招商引资”上的标尺竞争和政府治理的转型是解释中国基础设施投资决定的重要因素。之后，众多学者（傅勇，2007；王文剑等，2007；林江等，2011）运用省级面板数据实证检验了分权竞争对基础设施等经济性公共品的支出偏向。也有不少学者（尹虹等，2011）运用县级面板数据实证检验了分权竞争对基础设施等经济性公共品的支出偏向。

上述研究揭示了中国政治经济体制框架内，中国的财政分权以及基于政绩考核的政府竞争大大促进了经济性公共品的供给。在地方财政收入既定的情况下，经济性公共品与非经济性公共品之间存在着此消彼长的替代关系，因而，上述研究为分权竞争不利于非经济性公共品的供给提供了一个很好的反证。

（2）分权竞争对非经济性公共品供给的影响。

随着理论研究的不断推进，一些学者（王永钦等，2007；傅勇，2007）开始思考分权竞争对非经济性公共品产生的负面影响。诸多学者（乔宝云等，2005；傅勇等，2007；吕炜等，2008；郑磊，2008；傅勇，2010；贾智莲等，2010；林江等，2011；李森圣，2015；李香菊等，2016；李正升，2017）运用省级面板数据实证检验了省级财政对义务教育等教育、公共医疗、城市公用设施、环境支出等非经济性公共品供给的不足。因为县级政府的支出责任与省级政府存在明显的差别，民众享受的基础教育、卫生和社会保障等基本公共品主要由县级政府提供（尹恒、朱虹，2011）。所以，近期部分学者（Yin，2008；袁飞等，2008；尹恒、朱虹，2009；李祥云等，2010；尹恒、朱虹，2011）开始使用县级面板数据实证检验分权竞争对非经济性公共品的影响。比如，李祥云（2010）利用1997～2005年经过整理后的31个省的县级面板数据，考察分权竞争对县级政府教育支出的影响。尹恒、朱虹（2011）基于2067个县（市）2001～2005年财政经济数据展开对县级政府生产性支出偏向的研究。

无论基于省级数据的研究，还是基于县级数据的研究，上述文献大多得出了分权竞争对非经济性公共品产生了负向影响的结论。基于上述研究，考虑到保障房也属于非经济性公共品的范畴，本书对以下困惑给出答案：分权竞争对保障房支出比重的影响是否如同基础教育、公共医疗等其他类型的非经济性公共品？利用县级层面数据得到的实证结论能否如同利用省级层面数据得到的实证结论？

二、保障房合理供给水平研究

地方政府的保障房供给量是不是越多越好？总量水平多少是适宜的？部分文献对此展开了研究。研究视角不同得到的保障房的适宜或合理供给水平可能并不一致，因而，我们将研究视角区分为财力视角和效率视角，分别梳理相关研究文献。

（一）基于财力视角的研究

中国经济增长与宏观稳定课题组（2006）认为，因为作为发展中国家面临政府财力的限制，更重要的，为了避免因过度保障而带来负面激励和道德风险问题，强调政府基本责任并不意味着主张回归过去那种政府大包大揽的局面，而只是强调政府在最基本的教育和健康服务以及最基本的社会保障中的支付责任。

李娜（2006）借鉴社会保障适度水平的测度模型（穆怀中，2001），以北京市为例构建了适度住房保障水平模型。李娟（2008）认为综合世界各国的经验，政府对居民住房保障承担责任，但不是无限责任，而是由政府财力决定的有限责任。与李娜（2006）相同的是，李娟（2008）也借鉴社会保障水平测度模型（穆怀中，2001），与李娜（2006）不同的是，李娟

（2008）简化了计算方法，利用公式 $X=\frac{X_a}{G}=\frac{X_a}{S_a}\times\frac{S_a}{G}=H\times S$（其中，H 为住房保障支出系数，S 为社会保障支出系数，X_a为住房保障支出，S_a为社会保障支出总额，G 为国内生产总值）计算出南京市住房保障适度水平区间为 17.5%～22%。

焦怡雪等（2008）计算了各国中央财政支出中住房及社区环境支出①所占比例以及发展中国家政府住房支出平均状况。2005 年中国用于保障房的财政支出总额约为 694.8 亿元，约为财政支出总额的 1.81%，远低于发达国家的支出水平，也低于发展中国家的平均水平。遗憾的是，焦怡雪等（2008）并未根据国际平均支出比重水平来估算中国保障房支出合理水平，而是依据部分城市公示的住房建设规划中设定的保障性住房建设比例（北京、南京、杭州等为 25%～30%，兰州高达 44%）认定，从政府支付能力来说，政府有能力将保障性住房建设比例提高到 25%。本书认为这种认定在某种程度上缺乏科学性与严谨性。

（二）基于效率视角的研究

刘丽荣（2008）提出了以效率为主导的保障房合理供给概念，运用住房过滤与梯度消费理论，论述了建立在对住房消费合理分层基础上的保障房合理供给的思路，认为保障房的标准为满足基本住房需求。依据国外住房保障经验及中国的实际，中等收入以下的群体（占 40% 左右）的住房改善需要提供住房保障。

（三）基于供求关系视角的研究

罗吉等（2015）利用武汉市实地调研所获得的问卷数据，分析了市籍与非市籍两类低收入群体的住房选择差异。市籍低收入群体通过城市更新来改善居住状况；流动性较大的非市籍低收入人口与工作地相匹配的租房成为其首选。因此，保障房的合理供给水平应该遵循地域平衡供给策略、基于低成本就业的灵活供给策略等。

---

① 此项计算利用的数据是国际货币基金组织（IMF）提供的中央政府和地方政府“住房及社区设施事务和服务支出”数据。

（四）简短评析

上述文献分别从财力视角、效率视角及供求关系视角探讨了保障房合理供给水平的问题，为本书的写作提供了开阔的研究视野和良好的研究基础。本书正是基于地方政府财力视角对江苏省各县（市、区）政府保障房合理供给水平进行了估计与测度。

三、保障房供给失效问题研究

既有文献通常将保障房区别为廉租房和经济适用房两种类型，分别研究其供给失效问题。

无论廉租房，还是经济适用房，从保障对象的视角看，供给失效都可以归纳为五种情形。其一，符合保障条件，但未申请到；其二，符合保障条件，但未提出申请；其三，不符合保障条件，但申请成功，且自己居住；其四，不符合保障条件，但申请成功，且转租给他人居住；其五，不再符合保障条件，但尚未退出。其中，第一、第二种情形属于“应保未保”；第三至第五种情形属于“保不应保”。

（一）廉租房供给失效问题研究

陈立中（2010）运用Probit模型和多元Logit模型，实证测算了北京市廉租房的瞄准效率及其影响因素，测算出“应保未保”的比例为8.26%，“保不应保”的比例为3.44%。葛扬等（2011）利用审计署发布的保障房审计报告列举了“应保未保”与“保不应保”两种情形的典型事实。更多的文献（蔡玉峰，2009；宏观经济研究院投资所住房保障课题组，2009）仅仅列举了“应保未保”或“保不应保”的部分情形并探讨了直观原因，比如，准入机制不完善、退出机制不完善、廉租房选址失当、配套不全。

（二）经济适用房供给失效问题研究

陈立中（2010）运用Probit模型和多元Logit模型，实证测算了北京市经济适用房的瞄准效率及其影响因素，测算出“应保未保”的比例为32.15%，“保不应保”的比例为41.77%。部分文献（尚宇梅，2008；黄征学，2004；李培，2010）探讨了经济适用房不经济、不适用引致的符合条件但未申请的

“应保未保”现象。更多文献将研究聚焦于经济适用房的“保不应保”问题，其中包括准入机制不完善所致的“不符合保障条件，但申请成功”（阎炎，2009；刘润秋等，2011）以及退出机制不完善所致的“不再符合条件，但尚未退出”问题（何灵，2010；赵秀池，2011）。

（三）简短评析

上述关于保障房供给失效问题的研究，为本书的写作奠定了良好的写作基础。然而，其一，已有的大部分文献重在描述保障房供给失效的现象及揭示保障房失效的直观原因，而其背后的深层次原因仍有待于进一步挖掘。其二，已有的文献对保障房供给失效的研究相对比较零散，大多就某部分进行研究，鲜见系统性的归纳与描述。其三，保障房供给效率问题研究考察的是保障房供给是否有效，而本书不仅关注保障房供给是否有效，而且关注保障房供给总量是否充足。

四、保障房供给产生的政策效果研究

国内外研究公共产品政策效果的文献迄今可谓汗牛充栋，但针对保障房进行绩效评价的文献则相对稀少，现有文献散布于三个论题的研究。

（一）能否有效抑制房价

国内学者对于加大保障性住房供给力度是不是抑制房价的有效手段展开一些讨论，但并未形成统一意见，并且侧重理论层面分析的文献较多，经验分析较少。很多学者（高波，2009；谭禹，2009；王先柱，2009；王丹，2010）认为，随着住房保障体系的完善，住房供给总量随之加大。在住房需求既定的情况下，商品房的价格将会随之降低。与此相反，也有部分学者（茅于轼，2008）认为，以经济适用房为主体的保障性住房并没有降低房价而是助长了房价，并且引发了惊人的腐败，但此种说法并未得到实证检验。此外，王波等（2016）研究了保障房建设对商品房价格的影响和传导机制，认识到保障性住房建设应该在不同地区发挥不同的作用，在中心城市重在发挥“保障”功能，解决中低收入家庭的住房困难问题；在“泡沫化”严重的地区重在发挥“调控”功能，有效抑制投机、投资需求。

（二）能否扩张居民消费

部分学者（高波，2009；王洪卫，2011）认为，保障房供给可以通过抑制房价过快上涨，稳定住房价格，中高收入阶层通过财富效应渠道可以扩大其消费需求；另外，中低收入阶层通过替代效应渠道也可以扩大其消费需求。在上述理论分析的基础上，周航等（2016）进行了更深入的经验分析，引入消费者效用函数，运用 1999～2010 年、2010～2014 年的数据，论证了保障性住房供给对居民消费扩张有着显著的正向影响。

（三）能否增进居民福利

实施住房保障之后，经济社会及居民生活发生了怎样的变化呢？针对该论题的研究运用微观数据，主要致力于消费者剩余有无增进、居民效用有无提高等问题的讨论（Le Blanc et al.，2001；李宏瑾等，2009；王辉龙等，2010）。

勒勃朗等（Le Blanc et al.，2001）研究发现，法国公共住房供给使得租赁者的住房消费增加 10%、其他商品消费增加 11%。李宏瑾等（2009）从效用理论出发，建立严格区分高收入和低收入两类人假定下的经济适用房理论模型，并考察以转移支付和通过补贴开发商并向低收入者提供低价经济适用房两种方式对社会总福利的影响。研究发现，转移支付方式下社会总福利没有发生变化，而经济适用房政策有损社会福利。王辉龙等（2010）借鉴平新乔（2005）的标准分析方法，比较了需求方补贴和供给方补贴对居民福利效应的影响。研究认为，在不同的房地产行情下，应采用不同的保障方式。

（四）简短评析

就本书的研究主题来看，上述文献为本书的写作提供了以下两个方面的创新思路。

其一，保障房有效供给产生的政策效果研究考察的是保障房得到有效供给之后产生的政策效果，而本书感兴趣的话题在于保障房是否得到了有效供给。从本质上说，这两个问题之间存在着逻辑先后顺序的问题，保障房得到有效供给之后，谈论保障房有效供给的政策效果才更有意义。

其二，上述文献均未涉及地方政府有没有尽其全力供给保障房，或者说，鲜有文献从中国转型期地方政府行为的视角切入，考察作为实际供给主体的地方政府应该供给多少保障房，实际供给了多少保障房，实际供给数量有没有达到其潜在的供给能力等问题。然而，基于经济社会均衡发展的思路，考察地方政府有没有尽其全力供给保障房（是否存在保障房供给缺口）以及如何激励地方政府尽其全力供给保障房（如何增加保障房的有效供给）具有十分重要的现实意义。从这个层面上来说，本书研究存在较大的创新空间。

五、保障房错配研究

国内外均对保障房错配进行了较为细致的研究。

（一）国外保障房错配相关研究

国外关于公共住房配置效率的文献主要围绕公共住房配置效率的测度（Glaeser and Luttmer，2003）、公共住房配置效率的居民福利效应（David le Blanc and Anne Laferrère，2001）、公共住房有效配置的制度保障（鸿光路和孙荣恩，2011）等问题。

（二）国内保障房错配相关研究

国内文献中关于保障房配置（或分配）的理论研究相对缺乏，既有研究侧重于保障房配置失效程度的测度、失效原因的分析、失效对策研究，以及保障房有效配置的国际经验研究。部分学者对保障房配置失效的程度进行了测度。例如，陈立中（2010）测算了2008年北京市代表性地区“两房”（廉租房和经济适用房）的瞄准失效率（“保不应保”）为22.61%，其中，廉租房的瞄准失效率为3.44%，经济适用房的瞄准失效率为41.77%。葛扬等（2011）根据审计署公布的审计数据测算出2007～2009年在重点调查的32个城市中，廉租房实际保障支出的219.11亿元中有518万元配置给了不符合条件的家庭，即廉租房供给失效率约为0.03%。部分学者分析了保障房配置失效的原因，并进行了相应的对策研究。例如，黎民等（2012）认为，家庭收入标准的界定等政策制定层面的缺陷导致了保障房保富人的负效应；住房面积失控、申请者条件审核不严以及保障房配套设施不全等政策执行上的“缺斤少两”，以及特权阶层“暗箱操作”与“搭便车”现象的大量存在，造成了困难群体福利的严重流失。为此，提出明确各级政府保障房供给的责任、加强立法、引入合理多元的政绩考核标准、建立健全监督反馈机制、保证政策的公开透明等政策建议。黄俊峰（2013）研究认为，发展我国保障性住房的关键在于退出机制的建设与完善，为此，提出了提供限户型产品促使主动退出、实施动态监控机制进行监督、培育并加快建立个人信用体系等政策建议。部分学者研究了保障房有效配置的国际经验。例如，张浩淼（2013）论述了澳大利亚较为完善的公共住房分配体制，认为澳大利亚公共住房分配目标的选择、准入资格的确定和具体分配方式的采用等方面能够给中国保障房分配带来一些有益的启示。

（三）简短评述

上述文献围绕保障房配置（分配）问题展开研究，为本书相关部分的写作打下了良好的研究基础。在探讨保障房配置失效原因的以往文献中：其一，大多文献偏重于定性分析、描述性研究，定量分析较少；其二，大多数文献基于保障房分配政策的制度缺陷视角展开研究，分析各种制度缺陷引致的保障房错配，即探讨制度与绩效之间的关系。然而，遵循“制度、行为与绩效”（ICP）范式的研究框架，制度与绩效间的保障房配置行为主体的行为是最为关键的中间变量，不同制度对保障房配置行为主体的行为产生不同的激励或约束，进而带来不同的绩效。因而，基于保障房配置行为主体视角展开研究显得十分必要。

根据上述分析，本书第七章基于保障房分配行为主体视角展开研究，探讨保障房分配政策执行者、保障房申请家庭在既定保障房分配制度下的各种可能的行为取向，影响双方行为取向的各种激励约束因素，以及行为主体双方博弈的均衡结果，从而找寻出保障房配置的影响因素与家庭隐瞒信息或寻租行为之间的定量关系，进而有针对性地提出提高保障房配置效率的政策建议。

六、保障房制度创新研究

（一）完善准入机制研究

由于确定保障对象的考量指标一般包括申请家庭的可支配收入与家庭财产，而我国尚未建立完善的金融征信体系以及居民个人收入申报等制度，申请家庭收入、资产等的信息调查存在相当大的难度，审核环节缺乏准确数据的支持，以至于不符合申请条件的家庭成功申请到了保障房。为此，一些学者从理论层面探讨了完善准入机制的对策与建议。例如，林小平（2010）认为，应加强源头监管、完善准入制度、保证保障性住房的申请与受理在阳光下运作。凌洁雯（2011）从理论角度探讨了改善廉租房流转的监管机制。杨嘉理（2011）探讨了完善保障性住房准入机制的困境及其对策。刘广平等（2016）在家庭住房支付能力的基础上，以保障房价格（销售价格和租赁价格）为切入点，分别对产权型与租赁型保障房设计了准入标准与方法。

（二）完善退出机制研究

目前，针对保障房退出机制的系统研究尚未深入，相关研究散见于以下几个方面。张波等（2008）认为，为真正提高经济适用房政策的社会效果，经济适用住房退出的关键在于“资源获利”的合理产权退出。蔡玉峰（2009）认为，为了保障廉租房住户的合理退出，需要从所有者职能、低收入困难家庭认定、房型构造和房屋管理等方面进行科学设计。何灵（2010）认为，为了优化廉租房退出机制，将租金收入比、人均居住面积、居住地与户籍、保障年限等指标引入退出监控指标体系，建立规范的退出操作程序。曾国安等（2010）认为，建立有效的腾退激励机制，完善腾退方式，从而优化保障房退出机制。

（三）经济适用房制度存废之辩

鉴于经济适用房存在诸多缺陷与不足，自诞生之日起，经济适用房制度的存废之辩一直不绝于耳。一边是对经济适用房批评、否定的声音（如茅于轼、钟茂初、徐滇庆等），另一边是坚持、保留的意见，于是，经济适用房何去何从，应“存”还是“废”？这些问题值得深入思考与进一步研究。

1. 废止经济适用房制度

因为经济适用房存在诸多缺陷与不足，一些学者主张废弃经济适用房制度。袁业飞（2011）认为，经济适用房制度存在许多弊端，例如，扰乱住房价格体系、扩大贫富差距、滋生寻租腐败，应该立即废止。茅于轼（2008）认为，经济适用房既没有效率也不公平，应予废弃。蔡继明（2009）提出，低收入居民依然买不起经济适用房，且易滋生腐败和分配不公，因此，应该停建。人大代表周海波（2011）建议，经济适用房既难以解决中低收入家庭的住房问题，对平抑商品房价格的作用也很有限，还容易滋生腐败。因此，应该加强廉租房、公租房的建设，取消经济适用房建设。

2. 改进和规范经济适用房制度

当然，上述否定经济适用房的观点也遭到不少反对意见，反对意见认为，经济适用房利大于弊，不能因噎废食。

包宗华（2005）认为，解决我国住房问题的核心是要解决好中低收入者的住房问题，关键是以推行小户型、低房价的经济适用住房为主，以加强调控管理为坚强保证，面对实际问题，积极完善相关措施，循序渐进，逐步提高经济适用住房的户型和价格。陈太清（2010）认为，经济适用房制度具有行政给付和宏观调控功能，可以满足部分弱势群体的住房需求，能够对商品房市场起到一定的调控作用，其作为一种制度存在具有法律正当性。曾亚萍等（2010）认为，既不能简单废除经济适用房制度，也不能固守传统的经济适用房制度，而是要将共有产权制度运用到经济适用房制度之中，改进和规范经济适用房制度。刘润秋等（2011）从和谐社会及包容性增长的视角审视，经济适用房制度有助于中低收入者分享经济增长成果，消除住房权利贫困、充当社会稳定器，因此不能因噎废食，应进一步完善其制度设计。

3. 评析

鉴于住房保障在不同阶段应保持一定连续性的考虑，目前更适宜的做法，既非废止经济适用房制度，也非保留与坚持传统的经济适用房制度，而应该是改进和规范经济适用房制度。具体而言，一是要有效分离商品房市场和经济适用房市场，防止价格双轨制带来的寻租等诸多问题。二是要明晰经济适用房的过渡产权性质，明确国家享有的产权部分和经济适用房购买家庭享有的产权部分，从而，规范和改进经济适用房制度。

（四）"补砖头"与"补人头"之争

发达国家通常采用两种方式对中低收入家庭提供公共住房保障，一种是提供廉价房和廉租房（供给方补贴），另一种是对保障对象提供货币住房补贴（需求方补贴），让其自行通过市场解决住房问题，前者被称为"补砖头"方式，后者被称为"补人头"方式。

根据国际经验，保障方式的选择与不同的经济发展阶段密切相关。在人口城市化进程加速、住房供求矛盾突出的特殊阶段，主要通过增加公共住房数量的方式来满足供求缺口。在城市化进程趋于稳定、住房供应相对充足的阶段，主要采取给予需求方货币补贴的方式，取代供给公共住房的方式。发达国家大都经历了从“补砖头”方式到“补人头”方式的转变。

1. 保障方式的发展趋势

就中国目前的情形看，多数学者把讨论焦点集中于中国公共租赁房保障方式的发展趋势上。例如，黄征学（2004）、王辉龙等（2010）认为，以政府提供购房补贴为主的保障方式比经济适用房建设等供给方补贴可能更有效率。谭禹（2010）研究认为，不宜采取“一刀切”的政策，各地应当在深入调查了解本地区小户型房源状况、掌握廉租住房保障对象实际需求的前提下，因地制宜地选择采取以“货币补贴”或“实物配租”为主的保障方式。此外，充分考虑市场环境后，徐虹（2008）、董昕（2010）、王莹（2011）认为，在住房供不应求时，应优先采用供给方补贴（“补砖头”）的保障方式；当住房供不应求的态势缓和时，应适当考虑需求方补贴（“补人头”）的住房保障政策。

2. 适宜中国目前状况的主要保障方式

国内不少学者致力于中国目前应以哪种保障方式为主的探讨。有些学者（徐虹，2012）认为，中国保障方式已经具备了向货币补贴为主转变的条件，应逐步过渡到以货币补贴方式为主的阶段。但不少学者（苟兴朝，2014；林毓铭等，2015）认为，不同城市适用的保障方式具有明显的区域化特征，在不同的外部约束条件下不同城市适宜的保障方式不同。

3. 评述

综上所述，已有相关研究主要关注于两种保障方式的优劣比较、中国应以何种保障方式为主的问题，中国公共租赁住房保障方式选择依据何在、如何确保保障方式转换之后的保障效果等问题却鲜有研究涉及。然而，住房保障的终极目标是选择适宜的保障方式实现良好的保障效果，让居民享有更舒适的居住条件。从这个意义上说，对公共租赁住房的供求现状进行科学判断、对保障方式选择进行深入分析和对配套政策进行顶层设计是十分有意义的研究方向。

第三节　主要研究内容与基本研究方法

一、主要研究内容

本书的核心命题是保障房实际有效供给与合理供给之间存在的供给缺口（或称为“有效供给不足”）（包括供给总量不足和供给失效，见图1－1）的测度与原因分析。

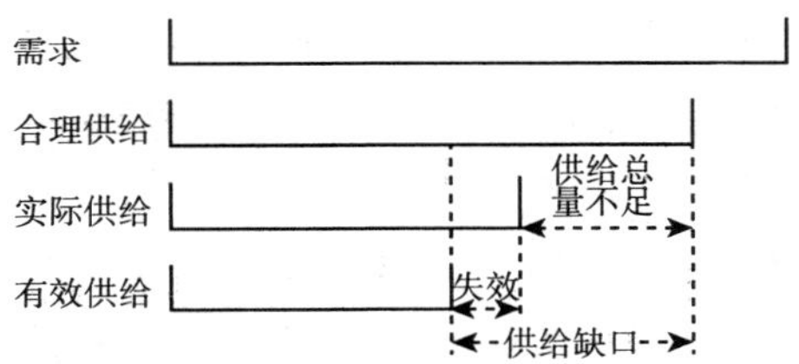

图1－1　保障房供给缺口（或有效供给不足）

针对这一核心命题，本书主要围绕以下五个部分展开研究。

第一，回顾与本书较为相关的已有研究，为本书的创新打下良好的理论准备与研究基础。

第二，进行保障房供给总量不足和供给失效的典型事实描述。本部分从保障房的准公共品属性的理论界定切入，明确实际供给主体是地方政府。然后以江苏省的市（县）为例估算地方政府保障房合理供给、实际供给以及供给总量不足程度。同时，运用审计署发布的《19个省市2007年至2009年政府投资保障性住房审计调查结果》《2010年度中央预算执行和其他财政收支的审计工作报告》《2012年第33号公告：66个市县2011年城镇保障性安居工程审计结果》《2013年第29号公告：2012年城镇保障性安居工程跟踪审计结果》《2014年第22号公告：2013年城镇保障性安居工程跟踪审计结果》《2015年第27号公告：2014年城镇保障性安居工程跟踪审计结果》《2016年第9号公告：2015年保障性安居工程跟踪审计结果》《关于2010年度中央预算执行和其他财政收支情况的审计工作报告》中的“重大民生资金和项目审计情况”提供的廉租房审计数据以及福建省审计厅《关于2010年度省本级预算执行和其他财政收支情况的审计工作报告》中的“政府保障性住房建设专项审计调查情况”提供的经济适用房审计数据，描述保障房供给失效的典型事实。

第三，机理分析。本书沿着供给总量不足和供给失效两条线索展开制度因素对保障房有效供给不足的影响分析，重点在于梳理形成效应与传导机理。首先，本书按以下两条线索梳理制度因素对保障房供给总量不足的影响。(1) 财政分权体制→保障房供给总量不足。在地方政府实际垄断城镇土地一级市场的情况下，财政分权体制和商品房建设用地必须采用“招拍挂”出让方式促使地方政府产生了获取巨额土地出让金以及房地产相关税收的财政激励，成为保障房供给总量不足的可能原因之一。(2) 以 GDP 为主的政绩考核机制→保障房供给总量不足。以 GDP 为主的政绩考核机制促使地方政府官员产生了过度追求任期内经济增长以增加政治升迁可能性的政治激励，成为保障房供给总量不足的可能原因之二。其次，本书按以下两条线索梳理制度因素对保障房供给失效的影响。(1) 财政激励与政治激励→保障房供给失效。中心城区的土地出让价格高，土地出让金与相关税收收入多，GDP 增长快，政治升迁可能性大。于是，在财政激励和晋升激励机制下，地方政府的权宜之计是将保障房建在地价低的区域，以尽量压缩资金投入和尽量划拨最便宜的土地，从而造成所建保障房地址偏远、配套设施不完善、交通不便，最终导致配租困难、房源闲置等供给失效。(2) 保障房制度设计缺陷与政策执行偏差→保障房供给失效。经济适用房的“不经济”或“不适用”导致了部分符合保障条件的家庭无力购买；准入机制不完善导致了部分不符合保障条件的家庭通过隐瞒信息或寻租获得保障；退出机制不完善导致了部分不再符合保障条件的家庭未及时退出等保障房失效与错配情形。

第四，实证检验。本书首先利用江苏省住建厅住房保障处提供的江苏 73 个县（市、区）保障房建设的相关统计数据，针对财政分权度和地方政府竞争度对地方政府保障房实际支出比重产生了怎样的影响，对不同地区的地方政府是否产生了不同影响，对不同类型的地方政府是否产生不同影响以及地方政府对不同类型的保障房供给是否存在不同的供给偏好等一系列命题进行了逐一考察。其次，对部分不符合保障条件的家庭通过隐瞒信息或寻租行为与地方政府作为与不作为之间的动态博弈模型构建，研究保障房错配的影响因素与治理对策。

第五，对策研究。在理论分析和经验研究的基础上，本书有针对性地提出了增加保障有效供给的政策建议。比如，优化分税制与政绩考核体制，加大公众监督与法律约束，完善“准入”机制；增加“转换式”退出，循环利用存量保障房；发展“共有产权式”经济适用房等。

二、研究重点与研究难点

本书的研究重点有两个：其一，测度保障房有效供给不足（或供给缺口）程度、梳理制度因素与保障房供给缺口之间的传导机理，以及实证检验制度因素对地方政府保障房实际供给的影响。其二，梳理制度缺陷导致保障房错配或失效的典型事实、制度根源以及相应对策。

研究难点主要有以下四点：其一，界定“既定经济发展水平和政府财政能力下地方政府尽其全力的保障房供给水平”为地方政府保障房合理供给水平，界定“地方政府保障房合理供给和有效供给之间的缺口”为保障房有效供给不足（或供给缺口），并估算合理供给水平和供给总量不足程度，具有一定的难度。其二，基于转型期中国地方政府行为的视角，梳理制度因素影响保障房供给总量不足的传导机理，也具有一定的理论难度。其三，利用江苏省 73 个县（市、区）的微观数据，经验分析财政分权度和政府竞争度对地方政府保障房实际供给的影响程度，也属于一个较大的挑战。其四，归纳保障房供给失效的典型事实，发掘、梳理背后的根源并进行实证研究，也非轻而易举之工作。

三、基本研究方法

本书至少采用如下六种研究方法：

一是系统矩估计方法。测算保障房合理供给时，为了克服大样本短时期面板数据带来的内生性问题时使用系统矩估计方法。

二是结构分析法。描述保障房供给失效事实时使用结构分析方法。

三是逻辑推理法。对制度因素与保障房供给缺口的机理分析中使用逻辑推理的方法。

四是数值模拟法。检验激励机制与地方政府保障房供给行为取向关系时需要进行，其中所需工具为 Matlab 、Stata 等。

五是归纳法。梳理地方政府保障房供给行为变迁时需要运用归纳法。

六是比较静态分析法。对比分析信息对称与不对称情形下地方政府保障房供给行为时，需要进行比较静态分析。

第四节　相关概念界定①

在研究之初，我们首先厘清保障房合理供给、保障房实际供给，以及保障房有效供给等一系列相关概念。

一、保障房合理供给的理论界定

从社会福利的观点来看，保障房供给的合理性在于地方政府保障房资金支出对社会总福利是否产生了不影响其他部门福利条件下的福利改进，即在不影响其他家庭福利的前提下，是否满足全部低收入住房困难家庭的基本居住需求。而究竟如何确定保障房需求则需要理论上的分析和经验上的判断，但这本身非常复杂，重要的是“全部保障房需求”数据无法获知，也难以找到可行的替代数据，因此，从估计或测度的角度上说，测度保障房供给与需求之间的缺口存在相当大的难度。最重要的是，基于经济社会均衡发展的思路，地方政府保障房合理供给水平并非一定是满足全部低收入住房困难家庭的基本居住需求的供给水平，而应该是与本地区的经济发展水平和政府财政能力相匹配的供给水平，是既可以保障住房弱势群体的基本居住需求，又在地方政府能够承受范围之内的供给水平。

基于此，地方政府保障房合理供给可以定义为，在不考虑国家或地区异质性的前提下，一个国家（或地区）在一定的经济发展水平和财政能力下地方政府尽其全力提供的保障房供给水平。在本书中，以地方政府合理的支出金额占当地 GDP 的比重衡量地方政府保障房合理供给。

① 本部分的主要内容分别以“廉租房供给不足的事实、根源与突破路径——基于转型期中国地方政府行为视角的分析”为题发表于《经济学家》2011 年第 8 期和以“地方政府行为规制与保障房有效供给”为题发表于《上海立信会计学院学报》2011 年第 6 期。

二、保障房实际供给的理论界定

目前，中国保障房主要包括廉租房、经济适用房。从2010年8月起，公共租赁房也成为保障房体系之一。但是基于我们后面的估算是基于2008～2010年的时间段，因此，在保障房实际供给的理论界定时，我们没有考虑政府对于公共租赁房的实际供给。

（一）政府在廉租房上的实际供给的理论界定

廉租房采用租赁补贴和实物配租相结合的保障方式。根据研究对象的不同，衡量政府在廉租房上的实际供给的方法分为三种。第一种方法，若以保障对象为研究对象，可以用实际保障户数来衡量政府在廉租房上的实际供给；第二种方法，若以廉租房本身为研究对象，可以用租赁补贴发放套数和实物配租套数来衡量政府在廉租房上的实际供给；第三种方法，若以政府在廉租房上的资金支出为研究对象，则以每户补贴金额乘以补贴户数来衡量政府以租赁补贴形式进行的廉租房资金支出，以建造廉租房所需的土地成本以及建造成本等各项成本来衡量政府以实物配租形式进行的廉租房资金支出。

在本书中我们采用第三种方法，即以政府在廉租房上的资金支出衡量政府在廉租房上的实际供给。但是，鉴于政府新建廉租房所需的土地成本以及建造成本等各项成本计算过于烦琐以至于缺乏实际操作性，因此，我们只能将政府在实物配租保障方式上的资金支出视同政府在租赁补贴保障方式上的资金支出。

（二）政府在经济适用房上的实际供给

经济适用房是指政府提供政策优惠，限定套型面积和销售价格，按照合理标准建设，面向城镇低收入住房困难家庭供应，具有保障性质的政策性住房①。开发商按照合理的建造标准开发的商品房按照市价销售，而开发商建造同等标准的经济适用房则需要按照政府限定的销售价格。只有开发商开发普通商品住宅获取的利润与建造经济适用房获取的利润等同的条件下，开发商才有动力建造经济适用房。为此，政府对经济适用房开发提供多种政策优

① 源自《经济适用住房管理办法》中的经济适用房的概念。

惠（例如，税收优惠、土地出让价格优惠），使得经济适用房的建造成本低于普通商品住宅的建造成本，以保证开发商在经济适用房上获取与普通商品住宅同等的利润。

因此，计算政府在经济适用房上的实际供给可以政府给予经济适用房的补贴金额替代。政府给予经济适用房的补贴的计算方法有两种：直接计算法和间接计算法。采用直接计算法时，需要考虑开发企业的利润率问题，而采用间接计算法时不需要考虑开发企业的利润率问题。直接计算法就是直接计算政府在经济适用房上的土地投入、税收减免金额等直接投入。但是，鉴于这方面的数据搜集非常困难，直接计算政府投入是难以实现的，于是，我们借鉴何灵（2010）的做法对政府给予经济适用房的补贴金额采用间接计算法。因为只有经济适用房的建造成本低于商品房的建造成本，才可能在利润等同的情况下经济适用房的销售价格低于商品房的销售价格。因此，我们将商品房与经济适用房之间的销售差价近似替代商品房与经济适用房之间的建造成本之差，这部分建造成本之差正是政府给予的土地投入补贴和税收优惠减免所致。所以，将扣除经济适用房的住宅平均售价与经济适用房的平均售价之差乘以经济适用房销售面积所得到的金额视作政府在经济适用房上的支出金额。

（三）政府在其他形式的保障房上的实际供给

保障房除了包括经济适用房和廉租房等形式之外，有些市（县）还从实际出发创新出其他形式的保障房，如江苏淮安的“共有产权”住房①、江苏连云港的“两限房”。

三、保障房有效供给的理论界定

有效供给是指被真正用于保障对象的实际供给。或者说，是指排除了“保不应保”之后的实际供给。

“保不应保”一般包含两种情形，第一种情形是，准入机制不完善或者监督不力引致不符合某类保障房申请条件的家庭成功申请到了该类保障房。

① 江苏省淮安市为解决经济适用房“有限产权”界限不清、退出机制难以操作的问题及带来的弊端，自2007年开始推出了以出让土地共有产权房代替划拨土地经济适用房，“共有产权”分为购房家庭与政府7∶3和5∶5的两种产权比例。

《审计调查报告》[1] 显示，在重点调查的32个城镇中，有18个城镇向2132户不符合条件的家庭发放廉租住房租赁补贴413.12万元、分配廉租住房533套。要避免第一种情形的“保不应保”现象，亟须完善保障房的准入机制。

第二种情形是，退出机制不完善或者监督不力引致不再符合某类保障房条件的家庭仍在享受该类保障房。《审计调查报告》显示，在重点调查的32个城镇中，沈阳、厦门、常德、成都、乐山、昆明6个城镇中的20个区县存在不符合保障条件的廉租住房家庭退出难的问题。要避免第二种情形的“保不应保”现象，亟须完善保障房的退出机制。

第五节 本书的创新与不足之处

一、创新之处

与以往研究文献相比，本书的特色主要表现在以下三个方面。

（一）研究视角上的创新之处

其一，从转型期地方政府行为的视角切入，考察与测度作为实际供给主体的地方政府实际供给和应该供给多少保障房，有没有尽其全力供给保障房。其二，基于转型期中国的政治经济体制视角，考察中国式分权下财政分权度和地方政府竞争度对地方政府保障房供给数量和供给效率的影响，可以算作研究视角上的创新。

（二）研究内容上的创新之处

其一，本书利用IMF提供的国家（或地区）的地方政府保障房支出金

---

① 根据《中华人民共和国审计法》的规定，2009年和2010年，审计署分两次对北京、天津、山西、辽宁、黑龙江、上海、江苏、福建、山东、河南、湖北、湖南、广东、海南、重庆、四川、云南、陕西和甘肃等19个省（直辖市）（以下简称19个省市）2007～2009年廉租住房保障情况和2008年第四季度以来中央投资补助的棚户区改造情况进行了审计调查，重点调查了32个地级以上城市。审计署于2010年11月17日对“审计调查结果”予以了公告。http://www.gov.cn/gzdt/2010-11/17/content_1747270.htm。

额、地方政府 GDP、地方政府财政能力等数据估算出既定经济发展水平和政府财力下的地方政府保障房合理供给水平，属于研究内容上的创新。

其二，将地方政府保障房合理供给与有效供给之间的缺口定义为保障房供给缺口，并以江苏省 73 个县（含县级市、省辖市的辖区）2008 ~ 2010 年间的面板数据为基础，测度保障房供给缺口以及梳理财政分权度（包括财政支出分权度和财政收入分权度）以及地方政府竞争度对保障房供给缺口之间的传导机理也属于研究内容上的创新。

其三，在描述保障房错配典型事实的基础上，厘清造成保障房错配的各影响因素，进而构建不符合条件家庭与保障房分配政策执行者之间的博弈模型进行不对称信息静态博弈分析，求解不符合条件家庭隐瞒信息或寻租行为与影响因素之间的定量关系。这也是研究内容上的一大创新。

（三）研究方法上的创新之处

以往研究主要侧重于理论分析，缺乏基于县（市、区）基层政府的大样本系统实证研究，因而也就无法对我国地方政府保障房供给数量和供给效率及其影响因素进行深入评价。而本书以江苏省 73 个县（市、区）2008 ~ 2010 年间的面板数据为基础，实证检验财政分权度（包括支出分权度和收入分权度）以及地方政府竞争度对保障房供给缺口的影响，属于研究方法上的创新。对于保障房错配的家庭因素进行家庭与政府间博弈的一般均衡分析，也属于研究方法上的创新。此外，为了确保实证结果的可靠性，本书运用固定效应模型以及系统矩估计方法对模型内生性问题进行了很好的校正，也属于研究方法上的创新。

二、不足之处

本书存在以下三点不足之处。

（一）保障房供给缺口的估计比较粗略

保障房除了包括经济适用房和廉租房等形式之外，有些县（市、区）还从实际出发创新出其他形式的保障房，例如，江苏淮安的“共有产权”住房、连云港的“两限房”。但是很多地方政府在这些保障房形式上的支出值无从获知，并且也难以使用其他指标或数据进行替代，因此，我们没有将这部分支出考虑进去。因此，本书对保障房供给缺口的估计结果可能存在轻微的高估。

（二）尚需更大样本量

尽管我们在前面提到利用江苏各县（市、区）的保障房微观数据进行的实证研究具有一定的代表性，估计结果也具有一定的普适性，但是找寻更多全国样本进行深入分析与研究仍旧非常有意义，也是非常具有挑战性的工作。

（三）保障房供给失效的事实尚待进一步检验

无论对专家学者还是普通民众，保障房供给效率不高或者保障房错配都是一个很直观的感受。但是，保障房供给失效程度到底有多大，保障房的福利效应如何，对于不同级别城市、不同区域城市都是不同的。况且，中国保障房实际有效供给数据难以获取，尽管我们已经深入挖掘数据，通过审计署的审计报告予以了说明。然而，运用大量有效数据实证检验保障房供给失效的制度约束，仍是一项极具挑战性的工作。

第二章　地方政府公共品供给行为的理论分析

保障房属于准公共品，具有外部性特征，私人收益与社会收益不一致，追求利润最大化的房地产开发商没有动力供给保障房，从而导致通过市场机制供给低收入家庭的住房出现失灵，保障房供给职责落在了政府的肩上。

第一节　公共品供给的市场失灵与政府干预

公共品的私人收益与社会收益不一致，因而具有外部性特征。追求利润最大化的企业没有动力供给公共品，因而导致了基于价格机制的市场失灵，这为政府干预提供了理论基础。

一、公共品的概念及特征

公共品的概念萌芽于大卫·休谟的“草地排水”研究，以公安服务为例，林达尔首次提出公共品概念，后来经过斯密、穆勒、庇古、萨缪尔森、布坎南等诸多学者的完善与拓展，最终形成了系统的公共品概念。

一般而言，公共品是与私人物品相对而言的，公共品有广义和狭义之分，政府在市场经济中应该履行的所有职能，比如，宏观经济管理、国防、外交、义务教育、公共卫生、基础设施，均属于广义公共品。而狭义上的公共品范围相对较窄，比如，宏观经济管理，属于广义上的公共品，但不属于狭义上的公共品。按照萨缪尔森关于纯公共品的经典定义，纯公共品是指“每个人对该产品的消费，都不会导致其他人对该产品消费的减少”。其特征有两个：（1）非竞争性；（2）非排他性。即某公共品的消费人数的增加并不会带来其边际成本的增加。公共品消费人数的增加不会造成原本消费的其他人的消费减少，也不会阻止其他人对该公共品的消费，换言之，任何人都有资格消费该种产品，不能使用价格体系，也不存在有效办法，将其他人排除在该公共品的受益范围之外。

然而，现实中同时符合非竞争性和非排他性特征的纯公共品并不多见（除了国防外）。比较常见的是，要么不能同时具有非竞争性和非排他性，要么不能同时具有竞争性和排他性的准公共品。为了论述的方便，不妨将其统称为“公共品”。

二、公共品供给的市场失灵

在完全竞争的条件下，市场机制可以实现资源最优配置。对需求方而言，市场通过其价格机制将不愿意付出市场价格的个人、厂商或政府排除在某一商品的消费之外。对供给方而言，市场通过其价格机制让厂商生产每一个产品的边际成本都可以得到弥补，并获得利润最大化，从而让厂商具有生产动力。同时，市场通过价格机制实现了资源最优配置。

然而，现实经济中，极少市场符合完全竞争的假设条件，或者，某些特殊产品根本不存在所谓的市场，从而出现市场失灵。所谓市场失灵，是指由于市场机制本身的某些缺陷、外部条件或者某种限制，使得单纯的市场机制无法实现资源最优配置。

公共品具有的非排他性和非竞争性特征决定了公共品供给的市场失灵。首先，公共品具有的非排他性意味着公共品的供给者在任何情形下都无法根据使用者是否付费来决定其是否有权消费，这带来了某些消费者免费使用产品的可能性。即非竞争性引致的自发价格机制失灵最终导致了“搭便车”现象。同时，由于非排他性，“搭便车”者寄希望于他人支付使用费用，而自己使用但不付费，因而导致追求利润最大化的厂商缺乏供给公共品的激励。于是，公共品供给只能依靠政府。其次，公共品具有的非竞争性也决定了其供给主体必然是政府。从公共品定价问题的视角看，“林达尔均衡”不可能实现。每个消费者的偏好不尽相同，消费公共品获得的边际效用和总效用也各有不同，根据消费者均衡的效率原则，每个消费者应承担的公共品价格应该有所不同，况且，每个消费者消费某一公共品所获得的边际效用无法准确计算，因而，公共品定价问题存在极大难度，市场失灵在所难免。从将一些消费者排除在市场之外的效率看，公共品消费的非竞争性决定了增加一个人的使用，边际成本为零。于是，在公共品的容量限度内，增加公共品的消费能够带来福利的增进，而任何排除某些消费者的定价方案都是非帕累托改进，因而，公共品供给的决定主要依靠政治程序进行公共决策。

三、政府干预的必要性

从公共品或准公共品特征的角度考虑，政府非常有必要参与公共品或准公共品的供给。

（一）向社会提供公共品的需要

从理论上说，如果市场机制可以高效率地提供公共品，那么政府供给就没有存在的必要。反过来说，如果市场机制不能有效率地提供公共品，并且该公共品对于整个社会而言不可或缺，那么就需要政府供给的存在。

具体而言，由于公共品具有的非竞争性和非排他性的特点，作为理性经济人的消费者为了实现自身效用最大化，均存在“免费搭车”的动机。对于单个消费者而言，属于理性选择行为，但对于消费者整体而言，则属于非理性选择。若每个人均做“免费搭车者”，那么社会上将出现无人生产公共品的局面。因此，这个角度为政府部门弥补市场失灵、向社会供给公共品以满足社会公共需求，提供了坚实的理论支撑。

以边沁（Bentham）为代表的古典功利主义，认为社会福利是所有社会成员的福利或效用的简单加总，社会应该追求社会中所有人的效用总和最大化。同时也认为，任何社会成员的福利都应被平等对待。与古典功利主义相比，社会公正的现代理论更加强调社会公平或福利分配公正问题的重要性。约翰·罗尔斯（John Rawls）认为，社会分配在个人之间的差异以不损害社会中境况最差的人的利益为原则，社会福利水平取决于社会中效用最低的那部分人的福利水平。阿马蒂亚·森（Amartya Sen）等认为，政府的公共行为应该更多地关注人的可行能力或实质自由的提高，如享受教育、住房等。联合国《人权宣言》明确规定：“人人有权享受为维持他本人和家庭的健康和福利所需的生活水准，包括食物、衣着、住房、医疗和必要的社会服务等”（中国经济增长与宏观稳定课题组，2006）。

（二）向社会提供准公共品的需要

准公共品兼具公共品和私人物品的属性，从理论上说，既可以通过政府供给，也可以通过市场机制供给。但是，在消费上具有竞争性但同时具有非排他性的准公共品却只能通过政府供给。理由是，消费上具有非排他性，或者虽可排他，但排他的成本高至经济上不可行，以至于供给者难以将“免费搭车者”排除在消费范围之外，因而其生产成本难以通过市场弥补，通过市场机制不可能实现该类准公共品的有效供给。

对照公共品的经典定义①，有些产品既不属于纯公共品（消费的非竞争性和收益的非排他性），也不属于两种典型的准公共品②。但是，按照布坎南（Buchanan，1976）的观点，“任何由集团或社会团体决定，为了任何原因，通过集体组织提供的物品或劳务，都被定义为公共的”，出于满足当代社会公民权利诉求的价值观或政治伦理，这些产品从“供给主体”（是政府，还是市场?）和“决策机制”（是由个人选择决定？还是由集体通过政治选择决定?）层面上说，均符合扩展的公共品定义（冯俏彬、贾康，2010），如保障房。因而，保障房属于经集体决策程序认定“应该”由政府提供的公共品。

第二节　地方政府公共品供给行为取向

大量研究为“地方政府供给公共品更有效率”的论断提供了理论依据。中国地方政府集多重职能于一身，在财政分权与政治激励相结合的中国式分权下，地方政府的经济职能与行政职能过强，而公共服务职能较弱，财政支出结构出现偏向，公共品供给不足问题凸显。进一步地，因为不同类型的公共品给地方政府带来的经济利益和政治收益不同，因而，地方政府对生产性公共品的供给偏好相对较强，对非生产性公共品的供给偏好相对较弱。

---

① 萨缪尔森（Samuelson，1954）做出的公共品定义最为经典。

② 两种准公共品分别为“俱乐部产品”（能排他但非竞争）以及“共用品”（有竞争性但不能排他）。

一、地方政府比中央政府供给公共品更有效的理论依据

从信息优势的视角看，地方政府具有获取地方性信息（如地方性偏好）的优势（Hayek，1945），因此，地方政府具有存在的必要性（Stigler，1957）。具体而言，地方政府具有信息优势，能更好地代表本地区居民偏好，由中央向地方转移财政收入和支出权力将更有利于提高经济效率（Oates，1972）。财政分权能够激励地方政府进行试验和制度创新，以至于公共品供给更加有效（Oates，2006）。地方政府积极选择和运用公共资源，将会使得公共服务供给与不同居民的需求和偏好形成提供更好的匹配，这样的结果又会反过来使地方政府变得更加有效和民主（Marlow and Roland，2007）。

从居民监督的视角看，在居民可以自由迁徙或流动以及实行民主选举制度的前提条件下，“用脚投票”机制能够保证公共品和当地居民偏好更好地匹配，同时分权下的地方政府之间不断增加的竞争压力可以提高政府支出效率，削减预算赤字，防止滥用权力，从而激励地方政府提高公共品供给的效率，导致公共品趋向帕累托最优供给（Tiebout，1956）。分权将地方政府更直接地置于当地居民的监督之下（Dethier，1999），分权体制下政府间的“标尺竞争”使得选民可以参考其他地区评价本地区的政府效率（Baicker，2005）。

从政治经济学的视角也可以看出，分权供给公共品具有优势（Besley et al.，2003）。一些实证或个案研究也支持了上述理论分析（Shah，1998；Oates，1988；World Bank，1994；Galiani and Schargrodsky，2002；Faguet，2004；张军等，2004；周飞舟，2006）。

二、地方政府职能与支出偏向

中国地方政府集多项职能于一身，既要行使经济职能、行政职能，又要行使公共服务职能。在中国式分权下，地方政府的经济职能与行政职能过强，而公共服务职能较弱，财政支出结构发生偏向，公共品供给出现不足。

（一）地方政府的多重职能

中国地方政府一身多任，兼具“政府”“投资人”等多重身份，发挥经济职能、行政职能、公共服务职能等多项职能。在地方政府主导型的市场经济国家，经济社会要想成功转型，政府首先要进行成功转型。实践证明，偏向于发挥经济职能和行政职能为主的地方政府积累了越来越多的公共风险，影响到了政府的执政根基。为此，政府应该由经济建设型和行政管理型向公共服务型转型。

理论上，地方财政支出结构安排可以衡量地方政府由经济建设型和行政管理型转向公共服务型的转型程度，地方政府财政支出活动可以反映地方政府在整个经济社会中扮演的角色和执行的大部分职能。所以，通过财政支出结构安排可以看出，地方政府是以经济建设作为其主要的执政倾向，还是以公共服务作为其主要的执政倾向。

（二）地方财政的公共性相对不足

20 世纪 90 年代末期以来，中国各级政府开始着力打造公共服务型政府，呈现以公共服务为主的执政倾向，落实公共性执政的价值取向。2002 年以后，中央政府更加强调服务型政府的创建。在中央政府的行动示范下，地方政府也开始梳理“权为民所用，利为民所谋”的执政思想，将“创建服务型政府”作为行动指南。但是，地方政府建设服务型政府的主观意愿不强，相关制度建设滞后，取得的成效并不显著。

支出结构视角的地方政府行为理论认为，以经济增长为主的地方政府官员政绩考核体系使得地方财政支出结构出现扭曲，政治均衡导致了地方政府以比较低的经济效率供给公共品。

表 2－1 给出了 2007 年中国、印度、俄罗斯与美国四个国家之间的财政支出结构安排的跨国比较。（1）从经济建设支出方面进行考量，在四个国家中，中国地方财政的经济建设相关支出占全部财政支出的比例最高，高达 27.43%，比印度高出近 3 个百分点；比美国高出 9 个百分点；比俄罗斯高出 24 个百分点，是俄罗斯的 8 倍多。（2）从行政服务支出方面进行考量，在四个国家中，中国地方财政的行政服务相关支出占全部财政支出的比例最高，高达 24.11%，比美国高出将近 7 个百分点，比印度高出近 10 个百分点，比俄罗斯高出 12 个百分点。由此可见，中国地方政府的行政开支非常大，约

为俄罗斯的2倍之多。（3）从共享发展支出方面进行考量，在四个国家中，中国地方财政的共享发展相关支出占全部财政支出的比例最低，仅为43.02%，比美国低出16个百分点，比印度低出约22个百分点，比俄罗斯低出40个百分点。由此可见，中国地方财政的公共性不足，公共支出占财政支出的比重低于1/2。

表2-1　　财政支出结构安排的跨国比较　　单位：%

	经济建设支出占比	行政服务支出占比	共享发展支出占比
中国	27.43	24.11	43.02
印度	24.57	14.54	64.52
俄罗斯	3.41	11.93	83.50
美国	18.46	16.38	58.97

资料来源：李永友．公共服务型政府建设与财政支出结构效率［J］．经济社会体制比较，2011（1）．

从地方政府的三大支出之间的比例关系看，中国地方政府的经济建设型特征和行政服务型特征非常显著。地方政府承担着较多的经济建设职能，公共服务型特征不明显，地方财政的公共性相对不足。

三、经济性公共品与非经济性公共品供给失衡

根据对经济增长的促进作用不同，公共品可以划分为两种类型。一种是可以快速拉动GDP增长的公共品，包括交通、能源、通信等方面；另一种是短期内对GDP增长作用不明显的公共品，包括环保设施、卫生保健、文化教育、社会福利等方面。沿用傅勇（2010）的称呼，我们把前者称为经济性公共品，后者称为非经济性公共品。地方政府在供给不同类型的公共品的供给偏好大不相同。

（一）分权竞争对非经济性公共品供给的影响

中国政治经济体制框架内，地方政府之间在“招商引资”上的标尺竞争和政府治理的转型对基础设施等经济性公共品供给产生了支出偏向。地方政府的经济性公共品供给偏好相对较强，非经济性公共品供给偏好相对较弱。在地方财政收入既定的情况下，经济性公共品供给的增加必然挤占非经济性公共品的供给量，造成非经济性公共品供给的不足。

（二）对保障房供给的影响

1. 保障房的属性界定

对照萨缪尔森（Samuelson，1954）对公共品作出的经典定义，保障房并不具备纯公共品所应具备的消费的非竞争性和收益的非排他性两个特征，也不属于准公共品①。但是，按照布坎南（Buchanan，1976）的观点，“任何由集团或社会团体决定，为了任何原因，通过集体组织提供的物品或劳务，都被定义为公共的”，因此，从“供给主体”（是政府，还是市场?）和“决策机制”（是由个人选择决定，还是由集体通过政治选择决定?）层面上说，出于满足当代社会公民权利诉求的价值观或政治伦理，保障房符合扩展的公共品定义（冯俏彬、贾康，2010），属于经集体决策程序认定“应该”由政府提供的民生型公共品②。

2. 保障房供给主体界定

居住需求是人类生存与发展的基本条件之一，居住需求是实现人类其他需求的前提和保障。低收入家庭无力通过市场机制解决居住问题，提供廉租房等保障房以实现“住有所居”的政策目标是政府的重要职责。

根据传统的划分方法，中国政府层级分为5级：中央政府、省级政府、设区市政府、县区级政府和乡镇级政府。通常，中央政府以下的各级政府统称为“地方政府”。随着分税制改革的逐步深入，县（包括县级市、市辖区）级政府在整个纵向政府结构中的保障房供给作用日益增强。保障房供给的政府间分工是：省级负总责，市县抓落实，中央给予适当补助。但是，中央补助的比例应该多大，尚无明确规定。在政府间财政责任划分具有一定的模糊性时，中央政府倾向于把支出责任下压。于是，地方政府，尤其是县（包括县级市、市辖区）级政府承担了保障房的最主要供给责任，成为保障房的实际供给主体。因此，县（包括县级市、市辖区）级政府的行为激励与政策选择成为影响保障房有效供给的最主要因素。

---

① 两种典型的准公共品分别为“俱乐部产品”（能排他但非竞争）以及“共用品”（有竞争性但不能排他）。

② 地方政府供给的公共品可以分成两种，一种是有利于当地企业发展的发展型公共品，如基础设施；另一种是有利于提高当地居民生活质量的民生型公共品，如基础教育、廉租房。

第三节　地方政府的保障房供给职责

缓解低收入和部分中等偏下收入家庭的住房困难，有利于维护公民的基本居住权利、促进社会公平，是政府义不容辞的责任。

随着城镇住房市场化改革的不断深入，中国住房保障体系不断完善，"省政府总负责、县级政府抓落实、中央给予一定支持"的保障房供给机制逐步确立。

一、供给责任：政府

由政府供给保障房以解决无力购买或租赁市场价商品房的低收入家庭住房需求既有充分的理论依据，也是各国的通行做法。以边沁（Bentham）为代表的古典效用主义或功利主义认为，社会福利是所有社会成员的福利或效用的简单加总，社会应该追求"最大多数人的最大幸福"，即社会中所有人的效用总和最大化。同时也认为，任何社会成员的福利都应被平等对待。与古典功利主义相比，社会公正的现代理论更加强调社会公平或福利分配公正问题的重要性。约翰·罗尔斯（John Rawls）认为，社会分配在个人之间的差异以不损害社会中境况最差的人的利益为原则，社会福利水平取决于社会中效用最低的那部分人的福利水平。阿马蒂亚·森（Amartya Sen）等认为，政府的公共行为应该更多地关注人的可行能力或实质自由的提高，如享受教育、住房等。联合国《人权宣言》明确规定："人人有权享受为维持他本人和家庭的健康和福利所需的生活水准，包括食物、衣着、住房、医疗和必要的社会服务等"（中国经济增长与宏观稳定课题组，2006）。居住需求是人类生存的最基本条件，只有居住需求得到了满足，人们才能安心地从事其他活动。伴随着城镇住房制度改革的深化，福利性实物分配方式逐渐被货币化住房配置方式所取代。然而，低收入家庭无力通过市场机制解决住房问题。此时需要政府承担更多责任，在提供公共产品与服务方面发挥基础性作用，使低收入家庭也能获得均等化的产品与服务，从而彰显社会公平。

从国际通行的做法上看，发达国家经验已经证明，一个国家社会性支出（教育、医疗、社保等）的多少，尤其是其占 GDP 的比重，长期来看对该国的整体经济发展水平有极大的促进作用。美国、英国、日本等发达国家已采取多种措施推行保障房制度，例如，为最低收入家庭兴建住宅、提供优惠贷款、对住房投资减税等。从发展中国家的实践来看，强化公共供给是经济发展的一般规律，因为公共供给是制度改革深化和经济持续发展的前提条件，公共产品与公共服务供给有保障，国民经济持续发展才有强大的动力和后劲（葛扬，2009）。由此可见，无论从发达国家的经验看，还是从发展中国家的实践看，解决低收入家庭的住房问题，都是政府公共供给的有机组成部分。换言之，为无力通过市场机制解决居住问题的家庭供给保障房是世界各国政府的重要职责。

二、责任主体：地方政府

保障房供给属于政府职责，但政府之间有怎样的分工呢？哪一级政府对此负主要责任呢？目前，中国政府结构中包括中央和地方两级。首先，因为中国疆域辽阔，城市众多，各地城市居民人均建筑面积等初始禀赋差异很大，如果由中央统一供给保障房，不易做到供给的公平与有效，也很难满足家庭的异质性偏好。相较而言，地方政府在供给保障房上更有信息优势、更具供给效率。其次，因为在现行土地管理体制下，地方政府实际上掌管着保障房建设用地的划拨大权。于是，保障房的主要供给责任自然地落到地方政府头上。

按照现有的事权划分和财政体制，保障性安居工程是地方事权，具体安排是，省级负总责，市县抓落实，中央给予适当补助。但是，中央补助的比例应该多大？至今所有政策规定中均未进行明确。在政府间财政责任的划分具有一定的模糊性和重叠性的情况下，中央政府往往倾向于把支出责任下压（袁飞等，2008）。于是，在目前财政分权体系和现行土地管理制度下，中央政府因缺乏刚性约束，其转移支付占比较小，地方政府承担了保障房的最主要供给责任，成为“名副其实”的保障房的供给主体。

第三章　地方政府保障房供给的境外经验

为住房弱势群体提供住房保障是世界各国政府需要面对的一个共同性的社会问题。美国、新加坡和中国香港等国家或地区政府在解决低收入家庭住房问题方面发挥了主导作用，取得了良好的保障效果。学习与借鉴发达国家或地区政府在提供住房保障方面的经验，无疑能够为增加我国保障房有效供给提供有益的借鉴与启示。

第一节　地方政府保障房供给的境外做法

美国、新加坡和中国香港等国家或地区政府在解决低收入家庭住房问题方面发挥了主导作用，取得了较好的保障效果。

一、新加坡政府在保障房供给中的作用

新加坡是东南亚地区住房保障制度实施最好的国家。虽然新加坡属于市场经济国家，但是新加坡的住房供给并非完全通过市场机制进行建设与分配，政府采用适当的方式参与住房供给。部分居民的住房问题通过市场机制实现，其余居民的住房问题则通过政府解决。具体而言，低收入阶层享受廉租屋待遇，中等收入阶层购买组屋，高收入阶层购买私人住宅。

新加坡最成功的经验莫过于其成功实施了“居者有其屋”的住房保障政策。“居者有其屋”政策由建屋发展局具体负责实施，由住房公积金政策进行金融支持，由规范的住房分配制度与后续管理加以保障，取得了良好的保障效果，使得中低收入家庭的居住问题得以解决。

（一）保障房的建设

在新加坡，建屋发展局是一个半官方的统一负责投资及组建公共住房（即组屋）的专门机构，其主要任务是负责规划、建造和管理所有公共住房，其工作具体包括：（1）为中低收入居民提供住房，实施政府确定的建屋计划；（2）负责公共组屋的出租、出售及其物业管理。

1. 建设土地

新加坡公共组屋的建设用地通过土地强制征用获取。1966 年新加坡制定的《土地征用法》强化了政府职能，赋予了政府强行征用私人土地用以组屋建设的权力。1973 年修订了《土地征用法》并规范了土地征用的补偿标准。1995 年之后，新加坡政府规定必须按市场价格征用土地。

2. 建设资金

公共组屋建设启动资金来源于政府的长期贷款和政府补贴。（1）政府的长期贷款。建屋发展局可以从新加坡政府获取超过 20 年的长期贷款。（2）政府补贴。建屋发展局按照政府确定的远低于市场价格的价格出租组屋、出售组屋，公共组屋价格与市场价格之间的差额部分由政府财政专项补贴加以弥补。1960～1989 年间，建屋发展局从政府获取共计 1.2 亿新元的补贴。（3）住房公积金。新加坡每个雇员必须要将其月薪的 40% 存入中央公积金局，专门用于购房、养老等用途，不能用于其他任何用途。中等收入阶层购买组屋时，只需要首付总销售价格的 20%，建屋发展局垫付其余的 80%，但是需要购买组屋的家庭使用公积金以较低的利率还清。还款年限根据缴纳公积金额度的不同而不同，具体还款年限有 5 年、10 年以及 25 年三种。

3. 公共组屋建设管理

私人投资商开发商品房需要通过土地批租的方式有偿获得商品房建设用地，而建屋发展局以较低的价格获得保障性住房建设用地，但是，保障性住房建设需要通过招标的形式来确定保障性住房建设承包商，出价高者或资质高者才能获得保障性住房的建设资格，这种做法在一定程度上确保了公共组屋的建筑质量。

4. 住房建设规划

为了大规模兴建低标准住房，新加坡政府于 20 世纪 60 年代初制定了“五年建屋规划”，该规划具体包括，65～70 平方米的三房式组屋、90～100

平方米的四房式组屋，110～120 平方米的五房式组屋，140 平方米大小的公寓式组屋。为了节省土地，组屋以几十层的高层住宅为主。每个组屋区配备完善的设施，比如，超级市场、熟食中心、购物中心、诊疗中心、学校、图书馆、游乐场一应俱全。

根据所处地段与市中心的距离远近不同，建屋发展局所建的“卫星镇”范围内的公共组屋的销售价格存在很大的差别，与市中心的公共组屋的销售价格相比，远市区便宜12%，近郊区便宜23%，远郊区便宜32%。新镇住房都在远郊区以外，平均比市区便宜38%。这些卫星镇组屋区的轻轨、地铁以及连接轻轨和地铁站的公共巴士等配套公共交通十分完善，保证了居民的出行便利。

（二）保障房的分配

1. 申请资格标准

新加坡政府制定了详细的租住或购买组屋的申请资格标准。（1）申请者必须是新加坡公民。申请家庭一定是新加坡公民，如果是多人共同申请，则对共同申请的其他成员的要求是必须在新加坡居住。随后这一标准经过几次修订。（2）不存在私有房产。如果家庭拥有私有房产，则丧失申请租屋资格。（3）收入限额标准。如果家庭的总收入超过收入限额标准，则也丧失申请租屋资格。（4）主要面向核心家庭。新加坡的公共组屋的保障对象主要是一些核心家庭，但也有老年人计划和孤儿计划等特例。

2. 购买面积标准

居民购买组屋时，按照政府规定标准购买，方可享受优惠。超过规定面积部分，需要按照市场价格支付购房款，以此限制居民购买超过面积标准的住房。同时，政府对购房优惠程度进行分级管理，按照 1980 年的优惠标准，三房式可优惠 44%，四房式优惠 33%，五房式优惠 27%。购买住房面积越小，享受的优惠越多。

3. 分配管理

公共组屋分配系统的基本原则是先申请先服务。分配时，按照申请序列号优先分配，并且在这种分配系统中仅有一个序列号，分配的优先权由申请时间的次序来决定。这种办法相对简单、比较公平，容易被民众接受。具体步骤为：申请登记、抽签选择、公房交换。

（三）保障房的后续管理

1. 转让管理

为了限制炒房，真正实现“居者有其屋”，新加坡拥有完善且严厉的组屋转让政策。同一家庭不允许购买第二套组屋，组屋 5 年内不允许转让。如果在 5 年内出售，不可以直接在市场上出售，只能通过政府回购。购买期限超过 5 年（后调整为 30 个月）方可在公开市场上出售。

2. 物业管理

新加坡的物业管理也属于保障房后续管理的重要组成部分。通过专门的管理部门和机构，新加坡公共组屋的物业管理统一而规范。关于物业费用的收取，不同的保障房按不同的办法进行收费。公共组屋的物业管理费按市场统一标准收取，出租房的物业管理费则由政府向建屋发展局投入大量补贴。

二、中国香港特区政府在保障房供给中的作用

中国香港地区是世界上人口最稠密的地区之一，需要住房保障的居民占比较大，但是，在低收入群体的住房保障问题上成效显著，有许多值得内地学习之处。

（一）保障房供应体系

中国香港特区保障房供应体系的主体是公屋政策。通过公屋政策，香港特区政府帮助占全港人口一半的中低收入阶层市民解决了居住问题。

香港特区的保障房主要包括居屋和公屋两类住房，公屋供符合条件的保障对象租住，居屋供符合条件的保障对象购买。政府下属的房委会负责建设香港地区的公屋和居屋，公屋和居屋的土地均由政府无偿提供。公屋和居屋的价格均较为低廉，公屋的租金远低于市场租金水平，居屋的销售价格一般为私营房屋的 1/2 ~ 2/3。

（二）协调的运作机制

在中国香港，负责制定与实施住房政策的公共机构主要有：房屋局、房屋委员会、房屋署以及房屋协会。这些机构分工明确、协调沟通，共同保障

了中国香港地区公共住房的有效供给。

这些公共机构是如何分工协作、协调运作的呢？具体而言，房屋局负责策划、统筹公共住房政策的推行以及贯彻政策执行，同时负责统筹相关多个政府部门；房屋委员会负责公共住房的决策，负责推行并修订政府的长期房屋政策，制定和统筹大部分的公营房屋计划，充当香港特区最大的物业发展和管理机构；房屋署则是房屋委员会的执行部门，具体执行房屋委员会的公屋计划；房屋协会是一个独立的机构，具有非营利性质，行使执行公营房屋计划和市区改善计划之责。

（三）完善的公营房屋计划

为了协助市民购置物业自住，房屋委员会曾推出“居者有其屋计划”（居屋计划），后被“租者置其屋计划”（租置计划）所取代。2001 年 8 月推出“长者租金津贴计划”。为了对符合条件人士提供置业资助，2003 年 1 月又推出“置业资助贷款计划”。

（四）合理的规划布局

中国香港地区的住房政策之所以有效，是因为以下三点。

第一，公营房屋的供应数量较多。

第二，公营房屋的建筑标准以及区位选择较为合理。中国香港地区公屋建设在其发展过程中，均采用统一的设计标准、标准化的建造模式与规模化、工业化的生产方式，这种做法保证了公营房屋的建设质量，同时也降低了公营房屋的建设成本。

第三，规划设计的理念较为科学。香港岛的北面和九龙半岛的南侧人口密度较高，其中九龙的观塘区、油尖旺区和黄大仙区人口密度最高；而离岛区和新界的大埔区、北区人口密度最低。因此，香港地区的湾仔区没有公共组屋，中西区、油尖旺区只有少量公营房屋，但除这些区域之外，香港地区的其余区域均建设了一定规模的公营房屋。

三、英美国家地方政府在保障房供给中的作用

（一）美国

美国住房保障的财政支出由联邦财政出资，出资方式主要包括四种类型：

第一，支持具体的住房工程建设；

第二，为低收入家庭获得私人市场的住房提供租金补贴；

第三，州及地方政府在建设保障房时，联邦财政为其提供资金；

第四，普通家庭购买住房时，联邦财政为其提供金融和税收支持，比如，贴息贷款、担保和贷款利息在个人所得税税基中予以抵扣等。其中，为普通家庭提供金融和税收支持是美国联邦政府最常采用的支持方式，每年联邦财政用于此方面的资金占比最高。

（二）英国

1. 住房保障支出的基本模式

在英国，住房保障财政资金支持由中央政府和地方政府共同完成，二者之间有明确的分工，但是英国住房保障主要供给责任落在地方政府头上。

具体而言，中央财政的财政资金支持是发放补贴，补贴的对象是其他相关的社会机构（主要是非营利机构），当然也包括地方政府。

相比较而言，地方政府在住房保障方面的财政资金支出主要为固定资产投资和金融支持。（1）固定资产投资。土地和房屋的收购、住宅的新建和翻新、住宅周边公用设施的修建和其他项目均属于地方政府的固定资产投资。（2）金融支持。发放补贴、发放贷款和其他金融资助等均属于地方政府的金融支持。2005 财年和 2010 财年英国地方政府各类住房保障支出情况如表 3-1 所示。

表 3-1　2005 财年和 2010 财年英国地方政府各类住房保障支出情况

		固定资产投资					金融支持		合计
		土地和房屋的收购	住宅的新建和翻新	住宅周边公用设施的修建	其他项目	小计	补贴发放	贷款和其他金融资助	
2005财年	支出（百万英镑）	292	3471	61	27	3851	636	46	4534
	比例（%）	6.44	76.55	1.35	0.6	84.94	14.03	1.01	100
2010财年	支出（百万英镑）	310	3412	42	4	3767	705	44	4516
	比例（%）	6.86	75.55	0.93	0.09	83.41	15.61	0.97	100

资料来源：英国副首相办公室（Community and Local Government）。

2. 英国中央与地方财政资金在住房保障上的支出

（1）中央财政。2005 财年，固定资产投资和金融支持的补贴实际发生数额为27 亿英镑，2010 财年两项补贴额度提高到90 亿英镑，而2011 财年该补贴额高达96. 3 亿英镑。

（2）地方财政。2010 财年，英国地方政府住房保障支出总额达45. 16 亿英镑，占当年地方预算支出的比重约为17. 33%。另外，2010 财年，英国地方住房保障支出的主要部分为公共住房的新建支出、翻建支出和维护支出，其占比高达3/4 之多。

从时间序列来看，英国地方政府住房保障支出的绝对数额呈现出逐年递增的趋势，支出额度最高的年份为2007 年，支出金额高达50. 08 亿英镑。

虽然住房保障支出的绝对数额呈现逐年递增的趋势，但是相对占比却呈现出逐年下降的趋势。之所以如此，是因为英国地方财政总支出近年来的增长率逐年增长，年增长率高达10. 75%，由此造成了由2002 年最高的33. 26%下降到2010 年的17. 33%。

第二节　对中国地方政府保障房有效供给的启示

衣食住行是每个人生存的必需部分，因此各个国家在城市化发展过程中都无一例外地需要面对城市人口的住房问题。各个国家的发展水平都是有差异的，面临的具体住房问题也有差别。与一些发达国家不同，中国面临特殊的国情、特殊的低收入群体（比如，中国特有的农民工群体）。然而，一些发达国家发展历程中，曾面临的低收入群体的住房保障模式可以为中国解决低收入群体（包括农民工）的住房问题带来一定的启示。

境外发达国家或地区的经验表明，政府在保障房供给中应当担负不可推卸的责任。比如，应该制定完善的住房保障规划；再比如，分情况、分地区选择适宜的保障方式、进行资金方面与土地方面的大力支持。

一、确立地方政府的主导作用

境外经验表明，为了发挥政府调控住房资源的作用，弥补市场机制的缺陷、维护社会公平与稳定，帮助中低收入家庭解决住房问题，地方政府必须在住房保障中发挥主导性的作用。具体而言，包括：（1）在住房保障领域发挥住房资源调控功能；（2）设立专门的住房保障机构负责建设保障房；（3）构建健全的金融支持体系，帮助或者支持低收入住房困难家庭解决住房问题。

二、抓紧制订住房建设规划

住房建设规划是以满足不同收入阶层住房需求为导向的，根据不同的收入阶层制订与之配套的住房类型规划，以满足中低收入阶层的居住需求，规划内容侧重于保障房建设量的计划安排，包括总量计划（规划期内保障房的建设总套数和总建筑面积）、结构计划（90 平方米和 70% 的控制标准，廉租房、经济适用房）、时序计划（规划期内每年供应总量、每年供应面积）等。

住房建设规划是经济发展规划、社会发展规划及城市发展规划的重要组成部分，住房建设与发展需要住房建设规划的指引。无论是从境外经验看，还是从中国住房建设发展的实际需求看，要想在住房建设领域取得重大突破，必须认真总结发达国家或地区的先进经验，结合我国住房建设发展的实际情况，站在历史的高度，审时度势地抢抓发展机遇，高度重视住房建设规划，以引导和统领中国城镇住房的健康发展。

三、分情况、分地区选择适宜的保障方式

根据供求结构情况，选择合适的保障方式。在房地产市场过热的时候，可以以较少的住房需求实现同样的福利效应，因此适宜采用需求补贴；而在房地产市场趋冷的时候，亟须提高住房需求量，采用供给补贴效果更佳。

根据不同地区的情况，选择适宜的保障方式。中国幅员辽阔，各地经济发展水平、居民居住条件以及住房供求关系存在非常大的差异。在西部等住房较为紧张的地区，居住条件相对较差，住房存量有限，而低收入居民占比相对较高，主要采用“补砖头”方式更为适宜。而在东部等住房相对较为充裕的地区，居住条件相对较好，住房存量充裕，而低收入居民占比相对较低，

主要采用“补人头”方式更为适宜。

四、住房保障实施手段从“砖头补贴”向“人头补贴”转变

纵观发达国家的住房保障普遍都从“砖头”转移到“人头”。这两者的根本区别在于政府的侧重点有所不同。“砖头补贴”可看作“房屋补贴”，相当于政府提高供给，向生产者提供补贴，通过提高房屋的供给特别是保障性房屋的供给使得低收入群体能够使用到保障性住房。这对于消费者来说是一种间接的补贴且补贴效果会较差较慢。“人头补贴”可看作“货币补贴”，相当于政府提供福利直接把住房价格和居民收入的差距以货币的形式直接补贴到居民手中。这相对而言是一种更优的政策选择。这项政策能够减少政府对房地产市场的过多干预扰乱房地产市场的秩序，从而可以让市场更为健康地发展。

五、住房保障要有层次性

社会住房保障的实质是把住房价格和居民收入之间的差距让政府部门承担，解决低收入人群的住房困难。但是通过近年来农民工在城市的发展，许多农民工已经依靠自己的双手在城市立足，也有一些农民工尚且无法维持自己的生活，农民工群体的支付能力还是有一定的差距，因此在制定和实施住房保障制度的时候，一定要注意住房保障要有层次性，满足不同生活状态的农民工的需要。

六、以积极的税收政策引导空置住房进入市场

政府通过货币化补贴提高“夹心层”住房消费能力之后，能否在市场上搜寻到合适的房源，还取决于住房市场供给是否充足。政府应该通过积极的税收政策引导空置住房进入租赁市场。具体而言，一方面，降低租房税收，降低出租人和承租人的租赁成本；另一方面，对于空置住房开征房产税或物业税或“住房空置税”，空置一定时间以上起征，空置时间越长税率越高（当然，对于能够出具水电费单据、出租合同等证明的普通住宅不予征收）。通过上述积极税收政策引导空置房进入租赁市场，增加租赁市场房源。

七、引导租赁中介公司向资产管理公司转变

除了空置住房成本极低之外，空置住房没有进入租赁市场的另一个重要原因是供需双方之间的交易渠道不畅通，租赁关系不稳定，租赁风险较大。因为租赁市场存在缺陷，“夹心层”在市场上难以找到合适的房源、难以建立稳定的租赁关系。于是，政府有责任和义务去干预或弥补住房租赁市场的上述缺陷或者失灵。

理论上讲，交易双方地位对等是交易成功的前提之一。但是，目前住房租赁市场上，出租人和承租人是收入或者身份地位悬殊的两个阶层，出租人都是高收入阶层或权贵阶层，而承租人都是低收入家庭或者说弱势群体。出租人与承租人之间的地位不对等，致使两者之间的租赁关系难以建立。此外，租赁中介公司缺乏对出租住房的后续管理，导致住房出租后，承租人不认真维护住房环境和住房设施甚至破坏住房的现象经常发生。

未来应该实现租赁中介公司向资产管理公司的转变，高收入阶层购买了投资性住房后，若交由资产管理公司帮其出租或者管理公司帮其来管理，资产管理公司就在高收入的出租人和低收入的承租人之间架起了一座沟通的桥梁，形成住房租赁市场综合管理长效机制，供需双方之间的租赁关系更容易建立起来，这样租赁市场中的房源会大大增加。

八、保证保障性土地的供应

土地是住房之源。保证保障房有效供给的基本措施之一是推行合理的土地供应机制以维护土地的可持续发展。首先，制订详细而持续的土地供应规划，严格控制保障房建设用地的用途，不得以任何名义、任何形式转用保障房建设用地。其次，严格遵守商品房用地与保障房用地单独审批制度，从而保证保障性土地的供应。

九、为住房保障制度的实施提供法律依据和保障

国家想要维护社会稳定，保障居民的居住权利是重要的一环，因此对于住房保障制度一方面需要政府制定出切实有效符合地方特点的制度，另一方

面更需要国家和地方政府制定严格的法律对其进行支撑。纵观每个发达国家的住房变迁，每个国家都有着不同形式的法律法规来支撑，美国、英国曾颁布《国民住宅法》、新加坡曾颁布《建房与发展法令》来保障住房保障的实施。且不同形式的法律法规在推动住房保障发展的道路上起了不可替代的作用。目前，我国还尚且缺乏相应的住房保障法律，特别是针对农民工群体的住房保障法规，因此制定出符合我国国情的专门的法律来推动对农民工群体住房保障的实施显得尤为重要。

第四章　保障房有效供给不足的事实描述

基于经济社会均衡发展的思想，保障房的合理供给水平是既定经济发展水平和政府财政能力下的供给水平。实际供给是地方政府在保障房上的实际支出，而有效供给是地方政府保障房实际支出中被真正用于保障对象的有效支出部分。保障房合理供给和有效供给之间的缺口被称为保障房有效供给不足（或供给缺口）。保障房有效供给不足（或供给缺口）可能源于供给总量不足，也可能源于供给失效。实际供给小于合理供给的部分被界定为供给总量不足，有效供给小于实际供给的部分被界定为供给失效（见图4－1）。

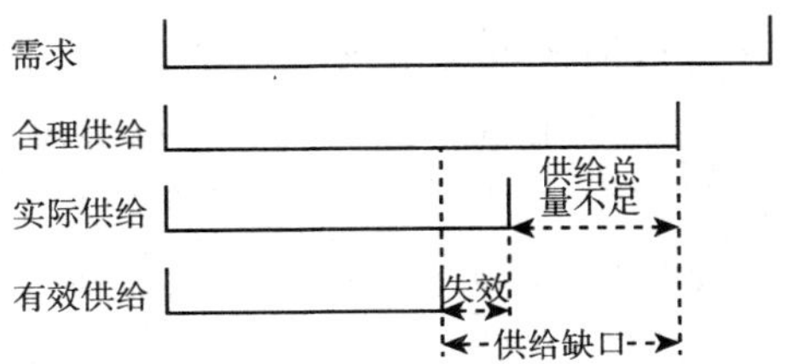

图4－1　保障房供给缺口（或有效供给不足）

保障房主要包括廉租房和经济适用房（2010年起，公共租赁房也被纳入保障房体系之中，成为主要组成部分之一）。然而地方政府在既定的经济发展水平和财政能力下，并未尽其全力地供给保障房，两种类型的保障房均存在不同程度的有效供给不足（或供给缺口），既存在供给总量不足（数量上），也存在供给效率低下（质量上）。

第一节 供给总量不足的估算：基于江苏各市（县）的数据①

1998 年城镇住房市场化改革以来，越来越多城镇家庭的居住问题通过住房市场得到了解决。但是，随之出现的是，住房供给过度商品化的倾向越来越明显，房价上涨过于快速，住房弱势群体既无力购买商品房也未被保障房覆盖的现象日益凸显。特别是近年来“蜗居”“蚁族”等社会现象所引发的激烈的社会讨论反映了目前保障房供给总量存在不足。

按照布坎南（Buchanan，1976）的观点，“任何由集团或社会团体决定，为了任何原因，通过集体组织提供的物品或劳务，都被定义为公共的”，因此，保障房可以据此认定为公共品。强化政府公共品供给是实现经济社会发展的必要条件，也是绝大多数国家的普遍做法。市（县）政府是我国政府组织体系的基础，承担着保障房等公共品的实际供给职责（除了来自上级政府的转移支付）。因此，保障房供给总量不足引发普通民众以及部分学者对地方政府的批评和质疑。那么，如何测度地方政府保障房的合理供给水平呢？实际供给又是多少？地方政府的保障房供给总量不足程度究竟有多大？对以上问题的确切回答，将有助于加深我们对地方政府保障房供给责任的理解，并对政府制定保障房建设与发展规划具有一定的指导意义。

本书借鉴吕炜等（2008）对地方政府在公共服务支出方面的合理值进行界定和估计的做法，在综合考虑当地的经济发展水平以及地方政府财政能力的基础上，确定地方政府客观能力基础上应该供给的数量。然后与地方政府的实际保障房供给相比较，以此判断地方政府的保障房供给总量不足的程度究竟有多大。基于这样的研究思路，我们运用 IMF 统计较为齐全的 40 个国家和地区 2005 ~ 2007 年的面板数据，拟合出既定经济发展水平和地方政府财政能力下地方政府保障房供给的合理值②。然后，利用《2009 年江苏省住房保障目标任务完成情况表》估算了 2009 年江苏省各市（县）政府保障房供给的实际值，以江苏地区为代表，测算出地方政府的保障房供给

① 本节的主要内容以“对地方政府保障房支出缺口的估计——来自江苏省的证据”为题发表于《经济评论》2012 年第 1 期。

② 以合理支出金额占当地当年 GDP 的比重衡量。

总量不足的程度。

一、保障房供给总量不足的理论界定

解决低收入家庭的住房问题，是政府公共供给的有机组成部分，是世界各国政府的重要职责。目前，中国政府结构包括中央和地方两级，除了上级政府的专项转移支付外，保障房的实际供给主体是地方政府，尤其是市（县）政府。

根据国际经验①，地方政府对住房保障承担责任，但非无限责任。那么，怎样的保障房供给水平，既能保障低收入群体的基本居住需求，又在地方政府能够承受的范围之内？假定低收入住房困难家庭对保障房的需求量为 H_D；地方政府保障房支出的实际值为 H_S；既定经济发展水平和财政收入下，地方政府保障房支出的合理值为 H_s^*。

情形一：若 $H_S = H_s^* < H_D$，意味着地方政府保障房支出的实际值与合理值相等，$H_D - H_S$为经济发展水平和政府财政能力等客观原因所致的保障房供求缺口。就是说，因为受到经济发展水平和政府财政能力的硬约束，地方政府虽尽其全力仍不能满足全部低收入住房困难家庭的住房需求。因而可以认定，此种情形的保障房供给不足系客观原因所致，地方政府不存在主观失责行为。

情形二：若 $H_S > H_s^*$，$H_S - H_s^*$缺口部分为地方政府超出合理值的支出部分，此种情形下，保障房供给不是不足而是过多。保障房投入也需要适度，当保障房投入过多而超过均衡点的情形下，也会导致资源的浪费，对社会总福利来讲也是有损害的，这种情况下也属于地方政府的过失行为。

情形三：若 $H_S < H_s^* < H_D$，则 $H_D - H_S$为主观与客观原因共同引致的保障房供求缺口。其中，$H_D - H_S^*$缺口部分为经济发展水平和政府财政能力等客观原因所致；$H_s^* - H_S$缺口部分为地方政府有能力但缺乏动力等主观原因所致，该部分缺口即地方政府的保障房供给缺口部分，属于地方政府的失责部分。

从现实情况看，1998 年住房市场化改革以来，住房供给从过度保障化的极端逐渐滑向过度商品化的另一极端。特别是近年来“蜗居”“蚁族”等社

① 美国等发达国家的州政府也并非对住房保障承担无限责任。

会现象所引发的激烈的社会讨论，足以反映了目前中国的实际是地方政府保障房供给存在不足，而非过多。从已有文献上说，葛扬、贾春梅（2011）通过江苏 13 个省辖市的廉租房的供给与需求之间的比较，得出了目前地方政府提供的保障房存在不足的结论。因此，对于计划经济时期存在的或者未来可能存在的保障房供给过多而形成的缺口问题以及此种情形下的地方政府过失行为，本书不作进一步的研究，而是主要估计情形三中的 $H_s^* - H_S$缺口部分，即地方政府有能力但缺乏动力的现实状况下，其保障房的实际支出值与合理支出值之间的差值有多大。

二、估算困难与化解办法

地方政府的保障房供给总量不足程度究竟有多大？其准确估计主要受制于两大因素：一是地方政府保障房供给合理值与实际值的理论界定；二是实际估计中数据的可得性及数据替代的合理性。供给总量不足的理论界定相对容易，而准确地度量则非常困难。上述两大制约因素的存在导致关于地方政府保障房供给总量不足估计问题的定性和定量研究均相当缺乏。部分文献对地方政府保障房合理支出水平进行了估计，借鉴社会保障适度水平的测度模型，李娜（2006）以北京为例构建了适度住房保障水平模型，李娟（2008）对比南京和发达国家的经济社会发展水平，建立了住房保障适度水平测度模型和区间。而就地方政府的保障房实际支出及供给总量不足的研究尚不多见，由此可见，地方政府在保障房供给中存在失责行为仅是一个定性的、直观的判断，地方政府在保障房供给中应当承担以及实际承担多大供给责任、供给总量不足的程度究竟有多大，至今没有一个较为清晰的定量估计与度量。在这个层面上说，我们的研究可以一定程度地填补该方面的研究空白。

（一）地方政府保障房支出合理值界定与估计中遇到的困难及化解

对地方政府保障房供给缺口进行度量的最大困难在于无法确定地方政府保障房支出合理值，如果地方政府保障房支出合理值找不到，实际支出值对合理支出值偏离程度（即供给缺口）的估计就是一句空话。基于经济社会均衡发展的思想，地方政府在保障房方面的合理支出既要能保障低收入群体的基本居住需求，又必须在地方政府能够承受的范围之内。换句话说，地方政府保障房支出合理值可以理解为，在不考虑国家或地区异质性的前提下，一个国家或地区在一定的经济发展水平和财政能力下地方政府应提供的保障房支出水平。为此，我们借鉴吕炜等（2008）对地方政府公共服务支出合理值的估计办法，在进行一定假设的前提下，运用IMF统计较为齐全的40个国家和地区2005～2007年的数据①，在控制经济发展水平和财政能力等客观因素下，寻找地方政府保障房支出的一般规律②。为消除国家规模大小的影响，我们拟合出的是地方政府保障房合理支出值占当地当年GDP的比值。

（二）地方政府保障房支出实际值界定与估计中遇到的困难及化解

虽然《江苏省廉租住房管理办法》③中规定，各市（县）应根据经济发展和地方财力水平，制定相应的补贴发放标准。但是，绝大多数市（县）补贴发放标准并未公布，无法取得。针对估计中遇到的这一困难，我们利用江苏省民政网④及各省辖市民政网提供的江苏各市（县）城市最低生活保障标准，替代廉租住房租赁补贴发放额，然后按照每个家庭三人标准计算出对低收入住房困难家庭的廉租房补贴发放额。

经济适用房是指政府提供政策优惠，限定套型面积和销售价格，按照合理标准建设，面向城市低收入住房困难家庭供应，具有保障性质的政策性住房⑤。按照合理的建造标准，开发商开发的商品房按照市价销售，而开发商建造同等标准的经济适用房则需要按照政府限定的价格销售。只有开发商开发普通商品住宅获取的利润与建造经济适用房获取的利润相同的条件下，开发商才有动力建造经济适用房。为保证开发商在经济适用房上能获取与普通商品住宅同等的利润，政府对经济适用房开发提供多种政策优惠，比如，减税、低价转让土地等，使得经济适用房的建造成本比普通商品住宅的建造成

---

① 资料来源："Government Finance Statistics Yearbook（2008）"，IMF。其中含有数据"地方政府财政收入"和"地方政府住房和社区设施支出"。

② 特别需要说明的是，有的国家和地区可能税收很少，但是以土地租金的方式收税，如我国香港地区和我国内地，这样对REV的含义会有影响。因为数据不可得所致的精准确定地方政府保障房方面的合理支出值存在很大困难。所以，我们借鉴了吕炜等（2008）对政府的公共服务支出合理值的估计方法，进行类似的粗略估计。这种在现有数据条件下"不得已而为之"的做法应该是基本可以接受的。

③ 《江苏省廉租住房保障办法》于2008年11月25日经江苏省人民政府第20次常务会议审议通过，自2009年1月1日起施行。

④ http：//www. jsmz. gov. cn/，江苏省民政网。

⑤ 源自《经济适用住房管理办法》中的经济适用房的概念。

本低，单位面积低出部分即两类住房之间的单位价差，这部分价差理论上相当于政府在经济适用房上提供的补贴额。参照姜万军等（2005）、何灵（2010）的做法，在估计过程中我们将使用扣除经济适用房的住宅平均售价与经济适用房的平均售价之差乘以经济适用房销售面积估计地方政府在经济适用房上的支出额。

保障房除了包括经济适用房和廉租房等形式之外，有些市（县）还从实际出发创新出其他形式的保障房，如江苏淮安的“共有产权”住房①、连云港的“两限房”。但是很多地方政府在这些保障房形式上的支出值无从获知，并且也难以使用其他指标或数据进行替代，因此，我们没有将这部分支出考虑进去。但是，从个别市（县）可得的数据看，这部分的支出值不大。以连云港的“两限房”为例，2009 年连云港市的商品房平均售价约为 2790 元/平方米，经济适用房平均售价为 1352 元/平方米②，两限房的平均售价为 2650 元/平方米③。计算可得，地方政府在每平方米经济适用房上的支出为 1438 元，在每平方米两限房上的支出额仅为 140 元。相比较而言，地方政府用在这部分住房上的支出额不到经济适用房支出额的 1/10，占所有保障房支出的比重更小。因此，本书的估计结果可能存在轻微的高估，但属于基本可以接受的范围，并且第四部分列示的估计结果基本与大多数人的经验直觉相吻合。

三、地方政府保障房支出缺口的估计：基于江苏各市（县）的数据

（一）地方政府的保障房合理支出值的确定

为了估计保障房支出缺口，我们首先必须估计各地区地方政府的保障房合理支出值，即在不考虑国家异质性的前提下，一个国家或地区在一定的经济发展水平和财政能力下地方政府应在保障房供给方面承担的支出。

---

① 江苏淮安为解决经适房“有限产权”界限不清，退出机制难以操作的问题及带来的弊端，自 2007 年开始推出了以出让土地共有产权房代替划拨土地经适房，“共有产权”分为购房家庭与政府 7:3 和 5:5 的两种产权比例。

② 利用《连云港统计年鉴（2010）》中的“住宅销售额”除以“住宅销售面积”即可得到商品房平均售价；“经济适用房销售额”除以“经济适用房销售面积”即可得到经济适用房平均售价。

③ “连云港首批两限房申购家庭圆安居梦”，http://jsnews.jschina.com.cn/lyg/201101/t600871.shtml，2011-01-01。

1. 指标解释与模型设定

为了拟合出地方政府的保障房支出合理值，我们使用的是 IMF 统计较为齐全的 40 个国家或地区①2005～2007 年的面板数据（其中包括 2 个低收入国家②、9 个下中等收入国家或地区③、19 个上中等收入国家④，以及 10 个高收入国家或地区⑤）⑥。因为社会保障水平的高低可以用社会保障支出总额占国内生产总值百分比来衡量（穆怀中，2001）。所以，我们以地方政府保障房支出占 GDP 的比重（HS）表示地方政府的保障房支出水平，以人均 GDP（PGDP）表示一国或地区的经济发展水平，以地方政府财政收入占当地 GDP 的比重（REV）表示地方政府财政能力。考虑到大多数国家或地区经济增长速度明显快于保障房供给增长速度，两者之间存在线性关系的可能性较小，因此，我们对人均 GDP（PGDP）变量进行了取对数处理。之后，运用 EViews 6.0 统计分析工具对上述形式的方程进行初步回归，以确定最佳回归方程。根据回归结果，回归模型最佳设定形式为：

$$HS_{it} = \alpha_0 + \alpha_1 \ln(PGDP)_{it} + \alpha_2 REV_{it} + \varepsilon_{it} \tag{4.1}$$

其中，i 表示国家或地区，t 表示年份，HS 表示地方政府保障房支出占 GDP 的比重；PGDP 表示以美元计价的人均国内生产总值；REV 表示地方政府财政收入占 GDP 的比重。

参照吕炜等（2008）的研究思路，假定影响保障房支出的主客观原因之间相互独立，即政府保障房支出偏好和支出效率等主观因素与国家经济发展水平和地方政府财政能力等客观因素之间没有相互影响，模型中没有引入主观方面的偏好和效率，即此时我们假定各国或地区政府处于合理偏好和合理

① 根据世界银行的收入分组标准，按 Atlas 法计算，人均 GNI 在 975 美元以下的为低收入国家，在 976～3855 美元之间的为下中等收入国家，在 3856～11905 美元之间的为上中等收入国家，在 11906 美元以上的为高收入国家。

② 2 个低收入国家是乌干达、柬埔寨。

③ 9 个下中等收入国家是玻利维亚、中国大陆、乌克兰、埃及、乌克兰、摩尔多瓦、不丹、格鲁吉亚、伊朗。

④ 19 个上中等收入国家是立陶宛、拉脱维亚、利比亚、波兰、哈萨克斯坦、塞舌尔、斯洛伐克、毛里求斯、保加利亚、白俄罗斯、墨西哥、土耳其、罗马尼亚、乌拉圭、马来西亚、黎巴嫩、塞尔维亚、巴西、阿根廷。

⑤ 10 个高收入国家或地区是挪威、瑞士、德国、法国、澳大利亚、加拿大、中国澳门、新加坡、中国香港、新西兰。

⑥ 关于地方政府保障房合理支出值的估算方法，我们借鉴了吕炜等（2008）对政府公共服务支出合理值的估计办法。

效率的状态，而其对保障房支出的影响体现在残差项 ε 中。

2. 数据来源及说明

IMF 编制的《政府财政统计年鉴》（2008）① 中列示了“地方政府财政收入”和“地方政府住房和社区设施支出”数据，其中只有 40 个国家或地区 2005 ~ 2007 年的数据是齐全的，其他国家或地区均有残缺。另外，40 个国家或地区的人均国民收入和 GDP 均来源于《中国统计年鉴（2008）》中的“国际统计数据”。

3. 估计方法

为了得到可靠的结果，在分析过程中，F 检验结果拒绝原假设，因此在混合 OLS 和固定效应 OLS 之间，选择固定效应 OLS；Hausman 检验，拒绝原假设，即选择固定效应 OLS。因此，本书列示和使用固定效应模型的回归结果。

本书使用的数据属于大样本短时期的面板数据，为了克服计量模型中存在的内生性问题，本书使用系统矩估计方法（System-GMM）以解决变量的内生性问题。为了解决模型中的随机干扰项可能存在的序列相关或自相关等问题，同时采用了 Driscoll-Kraay 标准差进行稳健性估计。

4. 回归结果与结果解释

运用上述估计方法，对 40 个国家或地区 2005 ~ 2007 年的面板数据进行分析，得出的估计结果是：

$$HS_{it} = 0.025476 - 0.00292\ln(PGDP)_{it} + 0.095684REV_{it} \quad (4.2)$$

$$(15.62810) \quad (-16.11018) \quad (23.47566)$$

$$R^2 = 0.8274 \quad \overline{R^2} = 0.8245 \quad F = 280.50 \quad D.W. = 2.4243$$

从回归结果看，各变量均在较理想的水平上通过了显著性检验，并且模型不存在自相关问题，调整后的拟合优度达到了 0.8245。地方政府的财政能力的回归系数为正，表明随着地方政府财政能力的不断增强，地方政府的保障房供给水平也会逐步增加；地方经济发展水平的回归系数为负，可能的解释是，“国富”一般与“民富”相伴，随着国家（或地区）经济实力的不断增强，低收入住房困难家庭数量逐渐减少，保障房支出也会因此而逐步减少。

① http://www.imf.org/external/pubs/ft/gfs/yearbook/2008/gfsy08.pdf。

5. 2009 年江苏各市（县）政府保障房支出合理值的测算

由于数据的限制，我们仅获取了测算 2009 年地方政府保障房实际支出值所需的数据，相应地，我们仅仅估算 2009 年江苏 64 个市（县）政府的保障房的合理支出值。具体而言，首先，通过《江苏统计年鉴（2010）》中“市（县）经济”获取 2009 年江苏 64 个市（县）的人均 GDP 与财政收入占 GDP 的比重两项指标的相应数据。其次，将以人民币为计价单位的人均 GDP 按当年年均汇率折算为以美元表示的人均 GDP[①]，其中 2009 年人民币兑美元的年均汇率数据源自 2010 年的《中国统计年鉴》。再其次，对以美元为计价单位的人均 GDP 取对数。最后，将两项指标数据代入上述回归方程中，计算出 2009 年江苏各市（县）政府在客观条件约束条件下，应该提供的保障房合理支出值。

（二）江苏各市（县）政府的保障房实际支出值的估算

1. 地方政府廉租房实际支出额的估算

江苏廉租房供给实行租赁补贴和实物配租相结合的方式。根据江苏省住房和城乡建设厅编制的《2009 年江苏省住房保障目标任务完成情况表》，获取 2009 年江苏 64 个市（县）廉租房租赁补贴发放户数、廉租房实物配租户数。这里将地方政府用于每户的廉租房的实物配租支出额等同于每户租赁发放额。于是，我们将廉租房租赁补贴发放户数和廉租房实物配租户数加总，得到每个市（县）的廉租房补贴总户数。然后，与前面计算出的每户低收入住房困难家庭的廉租房补贴发放额相乘，匡算出江苏 64 个市（县）政府在廉租房上的支出金额。

2. 政府经济适用房实际支出额的估算

如前面所述，我们将使用扣除经济适用房的住宅平均售价与经济适用房的平均售价之差乘以经济适用房销售面积估计地方政府在经济适用房上的支出额。具体而言，利用公式$\left[\frac{A_t-A_j}{S_t-S_j}-\frac{A_j}{S_j}\right]\times$经济适用房竣工套数$\times 60$（其中 A_t 为住宅销售额，S_t 为住宅销售面积，A_j 为经济适用房销售额，S_j 为经济适用房销售面积）估算政府经济适用房实际支出额，A_t、S_t、A_j、S_j 数据来源

① 因为回归方程（4.2）中的 PGDP 是以美元表示的人均 GDP，所以要将以人民币计价的人均 GDP 按当年年均汇率折算为以美元表示的人均 GDP。

于《江苏统计年鉴（2010）》及2010年各省辖市统计年鉴。根据《2009年江苏省住房保障目标任务完成情况表》（江苏省住房和城乡建设厅，2010）中各市（县）经济适用房竣工套数，每套经济适用房销售面积按照60平方米的标准估算①。另外，对于在相关统计年鉴中可以查找或计算出 A_t、S_t、A_j、S_j 数据的市（县），代入该公式直接计算；对于数据缺乏或不完整的市（县），每平方米经济适用房补贴差价用所在省辖市的平均补贴差价替代。由此估算出江苏64个市（县）政府在经济适用房上的支出金额。

3. 来自上级政府的保障房专项转移支付

根据江苏省财政厅和建设厅联合制定的《江苏省省级廉租住房保障专项补助资金管理暂行办法》，省级财政安排廉租住房保障补助资金，实行“以奖代补”，专项奖励和奖励补助相结合的办法，对各市县在完成江苏省委、省政府下达的廉租住房保障目标任务的前提下，分类考核，按不同地区标准进行适当奖励（补助），鼓励地方加大廉租房投入。2009年，江苏省财政拨付1.4亿元住房保障专项补助资金，重点对全省34个财政困难县②和苏北五市③（徐州、淮安、连云港、盐城、宿迁）进行奖励补助。各市（县）补贴

① 2007年出台的《国务院关于解决城市低收入家庭住房困难的若干意见》提出改进经济适用房制度意见，将其建筑面积从80平方米降至60平方米。

② 按照《江苏省省级廉租住房保障专项补助资金管理办法》的规定，34个财政困难地区按保障投入因素分配计算方法是，某市（县）廉租住房保障专项补助资金额＝某市（县）上年度廉租住房保障投入考核计算金额×分配系数×某市（县）所属分类地区的调整系数。$P_{X_i}=X_i\times t_1\times\beta$、$P_{Y_i}=Y_i\times t_2\times\beta$、$P_{Z_i}=Z_i\times t_3\times\beta$。其中 P_{X_i}、P_{Y_i}、P_{Z_i} 分别为一、二、三类地区某县市分配金额；X_i、Y_i、Z_i 分别为一、二、三类地区某县市上年度廉租住房保障投入考核计算金额；一类地区调整系数 $t_1=1.2$，属于一类地区的有：睢宁县、丰县、灌云县、淮安楚州区、涟水县、沭阳县、泗阳县、泗洪县；二类地区调整系数 $t_1=1.1$，属于二类地区的有：新沂市、邳州市、沛县、东海县、灌南县、赣榆区（原赣榆县）、淮安淮阴县、洪泽县、盱眙县、响水县、滨海县、阜宁县、宿迁宿豫区；三类地区调整系数 $t_1=1.0$，属于三类地区的有：铜山县、海安县、如皋县、如东县、金湖县、射阳县、建湖县、盐城盐都区、大丰县、东台县、高邮市、宝应县、兴化县。投入要素分配系数 $\beta=P_{总}/\left[\sum_{i=1}^{8}X_i\cdot t_1+\sum_{i=1}^{13}Y_i\cdot t_2+\sum_{i=1}^{13}Z_i\cdot t_3\right]$，$P_{总}$＝年度省级廉租住房保障专项补助资金总额×80%。

③ 按照《江苏省省级廉租住房保障专项补助资金管理办法》的规定，苏北五市按保障投入因素分配计算方法是，某市廉租住房保障专项补助资金额＝$P_{总}$×（某市上年度廉租住房保障投入考核计算金额÷苏北五市上年度廉租住房保障投入考核计算金额之和）。$P_{总}$＝年度省级廉租住房保障专项补助资金总额×20%。上年度廉租住房保障投入考核计算金额＝上年度完成实物配租房源建设投资×70%＋上年度租赁租金补贴发放金额×30%。

多少依据对其全年廉租房建设情况考核结果给予奖励，其中建实物廉租房的多少占考核因素的70%，发放补贴的情况占考核比重的30%。对财政困难地区补助的比重为80%，对苏北五市奖励补助的资金比例为20%。利用《2009年江苏省省级廉租住房保障专项补助资金分配情况表》，得出各市（县）获得的省级专项补助资金。

4. 地方政府保障房的实际支出值的估算

地方政府的廉租房实际支出额与地方政府的经济适用房实际支出额进行加总，得到地方政府的保障房支出额，然后，减去来自上级政府的专项转移支付金额，即可得到地方政府的保障房实际支出额。最后，地方政府的保障房实际支出额除以当年当地GDP，即可得到江苏64个市（县）政府保障房的实际支出值。

（三）江苏各市（县）保障房支出缺口率

地方政府保障房的合理支出值对实际支出值的偏离即是江苏各市（县）政府在既定经济发展水平和政府财政能力下的保障房支出缺口。首先，我们列示了13个省辖市政府保障房支出缺口情况（见表4－1）；其次，按照经济发展水平和地理位置将江苏分为苏南、苏中与苏北三大区域，分别列示了三大区域内市（县）政府的保障房支出缺口情况（见表4－2、表4－3、表4－4）。

表4－1　　2009年13个省辖市政府保障房支出缺口情况

省辖市	合理值	实际值	缺口率（%）	省辖市	合理值	实际值	缺口率（%）
南京	0.90	4.56	－405.58	泰州	0.85	0.57	83.75
无锡	0.61	0.45	25.22	徐州	0.78	0.60	22.68
常州	0.73	0.63	13.59	连云港	1.12	0.73	34.90
苏州	0.72	0.12	32.59	淮安	1.00	0.85	15.05
镇江	0.50	0.34	31.64	盐城	0.78	0.30	61.84
南通	0.68	0.13	80.09	宿迁	0.99	0.89	8.99
扬州	0.66	0.19	70.86				

注：（1）按照行政区划标准，各省辖市下辖市区和市（县）。表中列示的省辖市数据，皆为辖区内所有市区和市（县）数据的总计。（2）表中合理值与实际值分别指地方政府合理支出值与实际支出值占当地当年GDP的比重。缺口率＝（实际值－合理值）/合理值×100%。

资料来源：利用Government Finance Statistics Yearbook（2008）中的数据作者估算了合理值；利用《2009年江苏省住房保障目标任务完成情况表》（江苏省住房和城乡建设厅，2008～2010）中的数据作者估算了实际值，缺口率系作者自行计算。

表 4-2　　2009 年苏南地区各市（县）政府保障房支出缺口情况

市（县）	合理值	实际值	缺口率（%）	市（县）	合理值	实际值	缺口率（%）
南京	0.87	4.97	-468.51	常熟	0.41	0.12	29.74
溧水	0.65	0.96	-47.33	张家港	0.42	0.06	36.76
高淳	0.46	0.44	3.90	昆山	0.39	0.03	32.22
无锡	0.68	0.61	10.47	吴江	0.62	0.02	36.82
江阴	0.34	0.19	45.04	太仓	0.70	0.08	38.22
宜兴	0.56	0.53	5.77	镇江	0.57	0.48	15.69
常州	0.70	0.69	1.83	丹阳	0.37	0.19	36.40
溧阳	0.57	0.55	3.51	扬中	0.38	0.07	30.94
金坛	0.48	0.34	27.90	句容	0.55	0.52	6.63
苏州	1.33	0.29	27.95				

注：表中列示的南京、无锡、常州、镇江、苏州均指其市区（包括城区和郊区）。

资料来源：同表 4-1。

表 4-3　　2009 年苏中地区各市（县）政府保障房支出缺口情况

市（县）	合理值	实际值	缺口率（%）	市（县）	合理值	实际值	缺口率（%）
南通	0.78	0.1369	82.49	仪征	0.63	0.1428	77.28
海安	0.55	0.1599	70.78	高邮	0.58	0.0047	99.18
如东	0.59	0.0816	86.16	江都	0.48	0.1592	66.57
启东	0.60	0.2017	66.30	泰州	1.53	1.3475	71.79
如皋	0.70	0.1355	80.58	兴化	0.63	0.7675	60.38
海门	0.49	0.0883	82.15	靖江	0.63	0.0023	79.64
扬州	0.73	0.2831	61.36	泰兴	0.63	0.1932	69.51
宝应	0.63	0.1576	74.86	姜堰	0.60	0.4659	72.36

注：表中列示的南通、扬州、泰州均指其市区（包括城区和郊区）。

资料来源：同表 4-1。

表 4-4　　2009 年苏北地区各市（县）政府保障房支出缺口情况

市（县）	合理值	实际值	缺口率（%）	市（县）	合理值	实际值	缺口率（%）
徐州	0.5497	0.55	19.19	盱眙	0.86	1.0006	-15.69
丰县	1.08	1.4209	-31.44	金湖	0.78	0.7031	10.23
沛县	0.76	0.6263	17.91	盐城	0.92	0.5212	43.55
铜山	0.64	0.5033	21.47	响水	0.83	0.3196	61.64

续表

市（县）	合理值	实际值	缺口率（%）	市（县）	合理值	实际值	缺口率（%）
睢宁	0.86	0.5140	39.92	滨海	0.81	0.2310	71.60
新沂	0.71	0.8791	-23.08	阜宁	0.83	0.2616	68.64
邳州	0.82	0.4275	48.11	射阳	0.66	0.1539	76.85
连云港	1.17	1.1715	-0.22	建湖	0.76	0.3751	50.74
赣榆	0.85	0.3225	42.08	东台	0.65	0.1575	75.82
东海	0.94	0.2139	37.24	大丰	0.58	0.1013	82.48
灌云	1.18	0.4179	44.62	宿迁	1.18	0.8073	31.52
灌南	1.30	1.0117	22.10	沭阳	1.02	0.5939	41.60
淮安	1.09	0.9485	12.75	泗洪	0.76	1.2141	-59.45
涟水	0.83	0.5466	34.35	泗阳	0.87	1.2036	-38.63
洪泽	0.94	0.4142	55.77				

注：表中列示的徐州、连云港、淮安、盐城、宿迁均指其市区（包括城区和郊区）。

资料来源：同表4-1。

四、实证结果分析

（一）绝大多数市（县）政府存在正向的保障房支出缺口率

从表4-1至表4-4可以看出，除了个别市（县）政府的保障房支出缺口率为负以外（即实际支出值大于合理支出值），绝大多数市（县）政府的保障房支出缺口率为正（实际支出值低于合理支出值）。从这种意义上说，中国转型期出现地方政府保障房支出缺口似乎带有某种必然性。受中国特殊财政体制和政治激励机制的约束与限制，地方政府保障房支出的偏好不强。其一，只有支出责任下放，但收入权力上收的财政体制下，地方政府为了增加其预算内收入，其理性选择是增加土地开发、扩大基础设施投资、加大“造城”运动和发展房地产市场，而非建设保障房。建设保障房而无偿划拨的建设用地引致土地出让金等预算外资金减少。同时，保障房用地挤占商品房用地，引致商品房开发减少而带来税收减少。其二，委任制下，上级政府对下级政府官员考核指标主要是GDP和财政收入增长，而不是保障房建设等社会性支出。以GDP为考核指标的晋升激励必然带来非均衡发展的结果：地方政府更热衷于基础设施建设等经济方面的支出而压缩短期内不能拉动GDP

增长的保障房支出。

（二）苏中地区政府的保障房支出缺口率普遍较大

从表4－2至表4－4可以看出，与苏南、苏北地区相比，苏中地区政府的保障房支出缺口率普遍较大。可能的解释是，苏中地区经济发展水平介于苏南地区和苏北地区之间，经济发展水平虽然比苏北地区稍高，但是远远落后于苏南地区。经济赶超与政治升迁动力均非常强，希冀集中精力搞竞赛追赶先进，同时也需要警惕落后地区的迎头追赶，发展经济的冲动和政治绩效的压力促使其更多地关注有助于GDP增长的投资，而容易忽视保障房支出。林江等（2011）研究财政分权、晋升激励与地方政府义务教育供给的关系时，通过实证分析得出，相比于东、西部，中部地区的财政分权对义务教育供给的负效应更强，而基础设施建设对GDP增长的作用又强于东、西部地区，这为中部地区偏好基础设施建设，而忽视义务教育等的供给提供了一个有力的证据。此外，苏中地区来自上级政府的关注和监督也没有苏北地区强，公共品投入缺乏约束和监督，造成了公共品提供的主观性、决策和执行的随意性。以上两类原因造成了苏中地区地方政府的保障房支出缺口最大的事实。

（三）苏北、苏南地区政府保障房支出缺口率相对较小

苏南经济发展水平相对较高、经济基础较好、财政能力较雄厚，经济发展至一定水平后，地方政府往往更加注重经济发展的环境改善和民生问题，公共投资与公共服务之间基本达到了或接近了一个均衡点，或者说，在发展经济和保障房支出之间进行了较好的均衡。经济发达地区的财政支出结构效率相对较高，服务型政府建设有相对更高的意愿，执政的公共性相对更明显（李永友，2011）。因此，苏南地区政府保障房支出缺口率相对较小。

与苏中、苏南地区相比，苏北地区属于经济贫困地区，自然禀赋条件较差，辖区内的竞争难以成功，因此通常采取消极的经济增长政策。同时，因为苏北地区经济发展水平低，低收入家庭占比高，民生问题更加突出，所以省级政府对其关注度最高，给予的压力最大，对其的监管力度也最大，得到的省级专项资金奖励也最多，所以，在省级政府强化监管责任，尽量给予某种激励并通过加强问责制提高了保障房供给的数量，使得苏北地区政府保障房支出缺口率反而不是那么高。

（四）个别市（县）政府保障房支出缺口率为负

负缺口率意味着地方政府超出经济发展水平和地方财政能力，进行保障房公共供给。这样的结果或趋势是不是最理想的呢？答案显然是否定的。本书强调地方政府的保障房支出责任，并不意味着主张回归到过去那种所有住房都由政府保障的住房福利时代，其实保障房投入过多导致资源的浪费，对总福利来讲是有损害的，这也属于地方政府的一种过失行为。作为发展中国家，由于受政府财力所限，超出经济发展水平和地方财力的保障房支出过多，可能会导致经济活力不足、阻碍未来的经济增长，从而引起未来保障房供给状况的恶化。同时，还要避免因过度保障而带来负面激励和道德风险问题。另外，地方政府保障房支出增加也不能一蹴而就，而是一个遵循经济发展规律的缓慢增加的过程。而最近几年中央政府加大力度督促保障房建设以及地方政府保障房支出的目标式推进，“补课”的意思过重，难免有“大快上”之嫌。

五、结论与说明

本书运用 IMF 统计较为齐全的 40 个国家和地区 2005～2007 年的面板数据，估计了既定经济发展水平和地方政府财政能力下地方政府的保障房合理支出值。同时，利用《2009 年江苏省住房保障目标任务完成情况表》估算了 2009 年江苏各市（县）政府保障房的实际支出值，以江苏地区为例，测算地方政府的保障房支出缺口。估计结果表明，地方政府保障房支出缺口率几乎均为正值，经济发展水平居中地区且受到上级政府监管力度不大的地方政府保障房支出缺口相对较大，经济相对发达的苏南和经济贫困落后的苏北缺口相对较小。

我们的研究只是粗略估计在一定的经济发展水平和地方财力下地方政府保障房支出缺口的大小，进而判断此种意义上的地方政府保障房公共供给上的欠缺程度大小。确切地说，只是在支出数量上估计了地方政府保障房供给的欠缺程度，至于保障房供给质量如何、分配过程中存在多大程度的错配与失效、退出机制是否健全等问题均不在本书研究之列。

尽管我们的研究只是针对江苏各市（县）的估计，但是，就江苏内部而言，经济发展水平差异较大，按照经济发展水平的强弱以及地理位置的不同，江苏可划分为苏南、苏中和苏北三个区域。苏南地理位置优越，经济相对较为发达；苏中地理位置和经济发展水平居于苏南与苏北之间；苏北地区禀赋较差，经济落后。苏南、苏中和苏北三个区域基本上是中国东部、中部、西部三大区域的微缩版，“窥一斑而知全豹”，从江苏各市（县）的估计情况大体上可以窥视全国的保障房支出缺口情况。我们的估计结果具有一定的普适性，对其他省份市（县）而言，具有一定的借鉴意义。因此，可以说，中国保障房供给总量不足现象普遍存在，而且供给总量不足的程度相当之大。

第二节 基于纵向变化趋势的经验判断

保障房主要包括经济适用房和公共租赁房（2010 年起，公共租赁房被纳入保障房，成为主要组成部分之一。2014 年起，廉租房与公租房并轨运行，并称为公租房）。目前来看，这两种类型的保障房有效供给与有效需求之间均存在不同程度的缺口，均没有做到“全覆盖”。

一、经济适用房投资的纵向变化趋势

经济适用房是按照保本微利的原则确定的价格销售的保障性住房。1991 年，国务院首次提出“大力发展经济适用房，优先解决无房户和住房困难户的住房问题”，1998 年开始进入快速发展期。

从纵向变化趋势看，在 1999 ~2008 年之间，经济适用房投资占总住宅投资的比例（下称投资占比）、经济适用房新开工面积占住宅新开工面积的比例、经济适用房竣工套数占住宅竣工套数的比例和经济适用房销售面积占住宅销售面积的比例总体上均呈现不断下降的趋势（见图 4 –2），且四者的变化趋势如出一辙，以投资占比为例，投资占比最高仅为 16.56%（1999 年），此后不断下降，2005 年之后，仅维持在 4% ~5%。由此可见，经济适用房供给占比呈逐年下降的趋势。然而，低收入家庭占比并非呈现逐年下降趋势（见表 4 –5），由此可以推断经济适用房供给存在不足现象。

表 4－5　　1999～2004 年中国城镇基尼系数

年份	1999	2000	2001	2002	2003	2004
基尼系数	0. 2961	0. 3089	0. 3121	0. 3057	0. 3221	0. 3263

资料来源：程永宏．改革开放以来全国总体基尼系数的演变及其城乡分解［J］．中国社会科学，2007（4）．

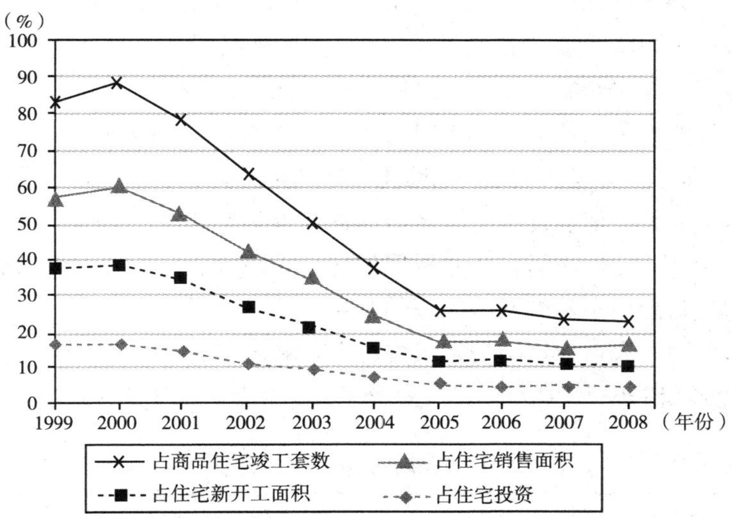

图 4－2　全国经济适用房投资、新开工和销售面积占商品住宅的比重

随着经济适用房的发展，因为其制度不完善，低于市场价格的低廉的房价诱致经适房实际运行中出现了很多不“经济”、不适用的现象。目前来看，越来越多的城市逐渐停建了经济适用房（一些城市开始尝试共有产权式经济适用房，简称“共有产权房”），经济适用房供给降至历史最低。

二、公共租赁住房供求现状的基本判断

中国房地产市场经过近 20 年的迅猛发展，住房保障经过近 10 年的大力推进，从全国建设总量上看，住房短缺不再是住房发展的主要矛盾。但是，中国幅员辽阔，人口流动情况的区域差异很大，不同城市的公共租赁住房需求数量差异很大。然而，大多数城市并非根据需求进行供给，而是根据上级政府分解下来的目标任务进行供给。因而，不同城市公共租赁住房供求出现了结构性失衡，有些城市供不应求，有些城市供大于求。

（一）就全国整体而言，供求总量已基本平衡

就供给而言，2008 年以来，中央政府大力推进保障房建设，随后相继建立目标责任制和考核问责机制。保障房建设目标任务被层层分解至市县政府，保障房建设数量迅速增加。2009 年国家提出建设公共租赁住房，2010 年开始大力推进公共租赁住房建设。《国民经济和社会发展第十二个五年规划纲要》提出，2011～2015 年，中国将建设 3600 万套保障房，并将公共租赁住房作为发展重点。住房和城乡建设部提供的数据显示，2008～2014 年，全国已累计开工新建实物公共租赁住房 910 万套①。再加上 2015 年的计划开工套数，“十二五”期末，新建实物公共租赁住房将达到 1000 万套以上。

就需求而言，根据住房和城乡建设部政策研究中心对公共租赁住房需求的测算，“十二五”期间，公共租赁住房需求主要包括三部分：城镇非农业户籍住房支付能力不足的新婚家庭的公共租赁住房需求、农民工公共租赁住房需求、外地非农业人口的公共租赁住房需求，需求数量分别约为 686 万套、565.11 万套和 129.75 万套，共计为 1380.86 万套（见表 4－6）。

表 4－6　“十二五”时期公共租赁住房需求规模

需求对象	需求套数（万套）			
	东部	中部	西部	全国
城镇非农业户籍新婚家庭	276.8	229.7	179.5	686
农民工	379.19	85.33	100.09	565.11
外地非农人口	87.06	19.59	23.1	129.75
合计	743.05	334.62	302.69	1380.86
占比（%）	53.81	24.23	21.92	100

资料来源：住房和城乡建设部政策研究中心，中冶置业集团有限公司联合课题组．求索公共租赁住房之路［M］．北京：中国建筑工业出版社，2011.

就供求关系而言，从存量角度看，目前公共租赁住房的新建总量与需求总量大体相当。公共租赁住房的需求呈动态变化，随着居民收入的提高或居住条件的改善，不再符合保障条件的城镇家庭需要及时退出，即存量

① 新华社，《2015 年全国计划新开工建设保障房 700 万套》，2014－12－19。http：//www.gov.cn/xinwen/2014－12/19/content_2793991.htm。

住房一直处于循环利用状态。因而，如果准入退出机制完善、循环利用机制良好，公共租赁住房存量已经足够。再从增量角度看，国家统计局发布的数据显示，中国人口自然增长率呈逐年下降的趋势，老龄化、少子化现象越来越明显。随着城镇化进程由快速推进过渡到稳步推进，公共租赁住房的需求增量将逐年放缓。因此，从增量层面上也可以说明目前新建数量已经足够。

（二）供求出现结构性失衡

综上所述，从全国的供求总量对比关系看，公共租赁住房的新建数量已经足够多。但是，从结构上看，不同区域和城市间供求出现结构性失衡。

公共租赁住房需求具有鲜明的区域性特征。东部地区，尤其是东部大城市和特大城市，具有较强的经济集聚能力，人口集中度大，大学生新就业、外来务工等人口净流入较多，公共租赁住房的需求量相对较大。相反，西部城市，尤其是西部中小城市基本属于人口净流出类型，且存量商品房较多，市场租金水平不高，公共租赁住房的需求相对较小。住房和城乡建设部政策研究中心、中冶置业集团有限公司联合课题组（2011）研究发现，东部地区公共租赁住房需求占到总需求的53.81%，中部地区为24.23%，西部地区仅为21.92%（见表4－6）。

然而，公共租赁住房并非依据需求进行供给，而是主要采取自上而下层层摊派的供给方式，导致供给与需求的区域结构性错配（郑思齐等，2013）。“十二五”期间，3600万套保障房建设目标任务被中央政府以行政任务的形式进行强制性“摊派”，自上而下地层层分解，中央政府将保障房建设任务分解至各省级政府，各省级政府又将分摊的保障房建设任务自行分解至市、区（县）政府。“十二五”期间，西部地区建设任务约占3600万套的35.42%，中部地区37.11%，东部地区占27.5%（见表4－7）。这就意味着，东部地区住房需求相对较大，但分摊到的保障房建设目标任务相对较少，公共租赁住房供给小于需求；相反，中西部地区住房需求相对较小，但分摊到的保障房建设目标任务反而较多（郑思齐等，2013），中西部地区的公共租赁住房供给过剩（见图4－3）。不仅东、中、西三大区域存在结构性错配，从城市视角来看，不同城市的公共租赁住房供求关系也存在结构性错配，有些城市供不应求，有些城市供大于求。

表4－7　　“十二五”期间国家下达的保障房建设目标任务　　单位：万套

东部地区	数量	中部地区	数量	西部地区	数量
北京	75	山西	124	重庆	94
天津	55	吉林	119	四川	162
河北	105	黑龙江	185	贵州	125
辽宁	110	安徽	170	云南	131
上海	76	江西	126	西藏	20
江苏	139	河南	210	陕西	219
浙江	72	湖北	192	甘肃	80
福建	73	湖南	210	青海	47
山东	167			宁夏	45
广东	61			新疆	132
海南	57			广西	90
				内蒙古	130
合计	990	合计	1336	合计	1275
占比	27.5%	占比	37.11%	占比	35.42%

资料来源：各省（市、自治区）住房和城乡建设厅提供的2011～2015年国家下达的保障性安居工程目标任务。

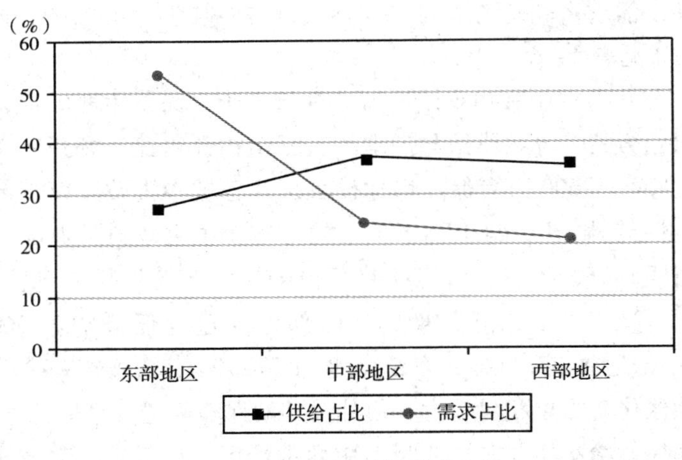

图4－3　三大区域的供求占比

（三）部分新建房并未形成有效供给

虽然“十二五”时期公共租赁住房的新建数量超过1000万套，但相当数量的新建公共租赁住房被错配、挪用或空置，从而造成实物配租的有效供给数量不多、供给质量不高、供给失效等现象。

1. 错配

错配是指公共租赁住房错配给了非保障对象。一些不符合保障条件的家庭通过寻租或隐瞒信息的方式租住了公共租赁住房，也有一些家庭不再符合保障条件但尚未退出公共租赁住房（贾春梅等，2014），从而降低了实物配租的效率，致使新建公共租赁住房无法形成有效供给。例如，审计署发布的《19 个省市 2007 年至 2009 年政府投资保障性住房审计调查结果》显示，在重点调查的 32 个城市中，有 18 个城市向 2132 户不符合条件的家庭分配廉租住房 533 套。审计署发布的《2012 年城镇保障性安居工程跟踪审计结果公告》显示，深圳有 938 户保障对象不再符合条件仍享受住房保障待遇。广东省审计厅的报告显示，2014 年有 2 个市本级、4 个县 35 户保障对象虚报家庭收入、住房等资料，骗取公共租赁住房（含廉租住房）实物配租（售）35 套。

2. 挪用

除了一些公共租赁住房因错配而无法形成有效供给，还有部分公共租赁住房被挪作他用，或被违规出售，或被违规用于拆迁周转，或被违规转借出租等，而无法形成有效供给。审计署公布的历年《城镇保障性安居工程跟踪审计结果》显示，2011 年 66 个市县中，有 5 个市县的 2801 套保障性住房被作为商品房对外销售；3 个市县的 226 套保障性住房被挪作他用。2012 年，4 个项目代建企业等单位违规出售保障性住房 1.83 万套，另有 5333 套住房被有关单位、个人违规用于拆迁周转、转借出租等。2013 年，2.65 万套保障性住房被代建企业等单位违规销售，或被用于经营、办公、转借、出租、拆迁周转等其他用途。

3. 空置

部分公共租赁住房建好后，因为位置偏远、配套设施不完善等原因而空置时间超过半年以上，从而无法形成有效供给（葛扬等，2011）。例如，2012 年上海首批公租房申请仅 40%，武汉市推出 899 套公租房，实际入住仅有 210 户，房源空置率高达 70%①。截至 2013 年 10 月 18 日，佛山市已建公租房 8450 套，共分配 5100 套，空置率达近 40%。截至 2013 年 12 月底，深圳市审计局审计发现，深圳市住宅租赁管理服务中心管辖的公租房空置 1354 套。

---

① http://finance.sina.com.cn/china/20120401/032911733095.shtml。

第三节　基于横向比较的经验判断

一、保障房支出的跨国横向比较

为了进一步考察地方政府在既定的经济发展水平和财政能力下的保障房支出是否尽其全力，或者说，中国地方政府保障房支出占地方财政收入的比重到底是否合理，我们找寻到IMF公布的数据较为齐全的40个国家或地区的地方政府保障房支出值和相应年份相应国家或地区地方政府的财政收入，计算出了包括中国在内的40个国家或地区的保障房支出占当地当年财政收入的比值，以进行跨国的横向比较。

计算结果发现，中国地方政府保障房支出占比低于IMF公布的数据较为齐全的其他国家或地区的相应数据（见表4－8），由此可以在一定程度上说明，与其他国家或地区相比，中国地方政府在保障房方面的支出并未尽其全力，保障房供给尚存不足。

表4－8　2005～2007年40个国家或地区地方政府住房及社区设施支出占比　单位:%

国家/地区	2005年	2006年	2007年	国家/地区	2005年	2006年	2007年
澳大利亚	13.9	13.7	14.1	科威特	8.6	8.7	7.6
白俄罗斯	14.9	16.5	12.2	拉脱维亚	17.0	14.6	12.7
不丹	3.5	4.2	5.1	立陶宛	5.1	5.9	5.8
玻利维亚	22.9	20.4	20.9	卢森堡	7.5	7.4	7.6
保加利亚	25.3	10.4	14.9	马尔代夫	18.6	24.9	13.7
加拿大	7.3	7.6	7.7	毛里求斯	25.8	24.4	24.5
中国	0.3	0.3	0.4	摩尔多瓦	18.5	17.7	11.5
中国香港	7.4	5.4	6.2	荷兰	6.2	6	5.7
中国澳门	0.8	2.1	1.0	新西兰	7.1	7.0	1.9
克罗地亚	19.4	18.6	22.1	挪威	4.2	4.3	4.2
捷克	9.8	9.4	9.1	波兰	6.7	5.6	4.9
丹麦	0.5	0.4	1.0	罗马尼亚	18.9	10.5	10.9
埃及	3.6	2.5	3.9	塞舌尔	0.8	1.8	2.5

续表

国家/地区	2005 年	2006 年	2007 年	国家/地区	2005 年	2006 年	2007 年
法国	14.9	15.1	15.1	新加坡	12.0	10.6	12.2
格鲁吉亚	32.5	59.7	47.5	斯洛伐克	9.5	10.4	10.7
德国	6.5	6.3	6.2	斯洛文尼亚	12.2	12.5	11.8
冰岛	2.8	4.5	2.7	西班牙	9.9	8.7	10.9
伊朗	10.8	10.4	8.0	瑞士	2.5	2.5	2.7
以色列	2.9	2.5	2.6	乌干达	3.5	3.3	3.2
哈萨克斯坦	15.3	14.5	14.4	乌克兰	7.0	10.3	4.7

资料来源：根据 IMF，Government Finance Statistics Yearbook（2008）中“地方政府财政收入”和“地方政府住房和社区设施支出”数据计算而来。

这就是说，与许多国家或地区相比较，中国地方政府的保障房支出占GDP的比重远远低于其他国家或地区地方政府的保障房支出占 GDP 比重。地方政府在既定的经济发展水平和财政能力下，并未尽其全力地供给保障房。

二、不同城市保障房支出的比较：以 2010 年江苏 13 个城市为例

就廉租房而言，自 2008 年起受到重视以来，廉租房保障工作开展快速，保障范围和建设速度均明显增加，但是通过对 2010 年江苏 13 个省辖市廉租房供求缺口的测算可以发现，目前廉租房供给数量仍难以满足低收入住房困难家庭的实际住房需求（见表 4-9）。

表 4-9　　2010 年江苏 13 个省辖市廉租房供求缺口率

城市	实际供给套数①	合理供给套数②	差值③（②-①）	供求缺口率（③/②）
南京市	10734	37005	26271	71%
无锡市	2850	14650	11800	81%
徐州市	3241	19021	15780	83%
常州市	6178	11641	5463	47%
苏州市	3647	13772	10125	74%
南通市	1256	7786	6530	84%
连云港市	2404	8901	6497	73%
淮安市	2653	18595	15942	86%

续表

城市	实际供给套数①	合理供给套数②	差值③（②-①）	供求缺口率（③/②）
盐城市	4839	26521	21682	82%
扬州市	1633	10436	8803	84%
镇江市	850	7077	6227	88%
泰州市	1953	12290	10337	84%
宿迁市	2947	20514	17567	86%

注：实际供给套数为2008年廉租房套数、2009年新增套数和2010年新增套数之和；合理供给套数使用截至2010年11月的13个省辖市城市居民最低生活保障户数替代，理由为江苏省政府对低保住房困难家庭“应保尽保”的目标要求，最低生活保障户数基本可以视为廉租房合理供给套数。值得指出的是，这主要还是指城镇人口，而廉租房实际上还需要覆盖从农村向城市转移的人群，因此如果考虑这部分家庭，合理供给套数将更多，供求缺口更大。

资料来源：2008~2010年度《江苏省住房保障目标任务完成情况表》，江苏省住房和城乡建设厅。

表4-9表明，2010年江苏省13个省辖市廉租房供求缺口很大，除常州市外，其他12个省辖市供求缺口率均在70%以上，供需缺口最大的镇江市，缺口率高达88%（葛扬、贾春梅，2011）。

第四节　供给失效的典型事实

目前保障房存在有效供给不足（或供给缺口）问题，既有保障房供给总量不足等供给数量方面的原因，也有部分保障房供给失效等供给质量方面的原因。比如，不符合保障条件的家庭住进保障房、已不再符合条件家庭仍未退出保障房等均属于保障房供给失效问题。本节将保障房区分为廉租房和经济适用房，分别归纳与总结其供给失效的情形与事实。

一、廉租房供给失效的典型事实①

中华人民共和国审计署分别对2007~2009年度、2010年度政府投资保障性住房情况进行了审计，福建省审计厅对2008~2010年福州、漳州、泉

① 本部分的主要内容以“廉租房供给不足的事实、根源与突破路径——基于转型期中国地方政府行为视角的分析”为题发表于《经济学家》2011年第8期。

州、南平四个设区市及其所辖的16个县（市、区）保障房情况进行了专项审计。结合三个审计结果以及既有研究文献，我们将廉租房供给失效的典型事实归纳为如下四点。

典型事实之一：保障政策执行出现偏差，保障对象被错配，保障资金被挪用、被套取，致使部分廉租房供给失效。

审计调查结果①显示，在重点调查的32个城市中，2007~2009年，有18个城市向2132户不符合条件的家庭发放廉租房租赁补贴413.12万元、分配廉租房533套。换言之，不符合条件的2132户家庭中533户通过实物配租方式获得保障，1599户通过租赁补贴方式获得保障。假定政府通过实物配租方式和租赁补贴方式提供住房保障的支出相同（事实上，实物配租方式下的政府支出远大于租赁补贴方式下的政府支出），那么，地方政府向2132户不符合条件家庭支出的金额约为518万元。这就是说，廉租房实际保障支出219.11亿元中有518万元配置给了不符合条件的家庭，即廉租房供给失效率约为0.03%。

有6个城市和4个县将廉租房保障资金用于回购经济适用房和工作经费等支出，共计15231.3万元，即廉租房实际保障支出219.11亿元中有15231.3万元被挪用，挪用率或失效率达到0.7%。有6个城市的34个项目利用虚假申报材料等，套取新建廉租房中央预算内投资补助资金6129万元，套取率约为0.3%（见表4-10）。

表4-10 廉租房实际支出额、失效额及其占比

项目	金额（万元）	占比（%）
廉租房实际支出额	2191100	100
其中：错配额	413.12	0.03
挪用额	15231.3	0.7
套取额	6129	0.3

资料来源："金额"源自2010年22号审计结果报告——《19个省市2007年至2009年政府投资保障性住房审计调查结果》（中华人民共和国审计署），"占比"由作者计算得到。

---

① 根据《中华人民共和国审计法》的规定，2009年和2010年，审计署分两次对北京、天津、山西、辽宁、黑龙江、上海、江苏、福建、山东、河南、湖北、湖南、广东、海南、重庆、四川、云南、陕西和甘肃等19个省（直辖市，以下简称19个省市）2007年至2009年廉租住房保障情况和2008年第四季度以来中央投资补助的棚户区改造情况进行了审计调查，重点调查了32个地级以上城市。审计署于2010年11月17日对"审计调查结果"予以了公告。http://www.gov.cn/gzdt/2010-11/17/content_1747270.htm。

《关于2010年度中央预算执行和其他财政收支的审计工作报告》[①]（以下简称《审计工作报告》）指出，从审计8个省区16个城市政府投资保障性住房情况看，因管理办法不完善、配套设施不健全、部门协调不力等，有4247套廉租住房分给了不符合条件的家庭。

陈立中（2010）使用北京市廉租房和经济适用住房管理数据库[②]和2007年北京市住房困难普查数据库[③]，计算了2008年北京市代表性地区廉租房的瞄准效率（见表4－11）。表4－11表明，“保不应保”比重为3.44%。这就是说，3.44%的家庭不符合保障条件但成功申请了廉租房，造成了部分廉租房供给失效。

表4－11　2008年北京市代表性地区廉租房瞄准效率　单位：%

应保未保	应保已保	保不应保	不应保未保
8.26	91.74	3.44	96.56

注：（1）应保未保＝符合保障条件但没有获得保障的家庭数/符合保障条件的家庭数；（2）保不应保＝不符合保障条件但获得保障的家庭数/符合保障条件的家庭数；（3）应保已保＝符合保障条件并获得了保障的家庭数/符合保障条件的家庭数；（4）不应保未保＝不符合保障条件并未获得保障的家庭数/不符合保障条件的家庭数。

资料来源：陈立中．住房保障政策瞄准效率及其影响因素——来自北京市廉租房和经济适用房政策的实证［J］．财经科学，2010（5）．

典型事实之二：选址失当、交通不便、配套设施不完善，致使部分廉租房供给失效。

审计调查结果显示，由于道路、交通、水电等配套设施不完善，南京等13个城市的一些地方存在廉租房配租困难、房源闲置的问题，有的地方甚至出现已入住家庭退房的情况。也有一些城市将廉租房建在地价低的区域，致使低收入人群大量聚居，形成城市贫民窟。上述廉租房供给均属于廉租房的无效供给。

《审计工作报告》指出，从审计8个省区16个城市政府投资保障性住房

---

① 时任审计署审计长刘家义2011年6月27日在第十一届全国人民代表大会常务委员会第二十一次会议上作出的报告。http：//www.audit.gov.cn/n1992130/n1992150/n1992379/2754084.html。

② 该数据库由北京市住房和城乡建设委员会住房保障中心开发，收录了北京市所有申请并已核准的住房保障家庭的信息，主要包括人口结构、住址、住房情况、收入、就业和财产等指标。2008年，北京市代表性地区廉租房和经济适用房已核定保障对象15782户，其中，廉租房1844户，经济适用房13938户。

③ 普查指标主要有家庭人口、居住地址、居住状况和家庭收入等信息。

情况看，因管理办法不完善、配套设施不健全、部门协调不力等，有4407套廉租住房被违规租售或另作他用，还有4428套保障性住房长期空置。

福建省审计厅对2008～2010年福州、漳州、泉州、南平等4个设区市及其所辖的16个县（市、区）的专项审计中发现，邵武市2010年底符合廉租住房保障条件的家庭共有608户，紫金廉租住房项目竣工交付使用336套，但是，由于位于城郊，交通不便，且周边社会服务设施配套不完善，至审计时仅有15户签订配租协议，配租配售率仅为4.46%，导致大量的已竣工廉租住房处于闲置状态，廉租房供给失效程度高达95.54%（见表4－12）。

表4－12　福建邵武市紫金廉租房项目供给失效率

	户数	占比（%）
交付使用套数	336	100
签订配租协议户数	15	4.46
空置套数（失效率）	321	95.54

资料来源：俞传尧. 关于2010年度省本级预算执行和其他财政收支情况的审计工作报告［R］. 福建省人民代表大会常务委员会公报，2011（4）.

典型事实之三：补贴给保障对象的资金被挪作他用而致的供给失效。

租赁补贴型保障方式下，存在补贴被挪作他用而导致的供给失效现象。《审计调查结果》显示，抽查22个城市的廉租住房保障家庭中，有1.32万户未将租赁补贴按规定用于改善住房条件，而是用于家庭其他消费，使租赁补贴变成了“生活补贴”。其可能的主要原因为：一是对保障对象的审核和监管机制不够健全，人口变动、收入财产等信息尚未实现共享，相关部门未准确及时地掌握相关信息；二是由于一些地方廉租住房租赁补贴标准偏低，大多数保障对象居住在老城区，靠租赁补贴和廉租住房保障家庭自身的经济能力难以租到合适的住房。

典型事实之四：保障房错配。

2007年底以来，中央政府加大了对保障性安居工程的重视程度，保障房建设数量以较快的速度增加。但是，保障房的保障效果并不尽如人意，瞄准效率偏低，“不应进却进”“应退却未退”等保障房错配现象引起广泛关注。截至2012年底，审计署分别对2007～2009年度、2010年度、2011年度政府投资保障性住房情况进行了3次审计。部分省审计厅也就本省保障房情况进行了专项审计，例如，福建省审计厅对2008～2010年福州、漳州、泉州、南平4个设区市及其所辖的16个县（市、区）的12522户经济适用房购买家庭住房状况进行了抽查。结合上述审计结果以及既有研究文献，我们将保障房错配的典型事实归纳为“不应进却进”“应退却未退”两种现象。

（1）“不应进却进”现象。就全国而言，2007～2009年度审计结果显示①，在重点调查的32个城市中，有18个城市向2132户不符合条件的家庭发放廉租房租赁补贴413.12万元、分配廉租房533套。也就是说，半数以上城市存在“不应进却进”的保障房错配现象。2010年度审计报告显示②，8个省区16个城市的36万套廉租住房中，有4407套被违规租售或另作他用，4247套分给了不符合条件的家庭，廉租住房错配率约为2.5%。2012年度审计结果表明，2011年重点审计的66个市县，上级政府下达城镇保障性安居工程目标任务161.16万套（户）。但是，部分保障性住房分配不够严格。66个市县中，有9个市县的5479户保障对象未经资格审核即被纳入保障范围③。也就是说，13.7%的城市存在“不应进却进”的保障房错配现象，3.45%的保障房配置给了不符合条件家庭。

（2）“应退却未退”现象。2011年城镇保障性安居工程审计结果显示，在重点审计的66个市县中，有42个市县的2.1万户保障对象存在收入财产超标、重复享受保障待遇、应退出却未退出住房保障等问题。即接近2/3的城市存在“应退却未退”的保障房错配现象，1.3%④的保障房存在“应退却未退”现象。

此外，部分学者（陈立中，2010）利用北京市廉租房和经济适用住房管理数据库和2007年北京市住房困难普查数据库，计算了2008年北京市代表

---

① 根据《中华人民共和国审计法》的规定，2009年和2010年，审计署分两次对北京、天津、山西、辽宁、黑龙江、上海、江苏、福建、山东、河南、湖北、湖南、广东、海南、重庆、四川、云南、陕西和甘肃19个省（直辖市，以下简称19个省市）2007年至2009年廉租住房保障情况和2008年第四季度以来中央投资补助的棚户区改造情况进行了审计调查，重点调查了32个地级以上城市。审计署于2010年11月17日对《2010年第22号公告：19个省市2007年至2009年政府投资保障性住房审计调查结果》予以了公告。http://www.gov.cn/gzdt/2010－11/17/content_1747270.htm。

② 时任审计署审计长刘家义向全国人大常委会作关于2010年度审计工作报告，报告包括2010年度8个省区16个城市政府投资保障性住房情况。

③ 2012年7月18日，审计署发布了《2012年第33号公告：66个市县2011年城镇保障性安居工程审计结果》。本次审计对2011年度18个省区市的66个市县的廉租住房和公共租赁住房等保障性住房进行审计，审计的66个市县既包含18个省的省会城市和直辖市的中心城区，也包含了一些经济欠发达地区的市县，因此所反映的问题比较全面，具有一定的代表性。

④ 2011年度保障房总套数161.16万套（户）。

性地区廉租房和经济适用房的瞄准效率（见表4－13）。廉租房的“保不应保”比重为3.44%，即3.44%的家庭不符合条件但却享用了廉租房；经济适用房的“保不应保”比重为41.77%，即近半数的家庭不符合条件但却享用了经济适用房。表4－13还表明，经济适用房错配率远远大于廉租房的错配率。

表4－13　　2008年北京市代表性地区保障房“保不应保”占比

	“保不应保”占比（%）
廉租房	3.44
经济适用房	41.77

注：保不应保＝不符合保障条件但获得保障的家庭数/符合保障条件的家庭数。

资料来源：陈立中．住房保障政策瞄准效率及其影响因素——来自北京市廉租房和经济适用房政策的实证［J］．财经科学，2010（5）．

由此可见，审计部门提供的数据以及统计局提供的数据均显示，保障房错配现象比较普遍，错配率呈增长之势，微观调查数据与民众的直观感受基本一致，即客观存在部分不符合条件家庭享用保障房的现象。

二、经济适用房供给失效的典型事实

就住房本身而言，经济适用房供给失效主要表现为住房无人居住（“弃购”）和被不符合要求的家庭居住。就保障对象而言，经济适用房供给失效主要表现为以下几个方面：符合保障条件但未提出申请、符合保障条件但未申购成功、不符合保障条件但申购成功、不符合保障条件但租住其中。在这些诸多的供给失效表现中，尤其以下述几点较为典型。

典型事实之一：被不符合保障条件的家庭成功申购。

被媒体广泛报道，也最为典型的一个案例当属武汉市经济适用房“六连号”事件。2009年6月12日，武汉市5100多名市民参加供求比高达1:40的余家头小区的公开摇号，摇中的124人中有6人的购房资格证明编号是连号，遭到质疑。另外，富人或者开“宝马”家庭住进经济适用房小区的事例也屡见报端。

除了媒体上的相关报道之外，部分学者基于微观调查数据展开了更加严谨的研究。陈立中（2010）使用北京市廉租房和经济适用住房管理数据库和

2007 年北京市住房困难普查数据库，计算了 2008 年北京市代表性地区经济适用房的瞄准效率（见表 4－14）。表 4－14 表明，“保不应保”比重为 41.77%，即近半数的家庭不符合保障条件但成功申购了经济适用房，造成了经济适用房供给失效。

表 4－14　2008 年北京市代表性地区经济适用房瞄准效率　单位：%

应保未保	应保已保	保不应保	不应保未保
32.15	67.85	41.77	58.23

注：注释和资料来源同表 4－12。

另外，根据福建省审计厅对 2008～2010 年福州、漳州、泉州、南平 4 个设区市及其所辖的 16 个县（市、区）部分保障房项目的专项审计结果①，可以发现，在抽查的 13180 户购买经济适用房家庭中，其中 295 户家庭购买了经济适用房之后，又购买了其他住房；其中 126 户家庭获得经济适用房购买资格后又购买了商品房，即 3.20% 的不符合条件家庭被获准购买经济适用房（见表 4－15）。

表 4－15　2008～2010 年福建省 4 个设区市经济适用房供给失效率

	户数	占比（%）
被抽查家庭	13180	100
其中：同时购买经济适用房和其他住房的家庭	295	2.24
同时购买经济适用房和商品房的家庭	126	0.96
供给失效率合计	421	3.20

资料来源：俞传尧．关于 2010 年度省本级预算执行和其他财政收支情况的审计工作报告［R］．福建省人民代表大会常务委员会公报，2011（4）．

典型事实之二：遭违规出租。

按照《经济适用住房管理办法》的规定，个人购买的经济适用住房在取得完全产权以前不得用于出租经营。但是，实际上，经济适用房遭违规出租的情形各地均有不同程度地发生，导致了部分经济适用房的供给失效。

REICO 工作室 2006 年的一份调查报告称，（1）2005 年北京、太原、西

① 福建省审计厅对 2008～2010 年福州、漳州、泉州、南平 4 个设区市及其所辖的 16 个县（市、区）部分保障性住房项目的建设管理和分配情况进行了专项审计。

安三地经济适用房的出租率高达48%；而同期普通商品房的出租率仅为20%。(2) 北京市昌平区回龙观、天通苑小区内，经济适用房出租率占到全区租赁量的78.8%[①]。(3) 2009年6月底，据《重庆商报》报道，重庆市渝中区大坪新城大厦在交房8个月后，322套经济适用房已出租一半（阎炎，2009)。(4) 2011年，北京近70%的经济适用房被违规出租[②]。

典型事实之三：售价高，遭弃购。

《经济适用住房管理办法》规定，房地产开发企业开发经济适用房项目的成本利润率不得高于3%。但是，福建省审计厅对2008～2010年福州、漳州、泉州、南平4个设区市及其所辖的16个县（市、区）的专项审计调查中，抽查8个经济适用住房项目定价情况（占2008～2010年31个项目的25%）时发现，销售定价普遍偏高，8个项目平均成本利润率约为25.5%(按物价部门同口径计算)，如果考虑店面等商业配套利润，其平均成本利润率高达38%。由此可见，经济适用房定价过高，并不经济。

另外，销售价格过高所致的各地经济适用房遭弃购的报道，屡见报端。例如，(1) 2008年12月7日，《羊城晚报》报道，“广州首批2000多套经济适用房，在仅剩一天的认购期限时，还有一半无人认购”[③]。(2) 2009年3月27日，《黑龙江日报》报道，哈尔滨市的经济适用房项目东山小区，2008年底基准销售价格为每平方米2634元，在通过摇号幸运中签的622户低收入家庭中，竟有300余户家庭弃购。(3) 另据新华社报道，因为住房面积偏小、房价偏高，2008年度深圳市有388套经济适用房无人认购。(4) 石家庄市审计局提供的资料显示，经济适用房项目（安苑小区二期）可供销售量为2389套，实际销售量仅为699套，弃购率超过70%[④]。

典型事实之四：位置偏远，遭弃购。

一些经济适用房建在了位置偏远的城市郊区，部分符合保障条件的家庭考虑到小到上班、购物，大到就学、看病等不便之处，放弃了申购经济适用房，造成了部分经济适用房的供给失效。例如，2008年，长春市全年共建设22.7万平方米经济适用房，共3780套，当年只售出1900多套。再如，根据《长江日报》2011年12月7日的报道，武汉市洪山、汉阳、武昌、江岸上市

---

① 张杰．谁在购买中国的商品房？[N]．中国房地产报，2006－11－20.

② http：//finance. people. com. cn/GB/15241727. html。

③ http：//news. sina. com. cn/c/2008－12－07/132016799827. shtml。

④ http：//news. gooniu. com/html/2010－10－08/201010810945218. htm。

了2256套经济适用房，但因位置太偏而遭大规模弃购，只有1017户登记购买。还如，福建省审计厅对2008~2010年福州、漳州、泉州、南平4个设区市及其所辖的16个县（市、区）的专项审计调查中，截至2010年末，在南平市、泉州市已竣工的6462套各类保障性住房中，由于住房地址偏远等原因，配租配售数量仅为1496套，配租配售率为23%。

第五节　农民工纳入住房保障的现状：以江苏省常州市为例

农民工在城市的住房保障问题是伴随我国工业化、城镇化进程而形成的突出问题。随着我国经济的发展，城市化进程进入“快车道”，农民工凭借其庞大的规模以及对经济建设、社会发展的贡献成为社会的重要群体。根据国家统计局的相关统计数据，我国现约有超过2亿人外出务工，预计到2030年，在城市工作的农民工及其家属更将达到4亿人。对促进城市化的推进、经济社会的发展均起到了极为重要的影响与作用的农民工并没有分享到城市发展建设产生的红利，尤其是在住房方面，而是被排除在住房保障体系之外。户籍制度的限制、住房制度的缺陷以及我国特殊的城乡二元体制的影响下，现如今有很大一部分农民工的居住环境比较恶劣，居住条件仍然较差，基本的居住权益得不到应有的保障，这严重地降低了他们在城市的归属感。因此，解决农民工住房保障问题对于推进新型城镇化、城乡融合意义重大。同时，转换农民工的住房保障模式，创新农民工住房的解决方式具有十分重要的理论和实践意义。

一、农民工现状

（一）基数庞大，虽增速减缓，但总体人数依旧呈上升趋势

根据国家统计局2016年发布的《2015年农民工监测调查报告》的调查结果，自2011年开始农民工数量的增速开始逐步降低，但是总量依旧持续上升（见图4-4）。

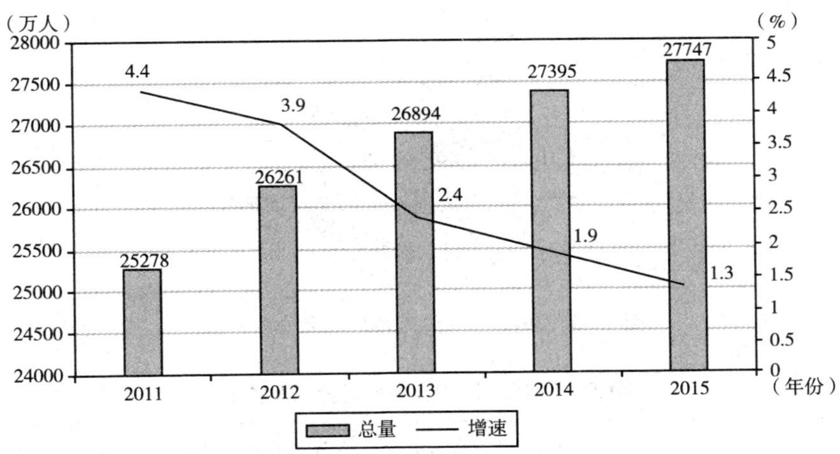

图 4－4 农民工总量及增速

资料来源：《2015 年农民工监测调查报告》。

（二）输入地区分布不均，东部地区居多，近年流入中西部地区的比例提高

从输入区域看，东、中、西部农民工占比分别为：59%、22%、19%。2015 年三个地区分别增长 0.4%、3.2%、2.0%，可以看出东部地区吸引农民工务工的占比最大，中部地区务工农民工增长速度最快（见表 4－16、图 4－5）。

表 4－16 农民工输入地区增长状况

	农民工（万人）		增长情况	
	2014 年	2015 年	增长人数	增长率
东部地区	16425	16489	64	0.4%
中部地区	5793	5977	184	3.2%
西部地区	5105	5209	104	2.0%

从农民工流动构成看，流向地级市的农民工占比最大，高达 35.1%；其次是流向小城镇的占比为 33.3%；然后是流向省会城市的占比为 22.6%；而流向直辖市的占比仅为 8.6%（见表 4－17）。就跨省流动还是省内乡外流动情况看，流向小城镇的农民工绝大多数属于省内乡外流动；而流向地级市、省会城市，尤其是直辖市的农民工更大比例地属于跨省流动（见表 4－17）。

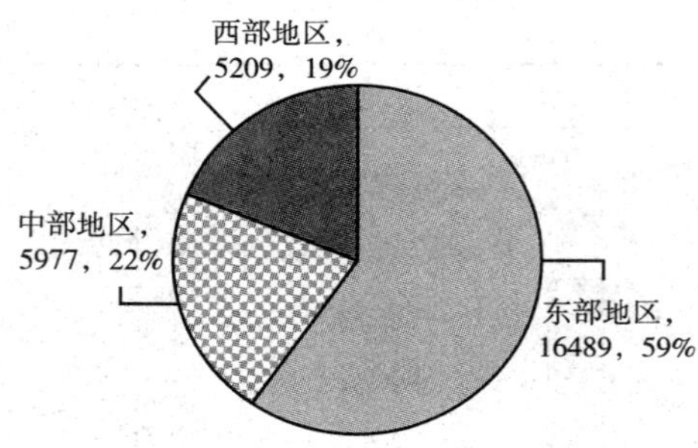

图 4－5　2015 年农民工输入地区分布情况

表 4－17　2015 年外出农民工流向地区分布及构成

	合计	直辖市	省会	地级市	小城镇	其他
外出农民工总量（万人）	16884	1460	3811	5919	5621	73
其中：跨省流动	7745	1188	1752	3258	1473	73
省内乡外流动	9139	272	2059	2660	4148	0
外出农民工构成（%）	100	8.6	22.6	35.1	33.3	0.4
其中：跨省流动	100	15.3	22.6	42.1	19	0.9
省内乡外流动	100	3	22.5	29.1	45.4	0

资料来源：《2015 年农民工监测调查报告》。

（三）“候鸟式”生活特点愈发明显

由于难以融入城市的生活以及各种制度保障的不全面，例如城市的排斥性、不能和城市人口享受同样的养老、教育、医疗、住房等保障的原因，导致农民工的生活呈现“候鸟式”特点。主要表现为外出农民工一年中部分时间在城市打拼，春节以及收获季节返回乡村，成为城市与乡村之间漂泊的“候鸟”。

（四）就业方面总体稳定，第三产业就业比例增多，就业结构逐渐优化

保护农民工的权益在近年来得到了国家的重视，政府也在积极地为农民工提供相应的就业岗位，农民工就业环境不断得到优化，劳动环境得到改善，产业分布日趋完善。农民工就业主要分布在第二、第三产业，在《2015 年农民工监测调查报告》中可以看到，约有 55.1% 的农民工分布在第

二产业，分布在第三产业的约为 44.5%。其中各个主要行业就业分布日益优化（见图 4-6）。

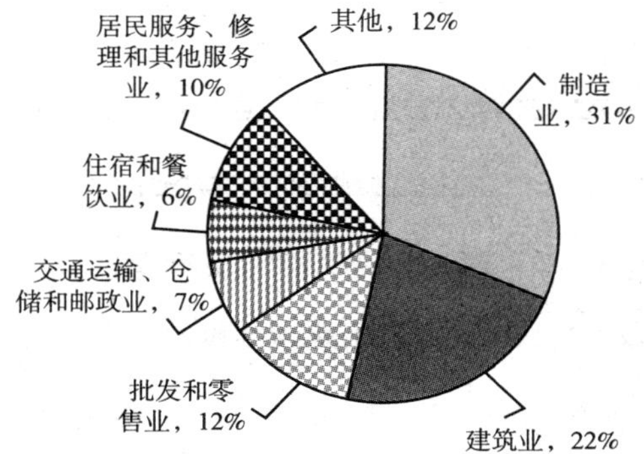

（a）2014年农民工城镇就业结构

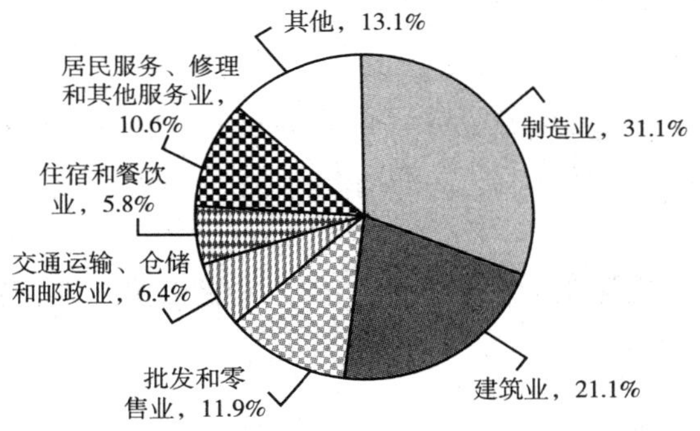

（b）2015年农民工城镇就业结构

图 4-6　2014 年和 2015 年农民工城镇就业结构

资料来源：《2014 年全国农民工监测调查报告》和《2015 年农民工监测调查报告》。

（五）收入增速放缓，生活消费支出增速加快，生活压力持续增大

第一，收入方面。根据《2015 年农民工监测调查报告》显示，分地区看，东部地区农民工收入最高，西部地区的农民工收入位居第二。中部地区的农民工收入最低，但是同时消费支出相对来说较低。从增速方面来看，东部地区的农民工收入及支出都在年年攀升。

第二，支出方面。我国农民工总体月均支出为 1012 元。其中，在住房方面人均 475 元，并呈现逐年增长态势，且这项支出约占总支出的近半，可见

相较于总支出而言农民工的住房消费是一笔不小的开支。从不同区域来看，近年来在东部地区和西部地区的农民工支出增长较快（见图4－7）。

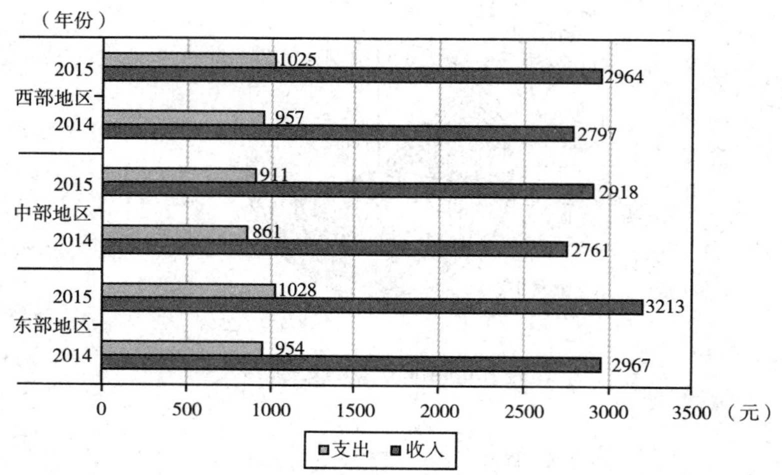

图4－7　2014年和2015年各地区农民工收入支出比例

资料来源：《2014年全国农民工监测调查报告》和《2015年农民工监测调查报告》。

（六）"新生代农民工"数量激增，成为农民工主力军，其需求和心态与"父辈"差异巨大

在农民工进城务工潮的发展期后，如今又产生了"新生代农民工"。"新生代农民工"，主要是指20～35岁在城市务工的青年人，这批人在农民工外出打工的2亿人里面约占到60%。他们有些是第一代农民工的留守儿童，有的是在父母进城务工的时候随迁城市的孩子。他们所受的教育比上一辈农民工更高，对于城市的期望更大，上完学开始随父辈进城打工，没有长期接触过农村与土地。如今新生代的农民工凭借对城市更多的期望、更高的教育层次以及庞大的数量逐渐成为农村外出务工大军中的主力军。

而在消费理念方面，"新生代农民工"则有着与"父辈"完全不同的思想，他们的消费观念受到城市高消费、享受消费等新兴观念的冲击，不再像老一辈一样选择为了攒钱而减少一切不必要的开支，他们如今更加注重自我提升与生活质量的提升。同时像许多当下年轻人一样，超前、非理性的消费观念也使得部分"新生代农民工"过度消费，变成"月光族"。

"新生代农民工"同农民工一样都是城市建设的主力军，但是根据国家统计数据分析及社会媒体观察可以看到，许多农民工在城市中尚且无法得到公正的待遇，甚至受到一定程度的歧视。特别是在住房问题上，政府有关农民工的住房保障措施十分欠缺。

二、农民工居住现状

农村人口向城市大规模转移，是我国从传统农业社会向现代工业社会转变的必经过程之一。但是在这个过程中，我们可以看到农民工在城市的居住情况以及福利地位相对于对城市建设的贡献是不成比例的。农民工在城市的居住状况主要呈现如下的特点。

（一）居住支出增加，居住形式多样化发展

据监测报告显示，如今外出农民工中，居住形式十分多样，其中在单位宿舍居住的比例最大，成为农民工选择最多的住房形式。自购住房的比例却极少，可见自购住房对于大多数的农民工来说还是无法达成的愿望（见图4－8）。

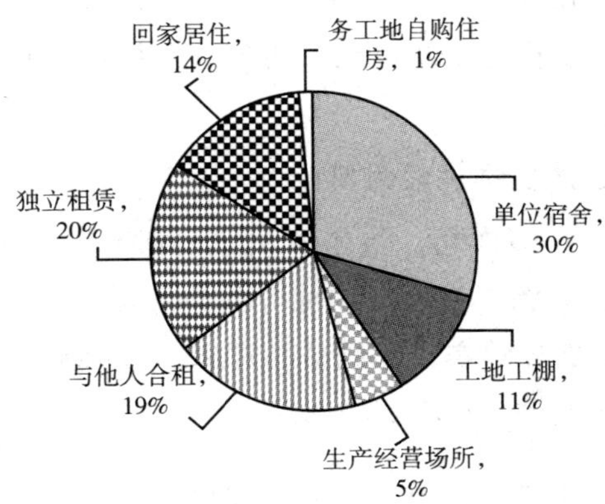

图4－8　农民工居住形式分布

资料来源：《2015年农民工监测调查报告》。

外出农民工中，有近半数的农民工由单位提供免费住宿，没有住房补贴也没有单位宿舍的务工单位也占据近一半的比例。只有约7.9%的农民工得到相应的住房补贴（见图4－9）。

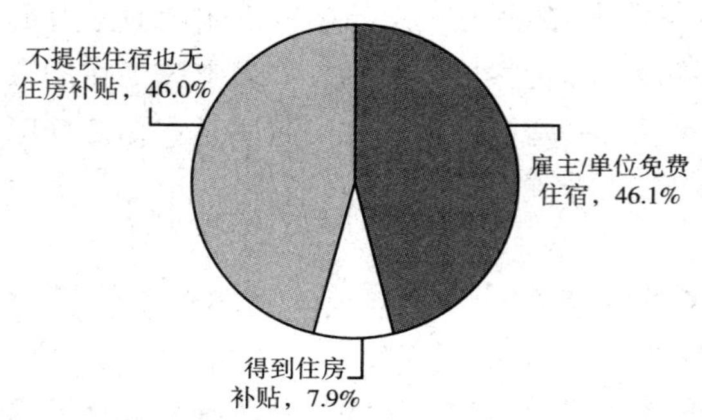

图 4－9　农民工住房来源分布

资料来源：《2015 年农民工监测调查报告》。

（二）居住条件较差，居住环境较为复杂

1. 居住分布呈“大分散”“小集中”的特点

农民工居住在城市的各个角落，大型社区，城乡接合部，以及建筑工地的公棚等都是农民工主要的居住场所。居住地点分布广泛且居住环境和分布极为复杂。但是在“大分散”的格局下，农民工居住又有着“小集中”的特征。居住点分散于城市中，但是却以“小团体”，如老乡团体、公司工厂宿舍等寄居在城中村、出租房以及建筑工地公棚等城市的角落，形成了“小集中”的态势。

2. 居住质量差且居住环境较为复杂

虽然近年居住形式多样化，但是农民工的整体居住形式仍以“租赁房屋”和“寄住宿舍、公棚”为主。大部分的住房存在面积小、设施简陋、环境条件差等问题，大部分的农民工居住房屋基本设施尚且缺乏，且许多临时搭建的公棚安全性能也得不到应有的保障。

（三）住房需求得不到满足，住房保障制度不完善，农民工住房权益得不到应有的保障

在农民进城务工、城市化水平迅速提高以及经济发展的大环境下，农民工作为城市的建设者，在城市工作的同时也想快速地融入城市，因此农民工群体对于住房的需求也不断上涨。近年来，国家出台了一系列的相关政策来保障农民工的居住环境，但是制度的完善与落实，是否能解决好他们的住房

问题，例如一些根本性的问题，如户籍制度、公积金制度等有没有根本性的改革，这些问题在解决农民工住房问题上还没有很好地解决，因此如今农民工的住房权益还得不到根本的改善。

（四）常州市的情况

根据《常州统计年鉴（2016）》，将最近 10 年常州城镇人口的变化做成图表，如图 4 - 10 所示：

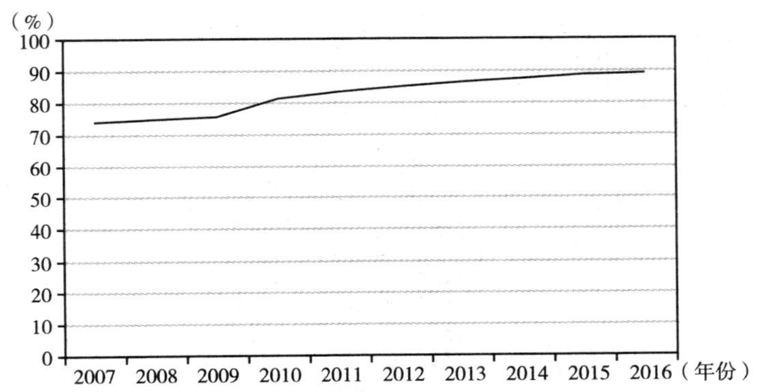

图 4 - 10 2007 ~ 2016 年常州市城镇人口占总人口比例变化

资料来源：《常州统计年鉴（2016）》。

由图 4 - 10 可以看出，常州市最近 10 年尤其是最近 5 年，城镇化稳中求进，到 2015 年底城镇人口几乎已经占总人口的九成。可见，与 2016 年全国 57.35%①的城镇化率相比，常州市是遥遥领先的。同时，这也说明常州市的农民工融入城市相对而言比较成功。

2016 年 2 月，针对常州市农民工对买房置业的需求，常州调查队对市区的部分农民工做了一次专题调查。根据调查结果，我们可以得到以下结论（见图 4 - 11、图 4 - 12）。

由图 4 - 11、图 4 - 12 两张饼图可以看出，在常的农民工年收入低于 5 万元的占多数，大部分农民工只能选择租房，只有极少部分的农民工在常州拥有自购房。根据专题报告的其他数据显示，受访的农民工中，超过八成的人有购房意向，尤其是年纪超过 30 岁的。而在购房付款方式上，七成左右的人

---

① 资料来源：http：//www.stats.gov.cn/。

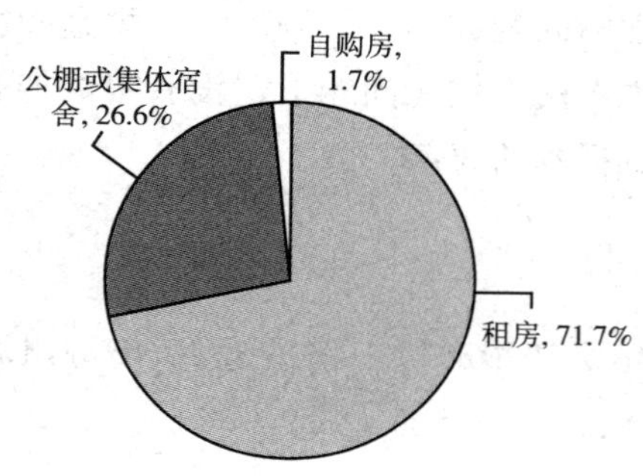

图 4-11 在常农民工居住环境

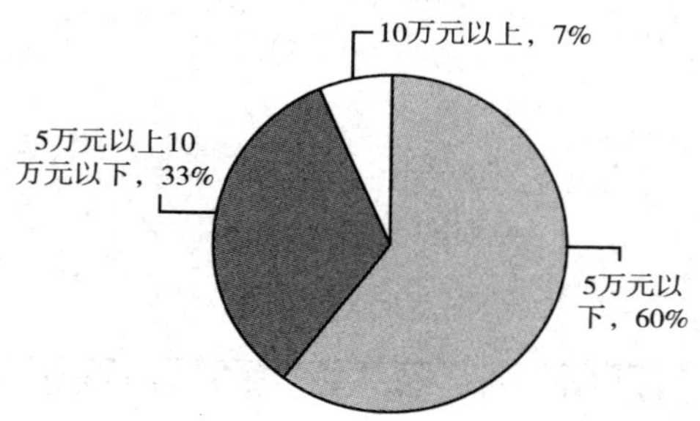

图 4-12 在常农民工年收入

资料来源：常州市住房公积金管理中心——在常农民工购房意愿专题报告。

需要贷款购买，另外三成则选择全款。

在被问到买房困难时，除了房价这一因素外，不熟悉优惠购房政策这一项也被经常提起，这是在将农民工纳入城市保障性住房时需要注意的一点。就我们所知，农民工的教育水平普遍不高，他们其中的一些人或许都找不到获得购房信息的途径，而去售楼处实地看房获取最近信息的就更加少。这就需要政府及行业市场相关人员及时向他们普及购房信息和优惠购房政策，培养他们寻找有效信息的能力，帮助农民工获得想要的信息。

除了房价和不了解优惠政策外，提及最多的第三点就是住房贷款利率较高。因为有七成左右的农民工买房需要贷款，而巨额的房贷，不仅农民工，就是部分本地人，偿还起来也有困难。前面提过，从 2013 年开始，常州市居民就可以使用住房公积金贷款来支持保障性住房的建设，但根据国家统计局的调查结果显示，常州市 55.8% 的农民工并没有住房公积金，超过四成的农民工甚至没有社保，这对农民工买房也是不利的因素，需要引起相关部门的重视。

利用常州市公积金管理中心所做的“常州市住房公积金管理中心——在常农民工购房意愿专题报告”这份调查报告进行的上述分析，我们可以看出，农民工买房的意向度还是比较高的，但由于种种主观及客观的原因，他们能够买到房的概率很小。这其中反馈出的各项问题，亟待政府有关部门及相关从业人员解决。

三、农民工纳入住房保障的重要性

（一）将农民工纳入住房保障系统是使城镇化健康发展的必经之路

2016 年，我国城镇化率已经达到 57.35%，常州市城镇化率达到了 71%①，但从前面的各项数据分析来看，城镇化的质量并不高，半城市化特征突出。究其主要原因就是生活在城市中的农民工难以真正留在城市，从而实现安居乐业，他们并不是真正意义上的城镇居民。首先，住房是人们生存的基本条件，只有将农民工纳入住房保障系统，使他们拥有相对稳定的住所，他们才能安心工作。其次，住所还是农民工与城市社会沟通的桥梁。农民工只有居住在城市社会中，享受城市生活，与城市居民紧密联系，才能从心理上真正成为“城市居民”，逐步向城市市民转化。因此，将农民工纳入住房保障是使城镇化健康发展的必经之路。

（二）将农民工纳入住房保障系统是实现社会结构转型的客观需要

目前，我国的人口红利减弱，人口结构正在发生重要变化，老龄化程度加剧。根据中国产业信息网发布的《2016～2022 年中国养老市场深度调研及投资前景分析报告》中，我们可以看到我国从 2000 年就开始进入老龄化社会，预计到 2020 年老龄化比例将达到 12.8%。针对这一情况，二孩政策也已经出台。而就农民工这一方面来说，到城市务工经商的农民工大多正处在青壮年期，前面提到的常州市农民工专题报告中也有数据显示将近 72% 的农民工年纪都在 25～40 岁之间。因此，应该趁着他们有充足的精力和就业能力时，帮助解决其居住问题，将符合条件的农民工通过稳定居住场所，并且配

① 资料来源：http：//www.changzhou.gov.cn/ns_news/933148850158847。

合其他方面（如城乡二元制度等）的改革真正实现市民化，改善我国的城市人口结构。因此，必须牢牢把握历史机遇期，帮助他们解决城市住房保障的困境。

（三）将农民工纳入住房保障系统是住房保障制度改革长期目标的内在要求

随着社会经济的发展，城乡居民的可支配收入越来越高，但从前面的专题报告中可以看出，农民工现在仍然是城市中的低收入群体，这种情况短时间内不会改变。而国家又没有足够的财力、物力、人力保证解决所有农民工的住房保障问题，只能把符合一定条件的农民工纳入国家保障性住房政策的享受范围。因此，国家政府要制定切实可行的法律法规，保证农民工住房问题解决“在路上”，让农民工看到希望的曙光。否则，农民工住房问题的解决依然只是纸上谈兵的美好愿望。

（四）将农民工纳入住房保障系统有利于农民工和城市的发展

农民工已经成为我国城市化进程中一支不可或缺的劳动大军。只有帮助解决他们的住房问题，才能使其享有快乐的生活，有继续学习和提高技能的精力，才能使他们的综合素质得到提高，从而为城市持续做出贡献。这样才能够提高城镇化质量，使城市竞争力不断加强。

四、农民工住房保障现状：以常州市为例

2007 年 12 月，财政部、发改委等五部委联合发布了相关文件①，首次提出将农民工住房保障问题纳入城市规划范围，鼓励并引导市场共同解决他们的住房问题。

常州市位于苏南地区，地处长三角地区，与苏锡相连成片，又受到上海的辐射带动作用，经济相对发达，再加上有利于农民工的社会政策，导致农民工流入量比较可观，具有典型性。另外，常州市在农民工住房保障方面的经验也可以供其他地区以及全国借鉴，具有参照意义。因此，本部分将以常州市为例，辐射全国，深入研究和探讨农民工纳入城市保障性住房的困境及

① 《关于改善农民工居住条件的指导意见》。

该如何帮助农民工纳入城市住房保障。

就常州市而言，在将其纳入保障性住房方面，有些政策措施还是值得其他城市借鉴的。2013 年 5 月，住房和城乡建设部、财政部和中国人民银行联合发文，批复常州市为全国第二批利用住房公积金贷款支持保障房建设的试点城市，其中住房公积金贷款总额度 5 亿元。这也成为吸引农民工到常州市寻找工作的一个重要因素。根据最近几年常州市国民经济和社会发展统计报告中保障性住房的部分数据，我们得到图 4－13。

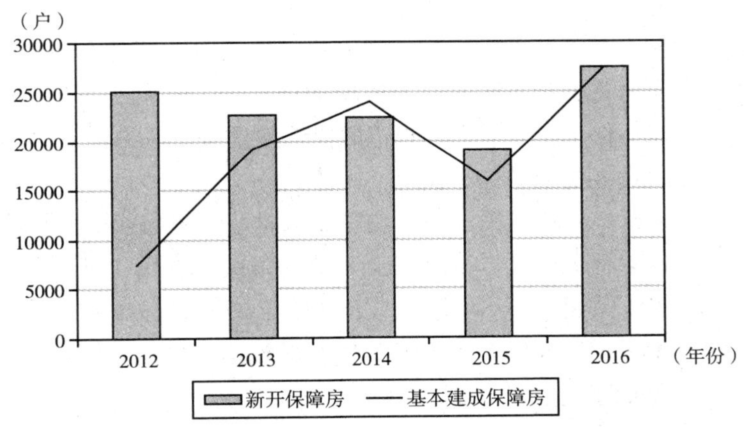

图 4－13　2012～2016 年常州市新开保障房与基本建成保障房数量之比

资料来源：常州市统计局。

从图 4－13 中，我们能很清楚地看到，自 2013 年开始，常州市基本能够完成当年建成保障住房户数的目标，2014 年和 2016 年甚至已经超额完成目标。这不仅是对政府财政压力的考验，更需要社会各界的互相配合。除此以外，常州市还颁布了《常州市暂住人口管理实施细则》《关于推进维护农民工合法权益十项工作机制建设的意见》等文件，为保障农民工的住房安全提供了法律基础和有效的政策指导。近年来，常州市政府与有关部门先后出台了《常州市暂住人口管理实施细则》《关于加强暂住人口租赁房屋工作的意见》《武进区暂住人口管理服务工作考核办法》《关于推进维护农民工合法权益十项工作机制建设的意见》等文件，为农民工管理与服务提供了有效的法制基础和工作指导。根据近几年常州市统计公报，我们得到如下数据（见表 4－18）。

表 4－18　2012～2016 年常州市的预算收入、保障支出及保障住房建成户数

年份	政府预算收入（亿元）	保障支出（亿元）	建成的保障房（户）
2012	379.0	41.1	7371
2013	408.9	43.3	19210
2014	433.9	48.9	24018
2015	466.3	53.2	15847
2016	480.3	56.0	27476

资料来源：http：//www.changzhou.gov.cn/。

从表 4－18 中可以看出，近 5 年来，常州市政府预算收入不断增加，在保障性建设方面的支出也在增加。尤其是 2013 年常州市居民可以用住房公积金贷款进行保障性住房建设后，常州市的保障性住房户数相比 2012 年增加了将近两倍，之后几年基本平稳增长。

可见，常州市具有将农民工纳入住房保障体系的客观条件。但即便如此，农民工住房保障问题仍然没有得到完全有效的解决，农民工纳入保障性住房的形势仍不乐观。截至 2016 年 2 月，常州市农民工拥有自购房的比例仅为 1.7%①，仍有绝大多数农民工并未纳入住房保障范围之内，农民工住房保障问题的解决任重而道远。

① 资料来源：http：//www.changzhou.gov.cn/ns_news/542147123012279。

第五章　制度因素影响地方政府保障房有效供给的机理分析

按照第二章第一节的估算结果，地方政府的合理供给与实际供给之间大都存在较大程度的正向缺口，即保障房供给总量不足。不仅如此，在有限的保障房实际供给中还存在着相当一部分的供给失效（第二章第二节已对供给失效进行了事实描述）。保障房供给总量不足与供给效率低下共同造成了保障房合理供给与实际有效供给之间的有效供给不足（或供给缺口）。

保障房的有效供给不足（或供给缺口）可能因为保障房制度缺陷等客观因素所致，也可能因为政府供给偏好和供给效率等主观因素所致。具体而言，根据我们之前对有效供给不足的定义可知，因为转型期经济发展水平和政府财政能力所限，政府已经尽力供给但仍然不能满足住房弱势群体基本住房需求的情形，并不属于有效供给不足问题。因而，客观因素造成的保障房有效供给不足（或供给缺口）是指尽管政府尽其全力地供给保障房，但因其制度缺陷造成的供给效率低下、有效供给不足。主观因素造成的保障房有效供给不足（或供给缺口）是指，因为地方政府供给偏好不强，并未尽其全力供给等主观因素所致的有效供给不足。供给偏好反映政府供给保障房的意愿，供给效率反映客观约束和主观意愿下的供给绩效。

直观上看，地方政府资金投入不足、土地供应落实不到位引致了保障房的有效供给不足（江帆，2007），政府对此应承担更多责任（杨方方，2004；中国经济增长与宏观稳定课题组，2006）。但是，如若进一步地追问，地方政府为何投入与落实不到位呢？地方政府为什么缺乏供给保障房的动力呢？深入分析可以发现，中国特殊的转轨体制（包括分权体制和以 GDP 为主的政绩考评机制等）弱化了地方政府保障房的供给偏好，引致了保障房的供给总量不足；同时，中国特殊的转轨体制（包括分权体制和以 GDP 为主的政绩考评机制等）以及保障房制度缺陷，降低了地方政府保障房的供给效率，共同引致了保障房的供给失效。

第一节 地方政府保障房供给行为取向变迁分析

1994 年开始的分税制改革实质上是中央政府与地方政府之间的财政收入分权改革，财政支出责任划分变化不大，地方政府仍然需要承担基本公共品的供给责任（李学文等，2012）。于是，地方政府的财权事权不对等程度加深。为了缓解地方财政压力，分税制默许了地方预算外收入的存在。另外，“招拍挂”土地出让制度改革等一系列经济体制改革也赋予了地方政府一些相对独立的权力，这就为地方政府追求土地出让金等预算外收入、热衷于发展辖区经济提供了制度基础，也成为增长型地方政府①形成的外在激励条件。

中央政府将保障房建设的具体实施任务委托给地方政府。地方政府供给保障房将同时减少地方政府的预算内收入与预算外收入。具体而言，其一，保障房建设用地需要地方政府无偿划拨，在年度土地供给总量既定的情形下，挤占商品房建设用地，丧失土地出让金等预算外资金。其二，失去将土地用于商品房开发带来的各类税收等预算内收入，并且还需要地方投入大量资金用于保障房建设。因而，地方政府供给保障房不会给其带来任何财政收益，换言之，地方政府缺乏供给保障房的财政激励。

在现行政府治理架构下，地方官员的政治地位变迁由上级政府根据绩效考核决定。因此，地方官员政绩考核体系成为影响地方政府保障房供给行为取向的重要因素之一。2007 年底之前，中央政府对保障房供给的重视度不够，造成了住房保障严重滞后于住房市场的发展失衡。2007 年底之后，中央重新重视保障房供给，大力推进保障房建设，但地方政府依然消极应对保障房供给（张双甜等，2010）。保障房供给未纳入地方官员政绩考核体系之前，地方政府对供给保障房动力不足，地方政府表现出“既不重视保障房供给数量，更不重视保障房供给效果”的行为取向。其后，中央政府推行住房保障工作目标责任制，陆续将保障房年度开工量、竣工量等数量目标任务纳入考核范畴，并实行问责制，地方政府随之表现出“重目标数量任务完成，轻供

---

① 增长型地方政府，与生产型地方政府、发展型地方政府、公司型地方政府、企业型地方政府等概念的含义基本相同，通常是指以经济增长为主要目标的地方政府模式。

给效果”的行为取向。

一、激励与约束机制均缺失时，地方政府表现出“消极应对保障房供给数量与质量”的行为取向

20世纪80年代之前，上级政府单纯以政治表现考核下级政府，据以决定下级政府官员的政治地位的变化。80年代初以来，随着中国发展战略转变为“以经济建设为中心”，官员政治变迁的考核标准由过度强调“政治表现”变成了多维度的考核。但是，考核指标主要集中在GDP、外商直接投资(FDI)、税收上缴量等容易识别的指标上，形成了以GDP为核心的地方官员政绩考评机制，造就了地方官员“以经济绩效为主”的政绩观（周黎安，2004)。于是，地方政府官员为了追求政治利益最大化，其理性选择是尽可能促进任期内的经济增长。

在此制度背景下，地方政府缺乏保障房供给激励。原因在于，其一，保障房供给不能快速促进地方官员任期内的经济增长。其二，当保障房供给的数量和质量未纳入地方官员政绩考核体系之中时，保障房供给数量多少和供给效果如何几乎不影响地方政府的政治绩效。因而，地方政府表现出“消极应对保障房供给数量与供给效果”的行为取向。

在地方政府保障房供给的上述行为取向下，保障房供给绩效表现出“数量严重不足、供给效率极其低下”的特征。其一，对廉租房供给情况考察后发现，2008年以前，廉租住房供应量严重不足，建设规模难以满足居民需要(见图5-1、图5-2)。就廉租住房每年新增户数而言，在1999~2006年的8年间，全国廉租住房保障户数仅为32万户，2007年新增68万户，2008年新增153万户。1999~2008年的10年间累计廉租住房保障户数仅为100万户[①]。就全国廉租住房资金投入情况而言，1999~2007年的9年间资金投入总计仅为164.8亿元，几乎仅为2008年全年廉租住房资金投入额的一半。其二，对经济适用房供给情况考察后发现，2008年以前，经济适用房投资占住宅总投资的比例不高。根据国家统计局公布的统计数据计算可得，1998~2008年的11年间，经济适用房投资占住宅总投资的比例最高为16.6%，最低为4.3%，经济适用房投资增长率在2002年、2004年、2005年均为负值，

① 顾建发．扩大廉租房保障资金来源刻不容缓．东方早报，2009-10-28.

2005 年经济适用房投资下降率高达 14.3%，而同期住宅投资增长率却高达 22.9%。此外，经济适用房新开工面积占比、销售面积占比的情形与投资占比情形近乎一致（见图 5－3）。

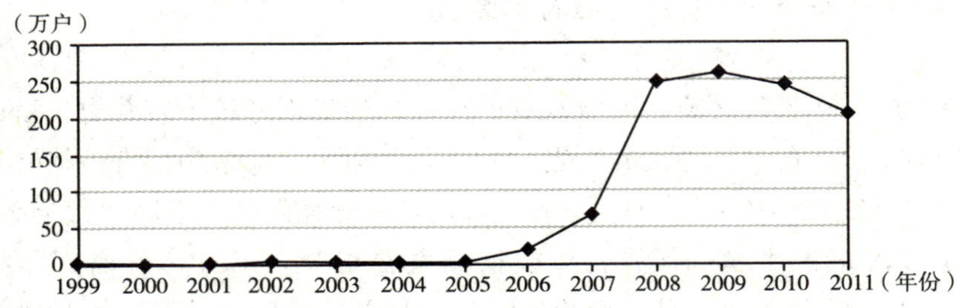

图 5－1 廉租房每年新增数

资料来源：顾建发．扩大廉租房保障资金来源刻不容缓．东方早报，2009－10－28.

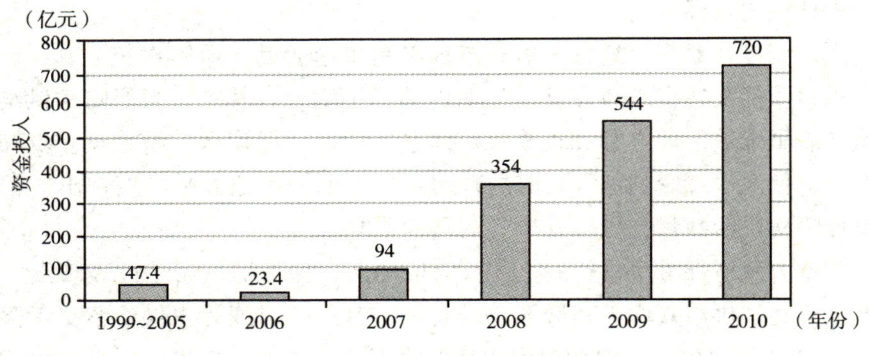

图 5－2 全国廉租住房资金投入情况

资料来源：巴曙松．1000 万套保障房的推进进程与宏观影响．http：//blog. sina. com. cn/s/blog_591c652f01017ace. html.

二、对保障房供给数量实施激励与约束机制后，地方政府出现“重数量完成，轻供给质量”的行为取向

2011 年底，住房和城乡建设部代表全国保障性安居工程协调小组，与各省区市签订了次年住房保障工作的目标责任书，将保障房目标任务的完成数量情况（主要包括新开工面积、投资额、销售面积）纳入地方政府官员政绩考核体系之中，并实施考核问责制。对建设资金与土地不落实、政策措施不

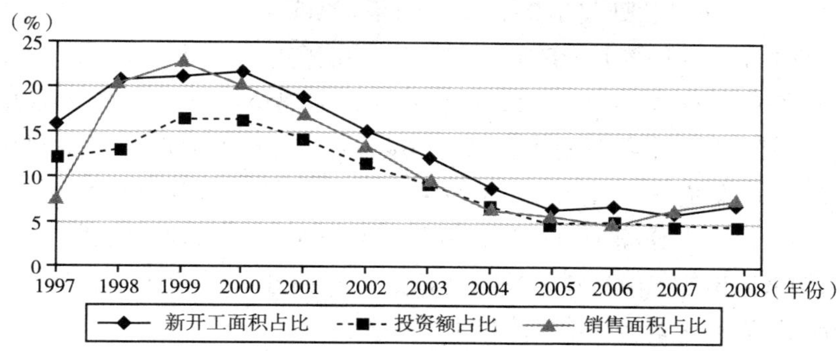

图 5－3 1997～2008 年经济适用房开发与销售情况

资料来源:《中国统计年鉴(2009)》。

到位、建设进度缓慢地区的政府主要负责人进行约谈;对没有完成年度目标任务的地区,监察部、住建部等部门要视情况对其政府主要负责人进行问责[①]。2012 年又将保障性住房的竣工量纳入考核范畴,对保障房竣工量目标任务完不成的市县政府主要责任人处以行政处分、降级,乃至免职等严厉处罚。在对保障房供给数量实施激励与约束机制之后,地方政府开始重视上级政府分解下来的保障房建设目标数量任务。而保障房供给质量因为难以识别、不易计量等原因不易与政绩挂钩,保障房供给质量与保障效果仍未纳入地方官员政绩考核体系之中,并且难以问责,因而,中央政府对地方政府保障房供给行为的激励与约束机制缺失;公众对保障房供给效果与供给质量的发言权不大,保障房供给的公众满意度并不影响官员的政绩,因此,公众对地方政府保障房供给行为的激励与约束机制同样缺失。上级政府难以对保障房供给效果与供给质量问责,公众更无法对保障房供给质量问责。于是,地方政府表现出"重数量完成,轻供给质量"的行为取向。

在地方政府保障房供给的上述行为取向下,保障房供给绩效表现出如下特征:保障房建设数量突飞猛进,年度建设数量目标任务完成较好,但是,闲置、凑数、错配、选址位置偏远、配套设施不全、挪作他用等异象凸起,保障房供给质量与保障效果不尽如人意(陈立中,2010)。就供给数量而言,2012 年绝大多数市县政府均对外公布完成或超额完成了上级政府下达的年度建设数量目标任务。例如,2012 年 1～9 月,江苏省新开工保障房 31.6 万

① 《国务院办公厅关于保障性安居工程建设和管理的指导意见》。

套，竣工14.1万套，即仅用9个月的时间，江苏省已超额完成了中央和省政府下达的全年目标任务①。例如，2012年，阜阳市也对外公布全面完成了年度目标任务②。再如，截至2012年6月底，宝鸡市共开工各类保障性住房4.7341万套，仅用半年时间就已完成年度目标任务的117%③。就保障房供给效果与保障效果而言，审计署公布的保障房审计结果（2012年第33号公告）显示，部分保障房分配不够严格，依然存在部分保障对象不应准入却准入、应退出却未退出等保障房错配现象，依然存在部分保障房被违规销售、挪作他用或半年以上闲置等保障房供给失效现象。

基于“制度—行为—绩效”的分析框架，本部分描述了地方政府保障房供给行为取向的演化路径，考察了引致地方政府保障房供给行为变迁的激励与约束机制，发现了“随着激励约束机制的变化，地方政府保障房供给行为取向不断进行着适应性调整”的趋势。

第二节　供给总量不足的机理分析

地方政府作为保障房供给主体自然成为保障房供给总量不足的被问责对象。资金供给不足和土地供应缺乏是保障房供给总量不足的直观原因，但是，保障房供给总量不足的深层次原因在于中国特殊的转轨体制。中国财政分权体制和以GDP为主的政绩考评机制促成了增长型政府的形成，激励了地方政府将有限资金用于能够带来任期内经济增长的公共投资、出让有限土地用于给其带来高额土地出让金和房地产相关税收的商品房市场，从而导致地方政府保障房供给偏好的弱化，资金供给和土地供应不足，保障房的供给总量不足（见图5-4）。

一、供给总量不足的直观原因

“十二五”期间3600万套保障房规划的顺利落实以及保障房可持续发展依赖可持续的资金投入和土地供应。就目前状况而言，资金投入不足和土地

① http://house.baidu.com/cz/news/0/4679425/。

② http://www.gtj.fy.cn/default.php?mod=article&do=detail&tid=220489。

③ http://news.800j.com.cn/2012/bjxw_0822/154018.html。

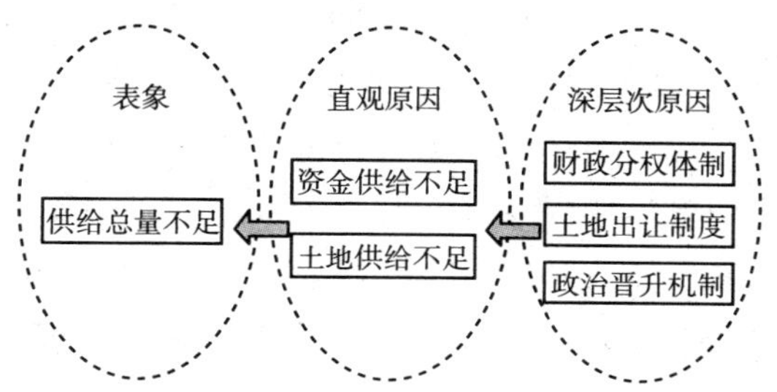

图5-4 保障房供给总量不足的机理分析

供应短缺成为制约保障房供给可持续发展的直观原因，也是增加保障房有效供给亟须冲破的“瓶颈”。

（一）资金供给不足①

任何类型保障房的供给都离不开巨额资金的支撑。但现实是，资金投入不足一直是保障房供给面临的最棘手难题。一些学者（巴曙松等，2010）普遍估算2011年建设1000万套保障房所需的资金为1.3万亿~1.4万亿元，相当于2006~2011年的年均土地出让金的总收入。原住建部副部长齐骥也表示，除去无偿划拨土地的价值，“十二五”期间保障房预计总投资在1.3万亿~1.4万亿元，其中近220万套公共租赁住房和180万套廉租房，投资金额在3000亿~4000亿元。2011年开工的1000万套保障房所需资金中，中央财政拨款约为1300亿元，地方财政预算内安排、土地出让净收益的10%以及中央代地方发行地方债累计筹集资金大约5000亿元，资金缺口总体上超过8000亿元。此外，“十二五”期间若要建成3600万套保障房总计需要4.8万亿元，资金缺口率估计在50%以上。

什么原因导致了地方政府供给保障房的资金缺口如此之大呢？原因可以归纳为如下三点：地方政府未按规定足额提取保障资金、保障资金被挪用以及筹集资金的实际利用率不高。

1. 未按规定足额提取保障资金

《国务院关于解决城市低收入家庭住房困难的若干意见》规定，“各地从土地出让净收益中提取廉租房保障资金的比例不得低于10%”，然而，地方

---

① 本部分的部分内容以“廉租房供给不足的事实、根源与突破路径——基于中国转型期地方政府行为视角的分析”为题发表于《经济学家》2011年第8期。

政府从土地出让净收益中提取保障资金的比例未达标的现象非常普遍。《审计调查结果》显示，2007～2009年，北京、上海、重庆、成都等22个城市从土地出让净收益中提取廉租房保障资金的比例未达到上述要求。即近七成的城市未按规定提取廉租房保障资金（见表5－1）。2007～2009年，这些城市实际筹集廉租房保障资金448.65亿元，共计少提取146.23亿元，少提取金额占应筹集保障资金594.88亿元的24.58%（见表5－2）。

表5－1　　32个城市从土地出让净收益中提取廉租房保障资金情况

项　　目	城市数（个）	占比（%）
重点调查城市总数	32	100
按规定计提廉租房保障资金的城市数	10	31.25
未按规定计提廉租房保障资金的城市数	22	68.75

资料来源："城市数"源自2010年22号审计结果报告——"19个省市2007年至2009年政府投资保障性住房审计调查结果"（中华人民共和国审计署），"占比"由作者计算得到。

表5－2　　32个城市筹集廉租房保障资金情况

项　　目	金额（亿元）	占比（%）
实际筹集金额	448.65	75.42
少提取数额	146.23	24.58
应筹集金额	594.88	100

资料来源：同表5－1。

《关于2010年度中央预算执行和其他财政收支的审计工作报告》（以下简称《审计工作报告》）指出，从审计8个省区16个城市政府投资保障性住房情况看，2010年度一些地方保障性住房资金管理也不够严格，共发现少提取廉租房保障资金21.49亿元。

另外，根据财政部网站2010年4月13日公布的《2009年全国土地出让收支基本情况》，2009年土地出让收入总额为14239.7亿元，土地出让支出总额中用于廉租房支出为187.1亿元，廉租房支出仅占土地出让收入总额的1.3%，与《廉租房保障资金管理办法》设定的土地出让净收益10%的标准相差甚远。

2. 廉租房保障资金被挪用

《审计调查结果》显示，在重点调查的32个城市中，有6个城市和4个县将廉租房保障资金用于回购经济适用房和工作经费等支出，共计15231.3万元（见表5－3）。

表5－3　　廉租房被套取与挪用额及占比

项　　目	金额（万元）	占比（%）
廉租房实际支出额	2191100	100
其中：挪用额	15231.3	0.7

资料来源：同表5－1。

《审计工作报告》指出，从审计2010年度8个省区16个城市政府投资保障性住房情况看，一些地方保障性住房资金管理也不够严格，共发现多申报和挪用等问题金额0.9亿元。

3. 筹集资金的实际利用率不高

计划投入并非实际投入，2008年以来在保障资金筹集目标责任下，地方政府廉租房筹集金额增长迅速，但实际支出金额占比却很低。《审计调查结果》显示，2007～2009年，重点调查的32个城市筹集廉租房保障资金448.65亿元。发生廉租房保障支出仅219.11亿元，也就是说，筹集到的资金中仅48.84%的比重（不到一半）实际用于了廉租房建设（见图5－5）。

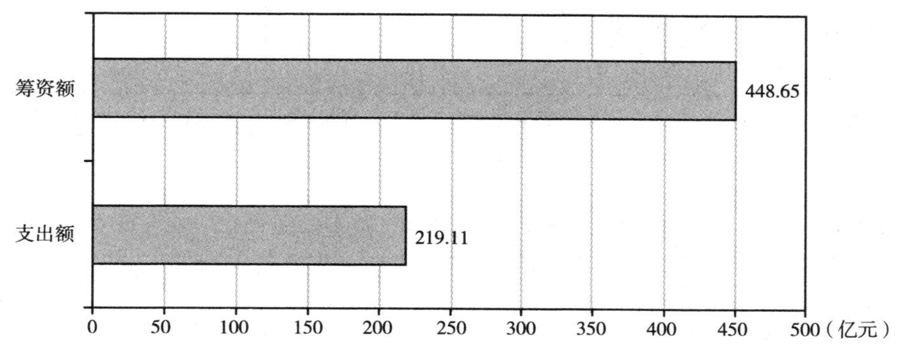

图5－5　32个城市2007～2009年廉租房资金筹集额与支出额

资料来源：2010年22号审计结果报告——《19个省市2007～2009年政府投资保障性住房审计调查结果》，中华人民共和国审计署。

（二）土地供应不足

除了需要投入大量资金外，新建保障房还需要供应大量建设用地，但现实情况是，保障房供给的另一短板是土地供应不足。

国土资源部相关数据显示，2009 年 1 ~ 11 月，保障房用地供应 27.54 万亩，仅完成年度计划供应量的 46.66%，即一半以上的年度用地计划并未落到实处。

《审计工作报告》显示，从审计 8 个省区 16 个城市政府投资保障性住房情况看，一些地方保障性住房建设供地等方面工作还不到位。2010 年 16 个城市中，有 10 个城市 2010 年廉租房和经济适用住房建设用地计划未全面落实，实际少供地 7335 亩；4 个城市保障性住房、棚户区改造和中小套型普通商品住房建设用地未按规定达到住房建设用地供应总量的 70%。也就是说，在被审计的 16 个城市中 62.5% 的城市保障房建设用地计划未全面落实（见表 5 - 4），有 25% 的城市保障房建设用地占比未达标（见表 5 - 5），由此可见，保障房建设用地供应不足现象十分突出。

表 5 - 4　　2010 年 16 个城市保障房建设供地情况（1）

项　　目	城市数（个）	占比（%）
重点调查城市总数	16	100
建设用地计划全面落实的城市数	6	37.5
建设用地计划未全面落实的城市数	10	62.5

资料来源：“城市数”源自《关于 2010 年度中央预算执行和其他财政收支的审计工作报告》（中华人民共和国审计署），“占比”由作者计算得到。

表 5 - 5　　2010 年 16 个城市保障房建设供地情况（2）

项　　目	城市数（个）	占比（%）
重点调查城市总数	16	100
建设用地占比达标的城市数	12	75
建设用地占比未达标的城市数	4	25

资料来源：同表 5 - 4。

另外，住房和城乡建设部 2010 年发布的《关于进一步加强房地产用地和建设管理调控的通知》规定，要确保保障性住房、棚户区改造住房和中小套型普通商品住房用地不低于住房用地供应总量的70%。但是，实际上各地2010年之前基本没有完成该硬性指标（见表5－6）。

表5－6　　2007～2010年建设用地供应结构比例情况

年份	住房用地（公顷）	保障房用地（公顷）	棚改房用地（公顷）	中小套型商品房用地（公顷）	"三类房"占比（%）
2007	57498.08	6198.46	0	16524.91	39.52
2008	55093.59	7909.9	0	16015.42	43.43
2009	76460.89	10958.3	0	12185.9	30.27
2010	125381.85	15949.85	14725.40	65085.47	76.38

资料来源：2007～2009年数据来自《2010年中国发展报告》；2010年数据来源于《2010年全国住房用地供应计划执行情况公告》，http：//www.mlr.gov.cn/zwgk/zytz/201101/t20110129_814507.htm。

二、供给总量不足的深层次原因

表面上看，资金投入不足和建设用地供应短缺直接造成了保障房供给总量的不足。但是，若追问地方政府为什么没有激励投入资金供给保障房，为什么没有动力划拨城市土地建设保障房，非常容易理解的回答是，资金和土地被地方政府用在了地方政府认为的更好用途上。深入分析可以发现，中国特殊的转轨体制（包括财政分权体制和以GDP为主的政绩考评机制等）弱化了地方政府保障房的供给偏好，引致了保障房的供给总量不足。

（一）"招拍挂"城市土地出让方式

在中国现行的土地管理体制下，城市土地全部归国家所有，土地所有权由国务院代表国家行使，但一般由地方政府代理行使。其具体体现在，县（市、区）级政府具体负责出让城市国有土地使用权。

1. "招拍挂"方式的出让价格高于划拨方式的出让价格

按照市场参与程度的不同，政府出让城市土地的方式可以分为如下五种：划拨、协议、挂牌、招标和拍卖（见图5－6）。划拨是政府以行政划拨方式进行土地出让。通过划拨方式得到的土地仅需缴纳土地征用补偿、安置等费用，甚至有些情形下可以无偿使用，因此，划拨是市场参与程度最低的出让方式；协议方式是政府与需求方之间通过谈判商定土地出让价格的出让方式；挂牌、招标和拍卖方式是符合条件的多个需求者通过市场竞价获得土地使用权的出让方式，是市场参与程度较高的出让方式。

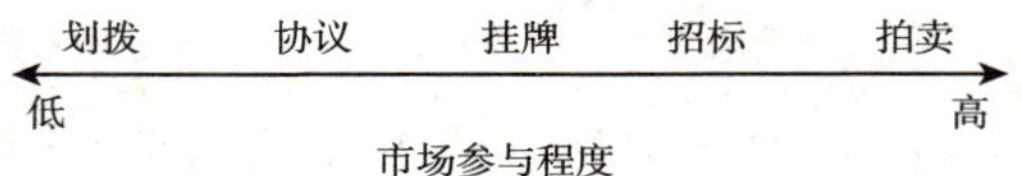

图 5－6　五种土地出让方式的市场参与程度

虽然地方政府可以通过控制供给数量来控制城市土地的出让价格，但是，如果土地需求方缺乏竞争或具有足够的谈判能力，那么土地出让价格不可能很高。一般而言，土地出让的市场参与程度越高，土地出让价格也越高。划拨是最缺乏市场参与的一种出让方式，可以预见划拨方式出让的土地价格最低。随着需求方竞争激烈程度的增加，土地出让价格随之上涨。需求方的竞争越充分，土地出让价格上涨越高（见图 5－7）。

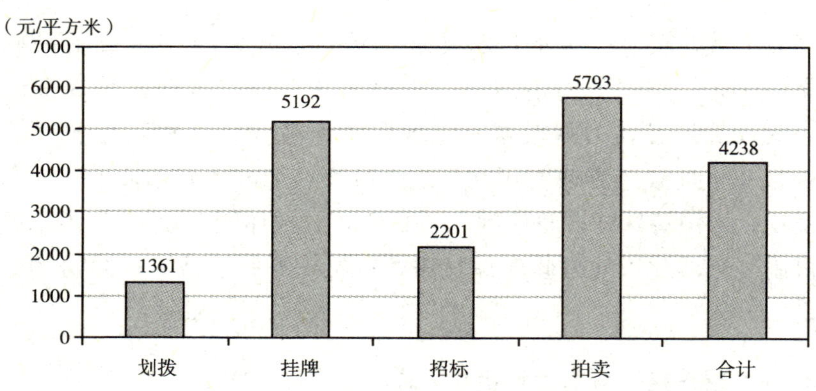

图 5－7　2008 年 1 月至 2010 年 1 月重庆市住宅用地出让价格情况

资料来源：中国土地市场网土地成交公告（http：//www. landchina. com/）。在此期间，重庆市（市本级和城六区）共出让住宅用地 210 幅，其中公布了成交价格的共有 107 幅；图中所列为 107 幅公布成交价格的土地。

2. 2002 年《招标拍卖挂牌出让国有土地使用权规定》颁布，商品房建设用地由一般以协议方式出让改为必须以“招拍挂”方式出让，极大地激励了地方政府通过“招拍挂”出让土地用于商品房建设

1994 年分税制改革之前，土地出让收入由中央政府和地方政府按比例分成；分税制改革之后，城市土地出让收入主要归地方政府所有。1998 年以国务院发布《关于进一步深化城市住房制度改革，加快住房建设的通知》为标志，城市住房市场化改革拉开了序幕。与此相伴，中国逐步建立起以经济适用房、廉租房、住房公积金为主要内容的住房保障基本框架。

1998 ~2002 年，我国绝大多数地方采用行政划拨、协议的方式出让土地。商品房建设用地一般以协议方式出让，保障房建设用地以划拨方式供应。因此，出让城市土地用于商品房建设与出让土地用于保障房建设相比，两种出让方式带给地方政府的土地出让金都比较有限，两者相差不大。从这个层面上说，因此而产生的地方政府推动住房市场发展的激励不大。（当然，从房地产税收层面上说，出让土地给开发商用于商品房建设可以带来可观的房地产税收，而划拨土地用于保障房建设则无法获取任何房地产税收，地方政府还是倾向于将土地出让给开发商用于商品房建设。）

2002 年国土资源部颁布《招标拍卖挂牌出让国有土地使用权规定》，规定“商业、旅游、娱乐和商品住宅等各类经营性用地，必须以招标、拍卖或者挂牌方式出让”。而廉租住房和经济适用住房等保障房建设用地仍以划拨方式供应（见表 5 -7）。招拍挂方式极大提高了城市土地出让的收益，因此，2002 年土地出让制度改革之后，地方政府将出让土地给开发商用于商品房建设，不仅可以带来可观的房地产税收，而且可以带来巨额的土地出让收入。相反，划拨城市土地用于保障房建设将造成大量土地出让金收入的损失①，甚至还会占用大量预算内资金（见图 5 -8）。因此，较之 2002 年之前，地方政府具有了足够大的激励供应商品房建设用地，而明显缺乏供应保障房建设用地的动力，从而引致了保障房供给总量的不足。

---

① 例如，2009 年全国实际供应住房用地 76461 公顷，其中商品房供地与保障房供地分别为 65503 公顷、10958 公顷，各自占比 86%、14%。全国房地产用地的土地出让价款高达 13390 亿元。由于廉租住房、经济适用房均采用土地划拨方式，如果将保障性住房供地比重提高到 33%（2010 年的水平），那么商品房用地将减少 19%，地方政府的土地出让收入将减少 2970 亿元。

表 5-7　　2008 年 1 月至 2010 年 1 月北京市住宅用地的出让方式

出让方式	高档住宅	中低价位中小套型普通商品房	其他普通商品房	经济适用房	廉租房	其他住宅用地	合计
划拨	0	0	0	1	12	7	20
占比（%）	0	0	0	100	100	6.73	6.31
协议	2	10	59	0	0	59	130
占比（%）	100	26.32	36.88	0	0	56.73	41.01
挂牌	0	17	73	0	0	22	112
占比（%）	0	44.74	45.63	0	0	21.15	35.33
招标	0	11	28	0	0	16	55
占比（%）	0	28.95	17.5	0	0	15.38	17.35

资料来源：中国土地市场网土地成交公告（http：//www.landchina.com/）。在此期间，北京市（市本级和城八区）共出让住宅用地 317 幅；表中为全部 317 幅住宅用地的出让方式统计。

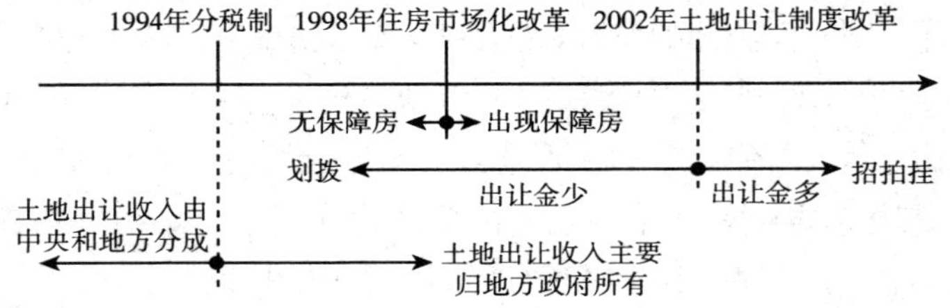

图 5-8　2002 年前后土地出让收入的变化

命题一：在中国现行土地管理体制下，地方政府具体负责出让城镇土地使用权。始于 2002 年的土地“招拍挂”出让制度为地方政府获取巨额土地出让金提供了条件与可能，由此形成了地方政府更愿意将土地出让给住房市场而不愿将土地划拨给住房保障的激励。

（二）财政分权体制

基于发达经济体的研究，哈耶克（1945）、蒂布特（1956）、斯蒂格勒（1957）等众多学者认为，财政分权能够促进公共品供给。但是，20 世纪 90 年代中期以来，包括中国在内的一些学者开始反思财政分权的成本、蒂布特模型在发展中国家的适用性。比如，中国户籍制度使得“用脚投票”机制基本失灵；对上负责制下，地方政府官员缺乏对居民需求的有效反应，“用手投票”机制无法发挥作用。蒂布特模型有效性的前提假设在中国并不满足。例如，乔宝云等（2005）研究结果表明，财政分权对义务教育带来了负面影响；傅勇等（2007）研究认为，财政分权会恶化公共品供给；林江等（2011）认为，我国财政分权对地方政府的义务教育供给起负作用，在财政资金有限的情况下，政府扩大义务教育供给和发展经济增长处于顾此失彼的境地。基于上述文献，我们的研究兴趣在于，财政分权促进还是恶化作为公共产品的保障房？

改革开放以来，中国的财政分权体制改革经历了“划分收支、分级包干”（1980～1984 年）、“划分税种、核定收支、分级包干”（1985～1988 年）以及“收入递增包干”（1988～1993 年）三种形式的财政包干体制和 1994 年开始的分税制。分税制改革实质是中央政府与地方政府之间的财政收入分权改革（税收被划分为中央税、地方税以及中央与地方的共享税三大类，见表 5－8），财政支出责任基本上没有明显变化，地方政府仍然需要承担基本公共品的供给责任。为了缓解中国省级以下政府（市、县、乡镇）承担的巨大的支出压力，分税制改革默认了预算外收入的存在，并且规定地方预算外收入仍由地方征收和支配。地方政府征收预算外收入仅需要在中央备案，征收权力和使用权力完全归地方，而大量没有在中央备案的体制外收入则完全由地方设定征收标准并完全由地方征收和使用（王文剑，2010）。中央给予地方政府的上述“财政自主权”，强化了地方财政利益，赋予了地方政府寻找新的预算外收入来源的激励。2002 年土地出让“招拍挂”制度实施以来，以“招拍挂”方式出让城镇土地以获取巨额出让收入成为地方政府最重要的预算外收入（虽然，2006 年国务院办公厅《关于规范国有土地使用权出让收支管理的通知》规定地方政府的土地出让金收入全部纳入地方基金管理，实行严格的“收支两条线”，并规定了土地出让金的六个用途。但是，在现实中，“收支两条线”管理对遏制地方政府“土地财政冲动”的效果并没有凸显出来）。

另外，与土地和房地产相关的土地增值税、城镇土地使用税、契税，以及与建筑业和房地产业相关的增值税，均属于地方政府财政收入范围（见表 5－8）。而也由此产生了地方政府发展房地产业的激励和冲动。因为发展房地产业可以给地方政府带来财政收入的增加。

表 5-8　　财政收入的来源划分

中央政府	地方政府	中央和地方政府共同负责
中央国有企业上缴利润	地方国有企业上缴利润	
消费税	固定资产投资方向调节税	印花税（97%归中央，3%归地方）
银行、非银行金融机构和保险公司税收（增值税、所得税和城市维护建设税）	城市维护建设税、增值税（不含银行、非银行金融机构、保险公司和铁路部门）	资源税（海洋石油企业缴纳的部分归中央政府，其他部分归地方政府）
中央国有企业所得税	耕地占用税	企业和个人所得税（60%归中央，40%归地方）
进口消费税和增值税	农业税	增值税（75%归中央，25%归地方）
关税	土地增值税	
	契税	
	城镇土地使用税	
	房产税	

资料来源：傅勇．中国式分权与地方政府行为：探索转变发展模式的制度性框架［M］．北京：复旦大学出版社，2010.

其一，大力发展房地产业，商品房建设用地需求增加，地方政府通过出让土地使用权，可以获取巨额的土地出让金等预算外收入。

国土资源部公布的官方数据显示，2009 年全国土地出让总价款高达 15910.2 亿元，同比增长 63.4%，占当年全国财政收入的 23.22%①。图 5-9 给出了 2009 年城市土地出让金排名前 7 位城市（从高至低依次为上海、杭州、北京、天津、重庆、宁波、武汉）的 2007～2009 年土地出让金收入占当年地方财政收入的比例。2009 年土地出让金占当年地方财政收入的比例，最高的达到了 70.3%（杭州），最低的也达到了 23.9%（北京）；而 2007 年土地出让金收入占当年地方财政收入的比例最高的达到了 86.0%（武汉）。另外，在一些三线城市甚至一些中小城镇土地出让金收入占当年当地财政收入的比例更是高得惊人。例如，胡家勇（2010）通过对东部 Z 镇的实地调研②也证实了地方政府通过招拍挂方式获取了巨额的土地出让金，土地出让金成为地方政府获取预算外资金的重要渠道（见图 5-10）。2003 年该镇土地收

① 人民网：http：//finance. people. com. cn/GB/10921546. html。

② 胡家勇．地方政府“土地财政”调研．2010-7-19. http：//ie. cass. cn/window/xslw_index. asp.

入占可支配财力的比例最高，高达 91.11%，2008 年最低，但也占到了 33.93%，而土地出让收入一直构成该镇财政总支出的主要来源。

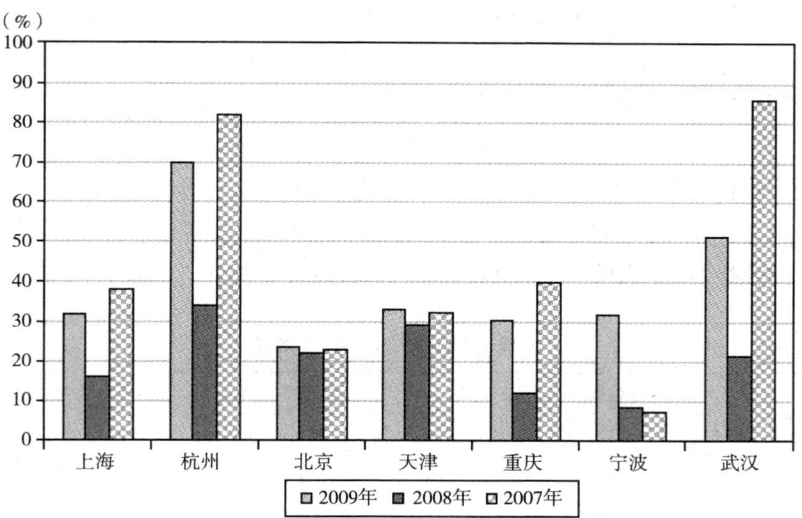

图 5-9 部分城市土地出让金占地方财政收入的比例

资料来源：土地出让金来源于中国指数研究院《政府土地出让金调查报告(2009)》；地方财政收入来源于各城市统计年鉴。地方财政收入 = 地方一般性预算收入 + 基金性收入；土地出让金包括在基金性收入中。

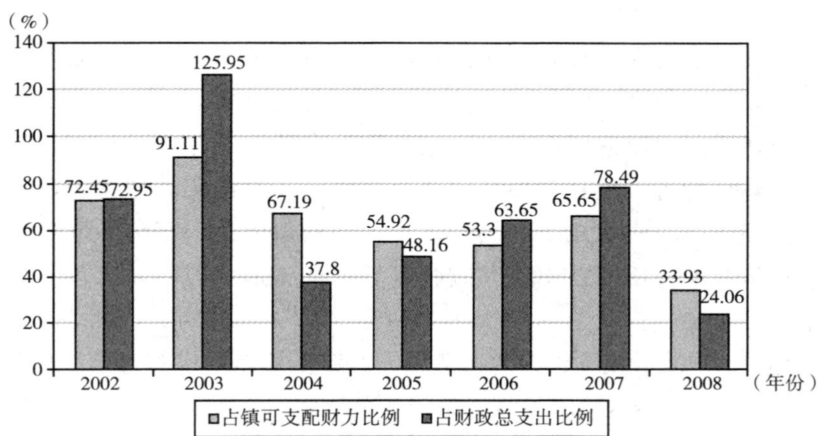

图 5-10 东部 Z 镇土地出让收入占镇可支配财力与财政总支出的比例

资料来源：胡家勇．地方政府“土地财政”调研．2010-7-19. http：//ie. cass. cn/window/xslw_index. asp.

其二，大力发展房地产业，地方政府可以获取可观的契税、土地增值税等预算内收入。

在这样的财政收入划分办法下，分税制带来了地方政府预算内收入结构调整。1994 年之前地方政府主要依靠企业税收，1994 年之后改为主要依靠房地产业税收。其中房地产企业缴纳的税收包括营业税[①]和所得税、房产税、城市房地产税、城镇土地使用税和土地增值税。胡家勇（2010）对东部 Z 镇的实地调研结果表明，2004 ~ 2008 年，Z 镇地税收入总额共计 74205 万元，与土地有关各税为 11888 万元，占地税的 16.02%（详见表 5 - 9）。所以，地方政府为增加预算内收入，理性选择自然是发展房地产市场。

表 5 - 9　　东部 Z 镇地税对土地的依赖

年份	地税总额（万元）	与土地有关各税（万元）	比例（%）
2004	13161	3326	25.27
2005	12353	1892	15.32
2006	13379	1358	10.15
2007	16884	1541	9.13
2008	18428	3771	20.46
总计	74205	11888	16.02

资料来源：胡家勇. 地方政府“土地财政”调研. 2010 - 7 - 19. http://ie.cass.cn/window/xslw_index.asp.

而建设保障房将同时减少地方政府的预算内资金和预算外资金，甚至挤占其他来源的预算内收入。因为地方政府无偿划拨的保障房用地挤占原本可以出让给开发商的城市土地，减少土地出让金等预算外资金，以及丧失商品房建设的各类税收等预算内资金，并且还要使用其他来源的预算内收入来承担保障房建筑成本。换句话说，供给保障房，不但不能给地方政府带来经济收益，反倒动用其财政收入。因此，地方政府缺乏供给保障房的激励。

命题二：财政分权下，土地增值税、城镇土地使用税等房地产税收划归为地方政府的预算内收入，城镇土地出让金等划归为地方政府的预算外收入，

① 特别说明的是，文中所述营业税在 2016 年 5 月之后改征增值税（2016 年 5 月 1 日起，中国全面实施“营改增”，将建筑业、房地产业、金融业、生活服务业全部纳入营改增试点，至此，营业税退出历史舞台）。

于是，增加财政收入的冲动促成了地方政府发展房地产业的财政激励。而供给保障房非但得不到上述预算内外收入，反倒占用通过其他渠道得到的财政收入，因而，地方政府缺乏供给保障房的动力。

（三）政治治理机制

20 世纪 80 年代之前，上级政府以政治表现考核下级政府。20 世纪 80 年代初以来，随着我国发展战略转变为“以经济建设为中心”，官员政治变迁的考核标准也随着发生了实质性变化，由过去过度强调政治表现变成了多维度、多方面的考核（比如干部的忠诚、能力）。为了使考核更容易识别，设计的考核指标集中在 GDP 总量、吸引外商直接投资额、上缴多少税收等方面，即上级政府设定了一套以 GDP 为核心的地方官员晋升考核机制。因为考核的最重要指标是地方政府发展经济的能力，所以造就了地方政府官员“以经济绩效为主”的政绩观。于是，地方政府官员为了追求政治晋升最大化，尽可能促进任期内的经济增长成为其理性选择。

如何才能快速提升地方政府官员任期内的经济增长呢？地方政府不直接从事生产活动，不参与国民收入的初次分配，但是，地方政府的某些财政支出因为能够提高资本的边际生产力，所以具有了一定程度的生产性，能够快速促进经济增长。例如，政府用于农林水利、气象服务等公共支出，能够提高农业生产效率。再如，政府用于基础设施建设的公共支出，能够改善本地的生产和投资环境，既能直接促进经济增长，也能通过溢出效应间接促进经济增长（刘生龙、胡鞍钢，2010）。企业投资增加，一方面可以带来直接的税收收入，另一方面可以带来大规模的城市化建设、巨额土地出让收入、数量可观的 GDP。因此地方政府除了依靠本地企业发展经济，吸引税源扩大自身收入规模，促进 GDP 的增长。有非常强的激励吸引外来企业进入本地发展。地方政府与“招商引资”来的企业之间不存在行政上下级关系，无法依靠行政手段指示其进入当地经济。外来企业在选择流入地时，除了要考察该地区的税负水平，还要考察该地区的基础设施建设水平和整体经济发展环境。为了吸引资本密集型和劳动密集型企业流入本地区，地方政府纷纷在税收竞争基础上通过加大生产性基础设施建设的投入改善“铁公机”等公共基础设施。

财政支出理论认为，地方政府财政支出包括两部分：一是可以改善本地区生产效率的生产性支出；二是可以直接提高居民福利水平的福利性支出。

不同的公共产品提供对地区经济增长又具有不同的效应。当地方政府的公共支出总额既定时，两种类型的公共支出彼此之间相互替代，用于某一公共产品上的公共支出增加意味着可用于其他公共产品上的公共支出减少。在晋升激励机制下，为了获得更大的晋升可能性，地方官员更倾向于将公共支出投入到更易于促进经济增长和更便于度量的公共品供给，而忽略那些不易促进经济增长和不便度量的公共品供给。于是，地方政府公共支出结构出现了"重基本建设、轻人力资本投资和公共服务"的支出偏向（傅勇等，2007），中国出现了公共产品供给不平衡，拥有良好的基础设施（张军等，2007）以及与大国地位不匹配的基础教育与住房保障。

具体对保障房而言，从财政支出的角度看，地方政府倾向于将财力用于给其带来经济利益或者政治绩效的公共支出（地方政府的支出责任见表5-10）。于是，地方政府保障房供给总量不足便是自然而然的现象了。

表5-10　　中央政府和地方政府支出责任的划分

中央政府	地方政府	中央和地方政府共同负责
国防支出		基本建设投资（国家和跨地区的基本建设项目由中央政府承担，地方项目由地方政府承担）
中央政府行政管理支出	地方政府行政管理支出	
中央直属国有企业的挖潜改造和科技三项费用	地方国有企业的挖潜改造和科技三项费用	
中央一级承担的公检法支出	地方公检法补贴支出	
武警部队支出		各项农业事业费和支援农业生产支出
外交外事和对外援助支出	城市维护建设支出	科教文卫（中央政府一般承担国家重点项目和普通高等教育，而地方政府承担其他部分）
国内外债的还本付息支出	政策性价格补贴支出	社会保障基金（中央政府部分弥补了地方管理的社会保障金现收现付制的缺口）
地质勘探费	社会福利支出	

资料来源：同表5-8。

命题三：以GDP为主的政绩考核机制等政府激励对地方政府发展地方经济、过度追求经济增长的行为取向产生了激励，同时也对地方政府供给保障房行为造成了扭曲。

第三节 供给失效的原因梳理

在保障房实际供给中，存在两种常见的供给失效现象。第一种情况是建设的保障房不适宜低收入家庭居住，从而出现配置困难和房源闲置现象；第二种情况是建设的保障房虽适宜低收入家庭居住，但未分配至低收入家庭，从而出现了“保不应保”① 现象。这些供给失效现象的直观原因是保障房选址偏远、配套设施不完善、交通不便、信息系统不完善等，但是，深层次原因则在于中国特殊的转轨体制和保障房制度缺陷。财政分权体制和政治治理机制促使地方政府过度追求财政收入和经济增长，在“招拍挂”土地出让方式尤其是价高者得的拍卖方式下，地方政府有激励将出让价格高的土地出让给能够直接带来预算外收入增加、间接带来预算内收入和GDP增长的商品房建设，而将保障房尽可能建在地价低的城市偏远之处。另外，“保不应保”供给失效的深层次原因则在于保障房准入机制与退出机制等制度缺陷（见图5－11）。

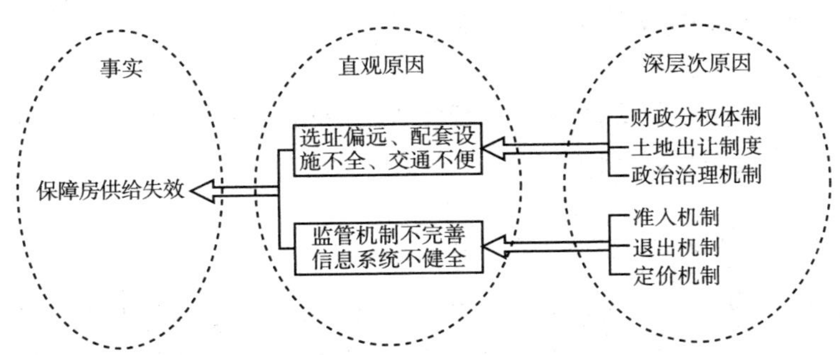

图5－11 保障房供给失效的机理分析

一、供给失效的直观原因

从保障房的视角（供给视角）看，保障房供给失效的情形有两种：无人居住（闲置）和不符合保障条件的家庭居于其中。具体而言，其一，部分保

① “保不应保”是指不符合保障条件但获得保障的家庭。

障房为什么无人居住？对于廉租房而言，供给失效的直观原因是：选址偏远、配套设施不全、交通不便，若居住其中将会带来生活上的诸多不便；或者房屋本身质量等问题导致不适宜居住。对于经济适用房而言，除了与廉租房供给失效类似的上述直观原因之外，供给失效的直观原因还有一点，销售价格高于部分低收入家庭住房支付能力，致使部分低收入家庭虽具备购买资格但却无力购买。其二，为什么不符合保障条件的家庭能够居住其中呢？直观的原因是监管机制不完善，或者是收入、资产、住房等信息系统不健全，难以有效监管。

从保障对象的视角（需求视角）看，保障房供给失效的情形有三种：符合保障条件，但未申请；不符合保障条件，申请成功；不再符合保障条件，仍未退出。直观上看，保障房位置偏远、配套设施不全导致生活不便或者无力购买等都可能是符合保障条件家庭未申请保障房的直观原因。难以查出申请家庭的收入与居住情况或收入与居住的变化情况，是不符合保障条件却成功申请保障房以及不再符合保障条件仍未退出保障房的直观原因。

二、供给失效的深层次原因

对上述保障房供给失效情形进行深入的分析，可以发现，这些供给失效情形的发生有其深层次原因。

（一）廉租房

1. 财政分权和政府竞争下，地方政府将廉租房建在地价低的区域，以尽量压缩资金投入和尽量划拨最便宜的土地，致使部分廉租房“闲置”

2002 年起，商品房建设用地必须采用“招拍挂”的土地出让方式，土地出让金归地方政府所有，廉租房建设用地仍然采用划拨方式出让。中心城区的土地出让价格高，带来的土地出让金多，带来的相关税收收入也多。因此，地方政府具备极大的激励将位置好、出让价格高的土地以“招拍挂”的方式出让给房地产开发商引致更多的预算内外收入；或者将位置好、出让价格高的土地出让用于基础设施建设，带来更多的经济增长，增加政治升迁的可能性。

但是，随着商品房价格快速上涨，低收入住房困难家庭越来越难以通过住房市场解决居住问题，“蜗居”“蚁族”等社会现象日益凸显，并逐步演变为影响社会公平与和谐的重大社会问题。2008 年开始，中央政府认识到了这个问题的严重性，再度重视保障房建设。迫于中央政府和省级政府的政治压力和行政命令，县（市、区）政府不得不建设廉租房。在此情形下，地方政府的权宜之计是将廉租房建在地价低的区域，以尽量压缩资金投入和尽量划拨最便宜的土地。地价低的区域一般处于城市偏远之处，交通、医院、学校、卖场等配套设施不完善，居住此处会带来职居分离、出行不便、生活不便（看病难、上学难、购物难），于是，出现部分廉租房配置困难和房源闲置的现象，最终导致部分廉租房供给失效。

2. 准入机制不完善，致使不符合保障条件的家庭成功申请到廉租房

廉租房的供应对象必须符合家庭收入和住房困难两项标准。但是，实践中，房屋交易、权属、公积金、民政、车管、社保、地税、金融等数据系统联网的廉租房资格审核信息系统尚未建立，廉租房准入动态管理和实时审核尚未实现，政府无法准确地识别出伪造收入与住房条件的某些不符合廉租房申请条件的家庭，于是就出现了不符合保障条件的家庭成功申请到廉租房的“保不应保”现象，最终导致部分廉租房并未用于真正的低收入住房困难家庭，部分廉租房供给失效。

3. “腾退式”退出难以操作，某些不再符合条件的家庭并未退出，导致部分廉租房供给失效

廉租房采取货币补贴和实物配租相结合的保障方式。随着家庭收入状况和住房条件的变化，有些家庭已不再符合保障条件，但是，住房、其他资产、收入等居民信息不联网，信息不能反映真实情况，无法实现动态化管理，政府无法及时审查与识别，于是就出现某些已经不再符合保障条件的家庭仍未退出廉租房或者仍在享受货币补贴的廉租房供给失效现象。

在某些不再符合条件的家庭并未退出廉租房的供给失效现象中，实物配租方式的供给失效问题占据了绝大多数的比重。因为，即便可以及时、准确地识别出已不再符合保障条件的家庭，但是，享受实物配租的家庭仅有目前唯一住所，收入虽有所提高但尚无力购买商品房，也不符合其他保障房条件。况且，住房不同于一般商品，申购廉租房后，若进行了装修、购买了家具，投入了感情，居住一段时间之后让其搬走，从成本上说，带给其不小的沉没成本；从感情上说，不容易接受。在这种情况下，一些家庭不愿意搬出廉租房，而宁愿多付租金。例如，一直备受媒体和公众关注的北京廉租房住户郭春平在收入状况改善、面临退出现住廉租房时称，“希望能继续住在现在的廉租房里，如果不行的话，转成公租房也能接受”。因而，该种情况下，就会出现因为“腾退”式退出存在较大的操作困难而导致的供给失效现象。

（二）经济适用房

在住房货币化改革进程中，政府推出经济适用房的政策目标是，通过政府让利一点（划拨用地、减免税收）和企业让利一点（经济适用房开发企业的利润要控制在3%以内）的办法，以低于商品房价格的价格出售给无力购买市场价商品房的城市低收入家庭，以解决其住房问题。从本质上讲，这是一种通过政府一般性转移支付实现收入再分配，进而实现住房公平的住房供应方式之一。但是，经济适用房的准入、退出等相关制度设计不完善，使得政府转移支付并未惠及真正的保障对象，造成了部分经济适用房供给失效。

1. 经济适用房“不经济”引致了部分家庭符合保障条件但无力购买

经济适用房是政府限定销售价格和套型面积的政策性住房，其单套的建筑面积应控制在60平方米左右。但是，经济适用房项目中的“高档化”“大户型”“超大户型”甚至别墅住宅小区屡见于报端。例如，北京回龙观、天通苑，这两个集中建设经济适用房的小区内经济适用房单套的建筑面积大都在200平方米以上（阎炎，2009）。再如，2009年初，安徽省安庆市集贤北苑和红旗小区集中新建的341套经济适用房的单套建筑面积均大于90平方米，其中，面积超过150平方米的有数十套，而面积最大的则达到了205.69平方米。“我们夫妻一年收入两万余元，本来打算买套60平方米或者70平方米左右的经济适用房，可这里的经适房面积大多都在90平方米以上，我们根本买不起”，安庆市民王先生指着该市经济适用房集贤北苑无奈地说（《法制日报》，2009－11－17）。由于部分经济适用房面积标准过高，于是就出现了“越有资格买的，越买不起；实际买到的，往往资格有问题”的现象，导致部分经济适用房“闲置”的供给失效现象。

2. 经济适用房“不适用”引致了部分家庭符合保障条件但不愿购买

在财政分权和政府竞争下，地方政府具备更大的激励将位置好、出让价格高的城市土地出让给房地产开发商以直接增加财政收入和间接提升GDP，将上级政府压力下的经济适用房建在地价低的区域，以尽量压缩资金投入和尽量划拨最便宜的土地。地价低的区域一般处于城市偏远之处，交通、医院、学校、卖场等配套设施不完善，居住此处会带来职居分离、出行不便、生活不便（看病难、上学难、购物难），于是，出现部分经济适用房配置困难和房源闲置的现象，最终导致部分经济适用房供给失效。

3. 以低于市场价的价格购进而有机会以市场价售出，巨大获利空间为不符合条件家庭提供了申购经济适用房的激励，为供给失效提供了条件

按照《经济适用住房管理办法》规定，经济适用房可以采用政府回购和上市交易两种退出方式，但在实际执行过程中，各地很少采取政府回购的方式，大都采取了直接上市的方式，即购买经济适用房满5年，购房人按照同等条件的商品房价格上市转让经济适用住房。已购经济适用房上市出售应按照届时同地段普通商品住房与经济适用住房差价的一定比例向政府交纳土地收益等相关价款。然而，在实际操作中，补交标准难以确定，相关价款大多仅象征性地收取。换言之，持有以政府限定价格（低于商品房的销售价格）购买的经济适用房5年之后，可以普通商品房的价格上市出售，使得准公共品具有了“资本化”，或“产权化”的特性。经济适用房一经售出就具备了比同等条件商品房更为突出的升值潜力，买卖之间的差价使得预期收益很高，由此而生的获利空间对不符合条件的家庭申请经济适用房产生了较大的激励。

4. 准入机制不完善导致了不符合保障条件家庭的成功购买

我们需要进一步探讨的是，如果针对申购经济适用房家庭的准入资格审查非常严格，即便许多不符合条件家庭具有申购经济适用房的激励，那么，这些家庭的申请也无法经审核公示通过，申购激励也就无法变成现实。因而，实践中有激励但不符合保障条件的家庭成功购买经济适用房的原因在于，经济适用房的准入机制不完善。

《经济适用房住房管理办法》（2007）规定，城市低收入家庭申请购买经济适用住房应同时符合下列条件：具有当地城镇户口；家庭收入符合市、县人民政府划定的低收入家庭收入标准；无房或现住房面积低于市、县人民政府规定的住房困难标准。也就是说，经济适用住房供应对象必须符合家庭收入低和住房困难两项标准。然而，实践中，房屋交易、权属、公积金、民政、车管、社保、地税、金融等数据系统联网的经济适用房资格审核信息系统尚未建立，经济适用房准入的动态管理和实时审核尚未实现，惩戒骗购经济适用房的家庭的力度尚显不足，商品房市场主体和经济适用房市场主体没有得到有效分割，部分不符合保障条件的家庭成功购买到了经济适用房，从而导致部分经济适用房供给失效。

5. 退出机制不完善导致了不符合保障条件家庭仍未退出

诸如上述所说，房屋交易、权属、公积金、民政、车管、社保、地税、金融等数据信息系统尚未建立，成功申购经济适用房家庭的收入与住房等变动情况无法及时、准确地被地方政府所识别，因而，成功申购经济适用房家庭的收入与住房条件得到改善，不再符合经济适用房保障条件，但因为无法及时、有效地识别出，使得部分不再符合保障条件的家庭仍未退出经济适用房，从而导致部分经济适用房供给失效。

第四节　激励机制、地方政府努力与保障房供给行为取向

本部分构建改进的多任务委托—代理模型（Bolton，2005），考察不同激励约束机制与地方政府在保障房供给过程中实施的不同努力以及不同行为取向之间的定量关系。

一、“多任务”概念的理论界定

本模型中的“多任务”概念类似于皮建才（2010）曾给出的界定，即多任务并非指委托人委派给代理人在形式上的多任务，而是指代理人在执行中央政府委托的任务时私下增加自利任务，从而使形式上的单任务变成了实际上的多任务。对保障房供给而言，中央政府作为委托人将保障房供给这一任务委托给地方政府，但是，地方政府在落实该任务时，既会增加保障房供给，付出与中央政府利益一致的合作性努力，也会在此过程中“偷工减料”，付出能给自己带来私下收益、而给中央政府带来外部成本的自私性努力。于是，地方政府的自私性努力带来的后果是：不注重保障房供给质量，选址偏远、配套设施不全、建设质量监管缺失等。

二、地方政府付出的努力的概念界定与区分标准

现实中，准确区分地方政府供给保障房而付出的努力属于合作性努力，还是属于自私性努力，存在一定的难度。为了方便研究，本书采用如下三个标准对合作性努力与自私性努力加以区分：其一，是否给中央政府带来外部成本；其二，是否给地方政府带来正常收益；其三，是否给地方政府带来私下收益。基于此，本书把能给地方政府带来正常收益但不能带来私下收益、并且能给中央政府带来收益而不带来外部成本的努力称之为合作性努力。把不能给地方政府带来正常收益但能带来私下收益、不能给中央政府带来收益却带来外部成本的努力称之为自私性努力。中央政府无法直接控制地方政府付出的合作性努力与自私性努力，但可以运用激励机制提高地方政府的合作性努力，以及运用约束机制减少地方政府的自私性努力。

三、地方政府的合作性努力带来的收益与成本

假定地方政府在保障房供给过程中付出合作性努力 e_1 带来的收益为：$R = e_1 + \varepsilon_1$，e_1 反映合作性努力带来的确定性收益①，ε_1 是符合正态分布的随机冲击，是外生的不确定性因素，即客观风险因素，$\varepsilon_1 \sim (0, \sigma_1^2)$。$e_1$ 和 ε_1 的许多组合均可以产生相同的 R，较高的合作性努力可能会被较差的运气所抵消，而较低的合作性努力也可能会被较好的运气所掩盖。

假定地方政府付出合作性努力而获得的正常收益为 sR，$0 < s < 1$，s 是地方政府供给保障房的激励强度（可能是来自中央政府的转移支付等财政激励，也可能是地方政府官员晋升激励）。那么，中央政府获得的收益则为 $(1 - s)R$。假定地方政府付出合作性努力 e_1 为其带来的成本为 $c(e_1)$，参照皮建才（2010）的做法，成本的表达式设定 $c(e_1) = \frac{e_1^2}{2}$。

① 收益既包括货币化收益，也包括非货币化收益，如政治收益，因此，此处收益为等价收益。

四、地方政府的自私性努力带来的收益与成本

假定地方政府付出自私性努力 e_2 给保障房有效供给带来的负面影响为 $f(e_2)$，地方政府获得的私下收益为 $B(e_2)$，相应的风险为 σ_2^2，付出的成本为 $c(e_2)$。为了简化分析并得到显式解，参照皮建才（2010）的做法，假定 $f(e_2)=\frac{\theta}{2}e_2^2$，$\theta>0$ 表示外部性强度，$f'>0$，$f''>0$。地方政府的私下收益 $B(e_2)$①的表达式为：$B(e_2)=\ln e_2$，$B'>0$，$B''<0$。同时，成本 $c(e_2)$ 的表达式设定为 $c(e_2)=\frac{e_2^2}{2}$。

五、合作性努力的激励机制存在、自私性努力的约束机制缺失情形的考察

遵照政府间委托代理关系中委托人与代理人风险偏好的标准假设，本书假设委托人（即中央政府）具有风险中性型的风险偏好、代理人（即地方政府）具有常数绝对风险规避（CARA）型的风险偏好。所以，其效用函数形式为 $u=-e^{-\eta w}$，其中 η 是绝对风险规避系数，$\eta=-\frac{u^*}{u'}>0$，w 是地方政府的等价货币收入。地方政府付出合作性努力后获得的正常收益为 sR，付出自私性努力后获得的私下收益为 $B(e_2)$，地方政府付出两项努力带来的总成本为 $C(e_1,e_2)=\frac{1}{2}e_1^2+\frac{1}{2}e_2^2$。

于是，地方政府的效用函数的具体形式为：

$$u=-e^{-\eta[sR+B(e_2)-C(e_1,e_2)]} \tag{5.1}$$

那么，地方政府的确定性等价收入（certainty equivalence）为期望报酬减去风险金，即：

$$CE=s(e_1+\overline{\varepsilon_1})+B(e_2)-C(e_1,e_2)-\frac{1}{2}\eta var[s(e_1+\varepsilon_1)+B(e_2)]$$

---

① 模型中 $B(a_2)$ 和 $f(a_2)$ 表达式的设定属于比较强的假设，这是由委托—代理模型在方法论上的内在逻辑悖论决定的（皮建才，2010）。

$$= se_1 + lne_2 - \frac{1}{2}e_1^2 - \frac{1}{2}e_2^2 - \frac{\eta}{2}(s^2\sigma_1^2 + \sigma_2^2)$$

地方政府最大化期望效用函数 $Eu = -Ee^{-\eta w}$ 等价于最大化上述确定性等价收入。

假定地方政府的保留等价收入为0，那么，只有地方政府的确定性等价收入大于等于0，地方政府才愿意接受委托代理合同。因此，地方政府的参与约束为 $CE \geqslant 0$，即：

$$se_1 + lne_2 - \frac{1}{2}e_1^2 - \frac{1}{2}e_2^2 - \frac{\eta}{2}(s^2\sigma_1^2 + \sigma_2^2) \geqslant 0 \tag{5.2}$$

地方政府的激励相容约束（IC）为：

$$\max\left(se_1 + lne_2 - \frac{1}{2}e_1^2 - \frac{1}{2}e_2^2 - \frac{\eta}{2}(s^2\sigma_1^2 + \sigma_2^2)\right) \tag{5.3}$$

中央政府风险中性，其期望效用等于期望收入，于是：

$$EU = E[(1-s)R - f(e_2)] = E\left[(1-s)(e_1 + \varepsilon_1) - \frac{\theta}{2}e_2^2\right] = (1-s)e_1 - \frac{\theta}{2}e_2^2 \tag{5.4}$$

此时的规划问题为中央政府在地方政府的参与约束和激励相容约束下最大化自己的期望效用：

$$\max_{e_1, e_2, s}\left[(1-s)e_1 - \frac{\theta}{2}e_2^2\right] \tag{5.5}$$

s. t. 式（5.2）与式（5.3）

对式（5.3）中大括号中的部分对 e_1 求导，并令导数等于0，得到：$e_1 = s$。

对式（5.3）中大括号中的部分对 e_2 求导，并令导数等于0，得到：$e_2 = 1$。

将 $e_1 = s$，$e_2 = 1$，以及取等号的式（5.2）代入式（5.5），得到：

$$\max_{e_1, e_2, s}\left[(1-s)e_1 - \frac{\theta}{2}e_2^2\right]$$

$$= \max_{e_1, e_2, s}\left[e_1 - se_1 - \frac{\theta}{2}e_2^2\right]$$

$$= \max_{e_1, e_2, s}\left[e_1 + \ln e_2 - \frac{e_1^2}{2} - \frac{e_2^2}{2} - \frac{\eta}{2}(s^2\sigma_1^2 + \sigma_2^2) - \frac{\theta}{2}e_2^2 \right]$$

$$= \max_{s}\left[s - \frac{s^2}{2} - \frac{1}{2} - \frac{\eta}{2}(s^2\sigma_1^2 + \sigma_2^2) - \frac{\theta}{2} \right] \tag{5.6}$$

式（5.6）对 s 求导，并令导数等于 0，得到：

$$s = \frac{1}{1 + \eta\sigma_1^2} \tag{5.7}$$

进一步地有：

$$e_1 = s = \frac{1}{1 + \eta\sigma_1^2} \tag{5.8}$$

由此可以得到如下两个结论：

结论 1：信息不对称下，地方政府的合作性努力水平取决于地方政府供给保障房受到的激励强度，对地方政府供给保障房的激励强度越大，地方政府实施的合作性努力水平越高。

结论 2：信息不对称下，地方政府的自私性努力的约束机制缺失时，地方政府的自私性努力恒等不变，不随外部性强度的变化而变化。

六、激励与约束机制并存情形的考察

假定对保障房供给过程中地方政府的自私性努力给予一定的惩罚，使其在付出自私性努力后，不仅得到私下收益，而且负担一定的惩罚成本。参照皮建才（2010）的研究，假定地方政府所受惩罚的函数表达式与自私性努力带来的负外部性的函数形式一致①，$p(e_2) = \frac{\beta e_2^2}{2}$，β 为地方政府的自私性努力受到的惩罚强度，$\beta \geq 0$。

于是，地方政府的效用函数变为：

$$u = -e^{-\eta[sR + B(e_2) - C(e_1, e_2) - p(e_2)]} \tag{5.9}$$

地方政府的确定性等价收入变为：

① 该假定意味着对地方政府实施的自私性努力给予了完全对等的惩罚。

$$CE = se_1 + lne_2 - \frac{1}{2}e_1^2 - \frac{1}{2}e_2^2 - \frac{\eta}{2}(s^2\sigma_1^2 + \sigma_2^2) - \frac{\beta e_2^2}{2} \tag{5.10}$$

式（5.10）对 e_2 求偏导，经整理可以得到：

$$e_2 = \frac{1}{\sqrt{1+\beta}} \tag{5.11}$$

结论3：存在自私性努力的约束机制时，地方政府的自私性努力水平与对所受的惩罚强度存在反向相关关系。即对自私性努力的惩罚强度越大，地方政府的自私性努力水平越低。

七、结论与政策建议

本书构建改进的多任务委托—代理模型，考察激励约束机制与地方政府供给保障房时付出的两种努力之间的关系。研究得到如下结论：其一，在保障房供给过程中，地方政府的合作性努力水平与其受到的激励强度正相关。其二，约束机制缺失时，地方政府的自私性努力水平不随外部性强度的变化而变化；存在有效惩罚机制时，自私性努力水平与受到的惩罚强度负相关。

有效规制地方政府行为，增加保障房有效供给，需要从两方面着手：

其一，通过激励机制提高地方政府的合作性努力水平。对地方政府而言，有效的激励机制包括财政激励和晋升激励。（1）在现行财政分权体制下，提高地方政府的财政分成比例，加大保障性安居工程专项转移支付，激励地方政府在保障房供给过程中实施合作性努力。（2）在中国现有政府治理架构下，地方官员越来越多地被认为是“政治人”而非“经济人”（乔坤元，2013）。从这个层面上说，晋升激励似乎比财政激励更有效。因而，提高地方政府的合作性努力水平，更需要完善地方官员晋升激励机制。通过完善地方官员政绩考核体系，将保障房供给水平、供给效果与政绩挂钩。同时，将辖区居民对保障房供给的满意程度通过同级人民代表大会集中后，纳入地方官员政绩考核体系之中。

其二，通过约束机制降低地方政府的自私性努力水平。（1）尽快出台住房保障法，明确各级政府的保障房供给责任，限制地方政府在保障房供给过程中的自利偏好。（2）不仅需要继续对保障房供给数量进行考核问责，而且要增加对保障房供给质量情况的考核问责。对保障房土地不落实、政策措施不到位、建设质量存在质疑地区的政府负责人进行约谈；对确实存在建设质量问题、保障房错配问题的地区，要视严重程度对其政府主要负责人进行相应的问责；对保障房供给公众满意度低的地区的官员政治晋升实行“一票否决制”。

第五节 农民工住房保障问题的根源剖析

对于农民工而言，不管是孤身一人在城市打拼还是举家搬迁城市生活，住房都是需要解决的重中之重。目前，农民工的住房问题通常通过三大种途径解决，即买房、租房以及单位提供住房。这三种途径并未有效解决农民工住房问题，那么，问题的根源何在呢？

一、农民工住房问题解决的困境

（一）购房面临的困境

1. 地产、房产价格暴涨，房地产行业泡沫巨大，社会中低阶层买房极其困难

在中国经济30多年飞速增长的过程中，进入21世纪，城镇化的巨变使得房地产行业蓬勃发展，由此带来的房价疯涨，“买房难”“住房难”已经成为现如今社会的核心矛盾之一。2003年国家发布了《国务院关于促进房地产市场持续健康发展的通知》，树立了房地产行业在我国经济发展中的支柱性地位。特别在一二线城市，“天价房”“天价地”层出不穷，房价地价一路飙升。根据各地统计局的数据，在进入2000年以来的十几年间，各地房价均翻数倍，特别是在北上广深等大中城市，房产均价已经增长不止十倍（见图5-12）。如今对于中高收入的人群来说，房价尚且难以承受，对于收入较低的农民工来说，在城市买房更像是一个“遥不可及”的梦想。

2. 农民工收入相对较低

除了遏制不住的高房价之外，由于部分农民工受教育程度低、职业技能偏低等原因，形成了农民工低收入、低社会地位、低声望的结果。根据2014年、2015年的农民工监测调查报告显示，2014年我国农民工月均收入为

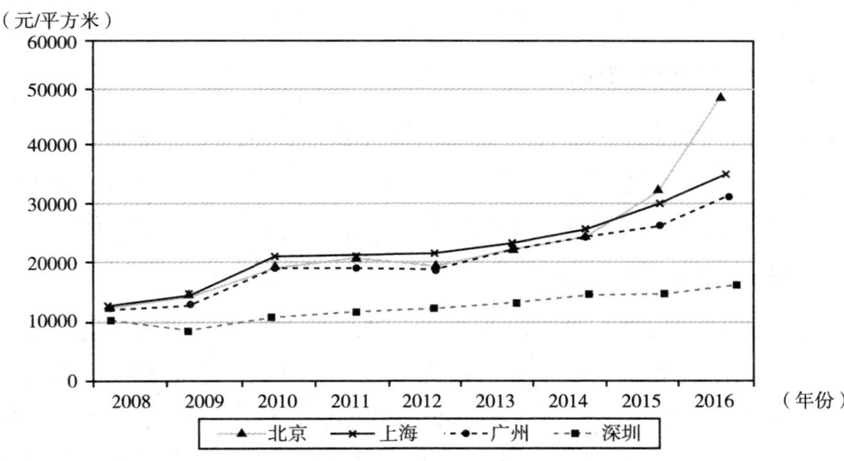

图 5－12　北上广深历年新建商品房均价走势

资料来源：北京市统计局、上海市统计局、广州市统计局、深圳市统计局。

2842 元，2015 年为 3032 元，自 2008 年以来收入稳步增长，但是明显低于全国城镇非私营单位平均工资（2014 年月均 4697 元，2015 年月均 5169 元）。且相较于商品房价格，农民工的收入完全无法满足于购房的需要。

3. 住房公积金没有真正落实帮助到农民工群体

1999 年，《住房公积金管理条例》在我国出台。住房公积金是一笔用于住房的专项储备金，储备金由所在单位和职工共同缴纳，这些储备金全部归职工所有，定向用于解决职工住房问题。国家机关企业、外商投资企业、私营企业等都需要为职工缴存长期住房储备金。根据我国住建部的相关统计，截至 2016 年，全国已有两亿多人加入了公积金制度，已经有超过一亿人通过住房公积金制度解决了自己的住房问题。可以说住房公积金是中国老百姓解决住房问题的关键所在。而早在 2007 年我国就第一次把农民工纳入公积金住房的保障体系，2008 年建设部等五部委印发了《关于改善农民工居住条件的指导意见》，首次提出要将农民工住房问题列入城市规划。但是在实际运行落实中我们发现，这个住房保障的措施对于促进农民工自主购房的能力有限，因为绝大部分农民工都没有加入住房公积金体系。一些企业因为农民工的“流动性强”等原因不给农民工缴存公积金，也由于部分农民工的法律意识不强，有些单位企业甚至没有和农民工签订劳动合同。除此之外，公积金制度的“逆向补贴”模式使得此项制度对于低收入的人群保障不力，更使得公积金制度对于农民工自主购房的推动作用微乎其微。

（二）租房面临的困境

在如今国内房地产产业蓬勃发展，房价飙升的情况下，买房对于中低收入人群简直是“天方夜谭”，同时也由于农民工高流动性的特点，租房成为如今农民工解决住房问题的主要途径之一。而农民工租房则有以下三个问题。

1. 中国传统住房观念影响

我国传统的住房观念由来已久，有一套房子成为广大老百姓为之奋斗一生的目标。目前，我国房屋自有率在70%以上，住房消费心理过于超前。主要体现在两个方面：首先，首次购房者年龄偏低。根据链家研究中心2010年的报告显示，发达国家首套房贷者年龄在30岁以上，其中德国和日本达到42岁。但是在北京，首套房贷者大多在25~30岁。而且在房价飙升的背景下，越来越多的人存在着恐慌的购房心理，买房增值成为如今各个家庭登上致富快车的“车票”，国民的购房需求提前释放。其次，我国商品房的单套面积较大，如今城市中个人使用住房面积在60~90平方米，普通一家三口住房需求通常在100~130平方米，相同的人口密度下我国住房平均面积远远大于日本、韩国和我国台湾地区等人口稠密地区的水平。拥有一套房产所带来的安全感使得大多数的国人热衷于买房，即便房价高升，也选择贷款买房。

2. 租房市场混乱，房租高昂，房屋租赁买卖双方市场不透明

相比较于我国发达的房地产市场，房屋租赁市场显得尤其混乱及落后，交易市场还是房地产市场的主角。特别是，二手房市场，导致房屋租赁市场的供应和需求不平衡，市场不规范等问题。同时买方卖方市场信息不对称，导致农民工群体想较快找到价格合适的房屋比较困难，一旦发生卖方道德风险问题，农民工则需承担较多损失。因此想租到合适的房屋对于农民工来说也是一件需要费心费力的事情。

3. 房屋租赁市场监管不足，亟待管理和发展

（1）相关部门对于管理房屋租赁市场动力不足。各地政府出台的与房屋租赁有关的法律法规层级低，没有相应规范的细则，导致在管理交易市场行为时有较大的局限，同时备案率低下，监管难以进行。

（2）我国财政分权制度影响。目前，我国政府实行五级管理制度，分别为中央、省、市、县以及乡镇。在分税制改革以后，我国省级以及省级以下

的行政管理层级在财政方面被赋予了很大的权力。在自 2003 年房地产行业井喷增长以来，地方政府成为房价上涨结果的最大受益人，土地出让金支撑着地方政府大部分的财政收入。因此对于各级政府而言，出让土地进行房产交易的开发管理，要比管理混乱的租房市场所得收益更大。

（三）供职单位提供住房时面临的困境

（1）单位盈利目的促使对农民工住房问题解决不到位。许多企业出于对经营成本的考虑对为农民工提供优质福利待遇的积极性不高，特别是需要依靠廉价劳动力的产业。虽然提供单位住房或者住房补贴能使得企业能招募以及留住较好的员工，但是由于农民工的高流动性，现在也只有部分效益较好的企业提供此种福利。此外，也有一些企业认为，农民工普遍在家乡拥有宅基地，对于在城镇购房的需求不强，因此没必要缴纳住房公积金。

（2）关于为农民工提供公积金的法规制度对于企业约束不强。目前，我国《住房公积金管理条例》还正在修订当中，农民工的住房公积金在一些地区尚未具体落实，对于未缴纳农民工公积金的企业单位的处理措施还是一片空白。这也给了部分企业不缴纳农民工公积金一条“合理”渠道。

二、农民工纳入住房保障问题的根源剖析

（一）政府部门在将农民工纳入住房保障体系问题上积极性不高

保障性住房建设的资金主要来源于国家预算内补助资金、中央专项资金等。就建造住房而言，这部分资金仅能满足 30% ~50% 的需求，剩下的就要地方政府出资，这对于大部分地方政府来说无疑是一笔巨大的投资。并且由于保障住房不能出售，这对于地方的 GDP 贡献较小。

（二）长期的城乡二元制度

由于我国特殊的国情以及长期以来以城市为中心的改革开放战略，形成了我国特有的城乡二元制社会结构，而农民工也是二元户籍制度下的产物。这是我国经济和社会发展中存在的一个严重阻碍，是城乡之间的户籍壁垒，它将城乡两部分居民分成了两种不同的社会身份，农村居民的生活水平落后于城市居民。因此，即使农民工进城，城乡差距仍然明显。并且由于二元制

结构带来的户籍制度差异，也使得农民工在城市难以安居。

（三）政府财政压力过大

根据常州市国民经济和社会发展统计公报，2016 年常州市财政收入增速变缓。全年完成一般公共预算收入 480.3 亿元，预算支出 505.5 亿元，其中社会保障方面支出 56 亿元。就全国来说，2016 年的赤字率相对于 2015 年有所上升，已经达到了 3%①。由此可见，不管是地方政府还是中央政府，在住房保障支出方面都面临着不小的财政压力。因此，这需要市场和政府相关部门互相配合。

（四）农民工没有足够的支付能力

从前面常州市农民工专题报告中农民工的收入来看，农民工年收入低于 5 万元的居多。除此以外，还有一组数据可以说明农民工没有足够的住房支付能力（见表 5－11）。

表 5－11　常州近五年的房价及农民工可支配收入

年份	房价（元/平方米）	年可支配收入（元）	买 80 平方米房子所需时间（年）
2012	6648	16766	34.89
2013	6820	18643	32.19
2014	7240	20133	31.65
2015	7540	21912	30.28
2016	8459	23780	31.30

资料来源：常州市统计信息网、常州市住房保障和房产管理局。

从表 5－11 我们可以看出，常州虽然经济发展很快，但近几年的房价相对来说是比较“温和”的，与周边的城市相比，性价比比较高。但即便如此，农民工收入依旧不高，要想买房，形势十分严峻。一间 80 平方米的房子，不算任何其他支出，将全年可支配收入全都用于买房，至少也要花上 30 年。根据常州市国土资源局传出的最新消息，2017 年常州将恢复正常供地，这也就意味着 2017 年的房价将大幅度上涨。虽然常州房价的总体基数不大，但对于支付能力有限的农民工来说，无疑是雪上加霜。他们本来就处于住房

① 资料来源：http：//www.gov.cn/zhuanti/2016lh/zfgongzuobaogao/index.htm。

消费链的末端，这会直接影响他们融入城市生活的进程。

（五）农民工的居住条件具有流动性

根据2017年常州市住房保障和房产管理局的最新规定，保障房的申请人必须取得本市城镇户籍时间满3年，且年满18周岁。这对于刚来城市的农民工来说，他们并没有被纳入保障住房体系内，在城市缺乏稳定的居住地。农民工在城市拥有稳定住所的很少，大部分都会选择租房或者职工宿舍。然而，初到城市，并不是每个人都能立马找到工作，有些农民工甚至会在多个城市之间辗转。因此，他们的居住地流动性相当大。他们的高流动性导致无法满足申请保障住房的条件，而反过来，正是因为无法拥有稳定的住所他们才选择流动，这需要在其中寻找到突破口，帮助农民工获得稳定的居住地。

（六）集中居住方式导致贫民窟的形成

如图5－13所示，政府在进行城市规划建设时，常常会将农民工这一集体划入一块单独的区域中。这样一来，就形成了农民工“小聚居”的居住模式，农民工与城市居民之间有了空间上的分化。长此以往，必然导致农民工心理上的自卑与不满，从而与城市居民产生隔离，衍生出新的贫困地带，成为被城市“遗忘的角落”，常州市也是如此。农民工往往聚集在常州市城郊乡村处，互相来往的也基本都是外来务工的农民工。

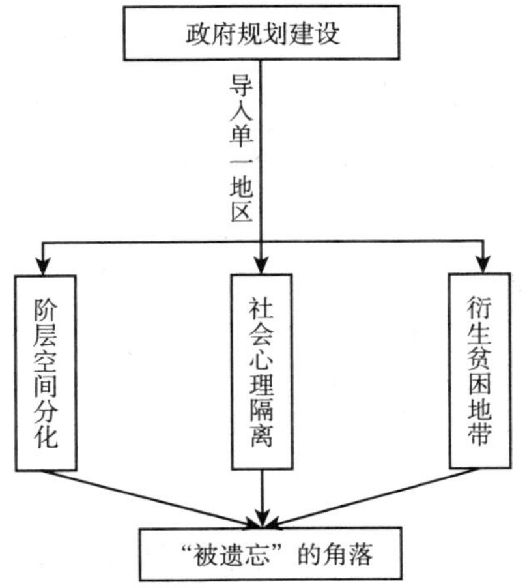

图5－13　集中居住方式引致贫民窟形成的逻辑

第六章　制度因素影响地方政府保障房实际供给的实证检验

——来自江苏各县（市、区）的证据

正如第三章第一节的论述，财政分权体制和政治治理机制影响保障房供给的内在机理和传导路径如下：在地方政府实际垄断城镇土地一级市场以及土地“招拍挂”出让制度下，获取巨额土地出让金以及房地产相关税收的财政激励促成了地方政府“重市场、轻保障”的倾向。对上负责制和以 GDP 为主的政绩考核机制等政治激励促成了地方政府过度追求经济增长的行为取向。供给保障房既难以给地方政府带来可观的经济利益，也难以给地方政府官员带来明显的政治利益，于是，保障房供给总量不足现象出现。

事实是否如我们的理论推理和逻辑判断需要数据上的支撑和经验上的检验。为此，我们通过构造 panel data 分析模型，运用 2008 ~ 2010 年江苏省 13 个省辖市所辖的 73 个县（县级市、市辖区）① 的面板数据，以地方政府保障房实际供给为被解释变量，以财政分权、政府竞争等为解释变量，以非农业人口密度、人口城市化水平、地方政府所属区域、地方政府类型为控制变量，构建线性模型分析财政分权和政府竞争等变量与供给总量之间的数量关系，并通过估计检验揭示其中的内在传导机制。

---

① 县（县级市、市辖区）级政府，以下简称为县（市、区）级政府。

第一节　模型设定、指标选取与数据说明

一、计量模型设定

借鉴张和邹（1998）、郑磊（2008）、傅勇（2010）等文献在研究财政分权、地方政府竞争对非经济性公共品供给的影响时所建立的模型，并结合本书第三章所提出的命题，我们建立了以下回归模型①：

$$AH_{i,t} = \alpha + \beta_1 \cdot FD_{i,t} + \beta_2 \cdot FDIshare_{i,t} + \gamma \cdot X_{i,t} + \varepsilon_{i,t} \qquad (6.1)$$

其中 i、t 分别表示省辖市所辖的县（市、区）级政府和年份；被解释变量 $AH_{i,t}$表示第 t 年第 i 个县（市、区）级政府保障房实际支出占地方一般预算支出的比重；$FD_{i,t}$表示第 t 年第 i 个县（市、区）级政府财政分权度；$FDIshare_{i,t}$表示第 t 年第 i 个县（市、区）级政府竞争度；$X_{i,t}$表示一组控制变量和其他解释变量，具体包括：财政自给率（$OWN_{i,t}$）、人口城市化率（$Non-agrPOP_{i,t}$）、非农业人口密度（$Density_{i,t}$）、人均地区生产总值（$PGDP_{i,t}$）以及人均地区生产总值（$PGDP_{i,t}$）的平方项；$\varepsilon_{i,t}$为残差项。

二、指标选取及经济含义

为检验上述理论分析，我们需要首先对相关变量进行设置，并对相关数据进行解释。根据本书的研究思路，我们设置的变量具体包括如下 13 个变量。

（一）被解释变量

被解释变量为地方政府保障房实际供给总量（AH），我们以第 i 个县（市、区）级政府在保障房上的实际支出金额占全省地方一般预算支出的比重（以下简称“保障房支出比重”）表示。

① 在本章第二节、第三节以及第四节中，均使用该模型进行相应的估计。

（二）关键解释变量

关键解释变量主要包括财政分权度（FD）、政府竞争度（FDIshare）。

1. 财政分权度（FD）= 县（市、区）级政府人均地方一般预算收入（支出）/省级政府人均地方一般预算收入（支出）

鉴于财政分权具有多维度的特征，选择单一指标无法反映财政分权的全部信息（龚锋等，2010），因此，通行的做法是选择很多指标加以度量（Bird，1986；Martinez-Vazquez and McNab，2003）。分权广泛采用下级政府拥有的财政收入和财政支出的份额表示。比如，张晏（2005）构建了12个财政分权指标（总量指标与人均指标各6个）、沈坤荣等（2005）构建了7个测度财政分权水平的指标，张晏、龚六堂（2005）以及傅勇（2010）均使用预算内收入、预算外收入、预算内支出、预算外支出四种财政分权指标。基于数据的可得性以及本书着重从支出结构方面考察财政分权对保障房支出的影响，本书采用地方一般预算支出指标，参照傅勇（2010）等学者的做法，本书也辅助性地采用了地方一般预算收入等财政收入分权指标。

具体而言，为了消除人口规模的影响，以县（市、区）级政府人均地方一般预算支出占省级政府人均地方一般预算支出的比重表示支出分权度 FD_{exp}。此外，选取了县（市、区）级政府人均地方一般预算收入占省级政府人均地方预算一般收入的比重表示收入分权度 FD_{rev}。由于在中国特有的财政分权下，财政分权度越大，地方政府的财政支出自由度越大，地方政府改变财政支出结构的激励越大，地方政府忽视低收入居民的保障房需求的可能性越大，因此，本书预期财政分权度对地方政府保障房实际供给量的影响为负。

2. 政府竞争度（FDIshare）= 县（市、区）实际利用外资金额/省实际利用外资金额

为了促进经济增长，地方政府之间展开了基于上级政府评价的“自上而下的标尺竞争”（张晏，2005）。外商直接投资因其具有生产性和流动性，而成为地方政府之间的最重要竞争对象。从既有文献看，不同研究衡量政府竞争度的指标不尽相同。傅勇、张晏（2007）以各地区外资企业的相对实际税率刻画地方政府竞争度，方红生、张军（2009）也采用以税收为基础的政府竞争指标。但是相对实际税率数据无法直接获取，需要估算、换算以及复杂的计算，且没有考虑出口退税、延长减免税优惠期限等对实际税率的影响。

张军等（2007）直接以地方政府实际利用的FDI作为代理变量，但是地方政府实际利用的FDI绝对数量并不完全代表其在全国的竞争力。郑磊（2008）以各省实际利用的FDI占当年全国实际利用FDI的比重衡量政府竞争度。林江等（2011）利用FDI/GDP来刻画地方政府参与标尺竞争的力度。由此可见，衡量政府竞争度的指标并不统一。

我们认为，郑磊（2008）选用的指标可以部分消除运用FDI绝对数量带来的弊端，同时也省去了将以美元标价FDI换算成以人民币标价FDI的计算过程。并且基于数据的可得性以及计算的简便性，本书采用县（市、区）级政府实际利用外资金额占全省实际利用外资金额的比重来刻画县（市、区）级政府竞争的努力程度。

（三）其他解释变量

1. 经济发展水平（PGDP与$PGDP^2$）

“瓦格纳定律”（Wagner's Law）认为，随着经济的发展，政府的公共支出也相应地不断增长。毛罗（Mauro，1998）研究发现，人均GDP对基本建设比重和科教文卫比重的影响可能是非线性的。傅勇等（2007）的研究也发现，PGDP对科教文卫支出份额的影响呈倒“U”型（联合显著正）。在经济发展水平比较低的地方，随着PGDP的提高，地方政府将增加科教文卫支出比重，减少基本建设支出比重，只有当经济发展水平超过相应的临界值后，PGDP高的地方才会加大基本建设支出比重、降低科教文卫支出比重（傅勇等，2007）。为了考察经济发展水平的差异是否对地方政府保障房支出比重产生了类似的影响以及本书研究使用的数据时间跨度为2008~2010年，因此，我们在计量模型中加入了以2007年不变价格换算后的PGDP及其平方项。

2. 财政自给率（OWN）

为了剔除税收努力等地方政府人为因素的影响，财政自给率的理想度量指标是标准财政收入与标准财政支出①的比值（贾俊雪等，2011）。但标准财政收支的测算需要大量基础性数据。基于前人（贾俊雪等，2011；林江等，

① 地方政府标准财政收入是根据各种客观因素测算各税种的标准收入，统一按照各税种的“实际税基”乘以“名义税率”的公式计算确定，反映了地方政府的潜在真实财力。地方政府标准财政支出同样是依据各种反映公共品需要和提供成本的客观因素加以测算，反映了地方政府的真实财政支出需要。

2011）的工作以及数据的可得性，本书研究采用县（市、区）级政府一般预算收入与一般预算支出的比值来度量地方政府财政自给率。该指标值越大，表明县（市、区）级政府财政自给能力越大，地方政府增加保障房实际供给总量的可能性越大。

3. 人口城镇化率（Non-agrPOP）

按照《廉租住房保障办法》和《经济适用住房管理办法》的规定，只有具备非农业户籍的低收入家庭才有资格申请廉租房或经济适用房，而农业户籍家庭则无资格申请保障房。因此，我们以非农业人口数占本地户籍总人口的比重表示人口城镇化率。一般认为，人口城镇化率越高的地区，非农业人口相对越多，低收入家庭也越多，保障房的实际供给数量应该越多。因此，本书预期该指标对保障房供给总量的影响为正。

4. 非农业人口密度（Density）

廉租房和经济适用房的保障对象均是城镇低收入家庭，因此，我们以非农业人口数/当地国土面积表示非农业人口密度。一般而言，一定国土面积上的非农业人口越多的地区，非农业人口中的低收入人口未必越多。因此，本书预期该指标对保障房供给总量的影响不确定。

5. 地区虚拟变量

不同地区的经济发展水平、地方政府财政能力、财政分权程度以及地方政府竞争程度不同，地方政府在保障房上的支出金额可能有很大的不同。因此，在控制变量中，我们加入了两个虚拟变量用于控制不同地区的地方政府保障房供给情况。按照惯常的划分标准，我们将江苏 13 个省辖市所辖的县（市、区）级政府所处的区域分为苏南（DS）地区、苏中地区（DM）和苏北地区（DN），处于本区域的政府被赋值为 1，处于其他区域的政府被赋值为 0。

6. 政府类型虚拟变量（ZFLX）

不同类型地方政府的财政能力、财政分权程度以及政府竞争程度不同，地方政府在保障房上的支出金额也可能有很大的不同。因此，在控制变量中，我们还加入了县级政府（XJ）与区级政府（QJ）两种表示政府类型的虚拟变量，用于控制不同类型地方政府的保障房供给情况。属于 13 个省辖市所辖的县（含县级市）级政府（XJ）的被赋值为 1，属于 13 个省辖市所辖的区级政府（QJ）的被赋值为 0。

三、数据来源及描述性统计

（一）数据来源及说明

中国地方政府包括省、市、县（县级市、市辖区）、乡（镇）政府四级。民众享受的基础教育、医疗卫生、社会保障等基本公共品主要是由县级政府提供的。就保障房而言，按照现有的财政支出责任划分办法，保障性安居工程属于地方事权，保障房的实际供给主体是县（市、区）级政府。因而，利用县（市、区）级面板数据研究县级政府的支出偏向、保障房有效供给不足产生的原因，对于增加保障房有效供给具有十分重要的意义。

1. 数据来源

目前，中国县（市、区）级政府的收入主要包括本级财政收入和来自上级财政的各种转移支付资金，还包括政府性基金（含土地出让收入）、社会保障缴费收入、纳入财政专户管理的预算外收入等。由于数据的可得性，我们没有考虑基金收入和预算外收入等收入，而主要讨论县（市、区）级财政的本级收入。这些收入是地方政府收入的主体，且相对透明，从中寻找财政分权、政府竞争等制度因素对保障房支出比重影响的证据是有代表性与合适的（尹恒等，2011）。

江苏省城乡与住房建设厅保障处编制的《江苏省住房保障目标任务完成情况表（2008～2010年）》，提供了50个县（含县级市）、10个单一辖区、13个混合辖区的2008年廉租房筹集套数与经济适用房竣工套数，2009年廉租房新增套数、廉租房补贴发放户数以及经济适用房新开工套数，2010年廉租房新增套数、廉租房补贴发放户数以及经济适用房新开工套数。

基于本书获得的保障房数据特征，本书使用2008～2010年江苏省73个县（市、区）级政府的面板数据，其中包括50个县（含县级市）①、13个省

① 50个县（含县级市）具体为：溧水县、高淳县、江阴市、宜兴市、丰县、沛县、睢宁县、新沂市、邳州市、溧阳市、金坛市、常熟市、张家港市、昆山市、吴江市、太仓市、海安县、如东县、启东县、如皋市、海门市、赣榆县、东海县、灌云县、灌南县、涟水县、洪泽县、盱眙县、金湖县、响水县、滨海县、阜宁县、射阳县、建湖县、东台县、大丰县、宝应县、仪征市、高邮市、江都市、丹阳市、扬中市、句容市、兴化市、靖江市、姜堰市、沭阳县、泗阳县、泗洪县。

辖市的其中 10 个单一辖区[①]以及 13 个省辖市的其中 13 个混合辖区[②]。

50 个县（含县级市）2008 ~ 2010 年的户籍总人口数、地方一般预算收入、地方一般预算支出、实际利用外资金额、地方生产总值、国土面积六项指标数据来自 2009 ~ 2011 年《江苏省统计年鉴》中的“市县经济”。10 个单一辖区 2008 ~ 2010 年的户籍总人口数、地方一般预算收入、地方一般预算支出、实际利用外资金额、地方生产总值、国土面积六项指标数据来自 2009 ~ 2011 年《宿迁市统计年鉴》中的“十三市市辖区对比”。而 13 个混合辖区的相应数据由作者根据 2009 ~ 2011 年《宿迁市统计年鉴》中的“十三个省辖市”及“十三市市辖区对比”中的相应数据自行计算而来。

50 个县（含县级市）的 2008 年“非农业人口”源自《中国城市发展报告（2010）》及《中国人口和就业统计年鉴（2009）》，2009 年相应数据源自《中国人口和就业统计年鉴（2010）》，2010 年相应数据源自《中华人民共和国全国分县市人口统计资料》。13 个混合辖区的“非农业人口”数据源自相应省辖市的统计年鉴或国民经济与社会发展统计公告。

2. 数据代表性的特别说明

尽管我们的研究只是针对江苏各县（市、区）的估计，但是，就江苏内部而言，经济发展水平差异较大，按照经济发展水平的强弱以及地理位置的不同，江苏可划分为苏南、苏中和苏北三个区域。苏南地理位置优越，经济相对较为发达；苏中地理位置和经济发展水平居于苏南与苏北之间；苏北地区禀赋较差，经济落后。苏南、苏中和苏北三个区域基本上是中国东部、中部、西部三大区域的微缩版，“窥一斑而知全豹”，从江苏各县（市、区）的估计情况大体上可以窥视全国的保障房支出缺口情况。因此，我们的估计结果具有一定的普适性，对其他省份县（市、区）而言，具有一定的借鉴意义。

---

① 13 个省辖市的 10 个单一辖区包括：南京市浦口区、南京市江宁区、南京市六合区、徐州市贾汪区、徐州市铜山区（2010 年之前为铜山县）、常州市武进区、南通市通州区（2009 年之前为通州县）、淮安市楚州区、淮安市淮阴区、宿迁市宿豫区。

② 13 个省辖市的 13 个混合辖区包括：南京市主城区（玄武、白下、秦淮、建邺、鼓楼、下关、栖霞、雨花）、无锡市区、徐州市主城区（除贾汪区、铜山区之外的辖区）、常州市其他辖区（除武进区之外）、苏州市区、南通市其他辖区（除通州区之外）、连云港市区、淮安市其他辖区（除楚州、淮阴之外）、盐城市区、扬州市区、镇江市区、泰州市区、宿迁市其他辖区（除宿豫区之外）。

（二）数据的统计性描述

主要变量的数据描述如表6－1所示。

表6－1　全部样本关键变量的描述性统计

变量		均值	最大值	最小值	标准差	观测值
被解释变量	AH	0.0273	0.1934	0.00003	0.0280	219
关键解释变量	FD_{rev}	0.6715	15.2700	0.0000	1.1428	219
	FD_{exp}	0.7968	4.5327	0.1065	0.8402	219
	FDIshare	0.0134	0.1391	0.0001	0.0201	219
控制变量	OWN	0.9980	2.6423	0.3119	0.4999	219
	Non-agrPOP	0.4600	1.0000	0.1624	0.1934	219
	Density	0.0412	0.4205	0.0066	0.0451	219
	PGDP	0.0021	0.1768	0.00007	0.0128	219
	$PGDP^2$	0.0002	0.0313	5.10E－09	0.0022	219

第二节　全样本回归

本节中，我们使用73个县（市、区）级政府2008～2010年的面板数据实证检验制度因素对地方政府保障房支出比重的影响。

一、估计结果

以下所列的估计结果均为固定效应模型的估计结果。

（一）支出分权度、政府竞争度对AH影响的估计结果

首先，为了考察支出分权度、政府竞争度、PGDP及其平方项四个变量对地方政府保障房支出比重的影响，我们估计了模型（6.1），估计结果见表6－2。模型（6.1）的估计结果显示，财政分权度（FD）的系数在1%的显著水平下为－0.0014。这意味着，财政分权度每增加1个单位，县（市、区）级政府保障房支出占县（市、区）级政府一般预算支出的比重（AH）

减少约0.14个百分点。政府竞争度（FDIshare）的系数在1%的显著水平下为-0.4437，即县（市、区）级政府竞争程度每增加1个单位，县（市、区）级政府保障房支出比重会减少约44.37个百分点。实际PGDP的系数在1%的显著水平下为3.5938，实际PGDP的平方项的系数在1%的显著水平下为-19.3327，这表明，经济发展水平与县（市、区）级政府保障房支出比重之间呈现倒“U”型关系，随着PGDP的提高，县（市、区）级政府将增加保障房支出比重；而当经济发展水平超过某一临界值后，随着PGDP的提高，县（市、区）级政府将逐步降低保障房支出比重，这一估计结果与傅勇等（2007）的研究结果是一致的。

表6-2　制度因素影响地方政府保障房支出比重的估计结果（支出分权度）

	被解释变量：地方政府保障房供给总量（AH）	
解释变量	（1）	（2）
FD_{exp}	-0.0014 *** （0.0002）	-0.0025 *** （0.0004）
FDIshare	-0.4437 *** （0.1378）	-0.7753 *** （0.1003）
OWN		0.0150 *** （0.0020）
Non-agrPOP		-0.0960 *** （0.0423）
Density		0.0230 ** （0.0631）
PGDP	3.5938 *** （0.0855）	5.1585 *** （0.2429）
$PGDP^2$	-19.3327 *** （0.2086）	-27.29 *** （1.8333）
α	0.0386 *** （0.0007）	-0.0826 *** （0.0216）
R^2	0.8356	0.9258
Adj R^2	0.7475	0.8835

注：各行中与解释变量对应的数字中上面的数字是回归系数，下面的数字是标准差，* 表示在10%水平上显著、** 表示在5%水平上显著、*** 表示在1%水平上显著。所有回归分析均利用EViews6.0统计分析软件，下表与之相同。

（二）引入其他解释变量后的估计结果

在表6－2中，我们在模型（6.1）的基础上引入了财政自给率、人口城镇化率以及非农业人口密度三个变量，再次对财政分权度以及政府竞争度对县（市、区）级政府保障房支出比重的影响进行检验。估计结果显示，财政分权度与政府竞争度的系数仍然显著为负，与未引入控制变量时相比，只是系数大小有细微差异。财政自给率的系数在1%的显著水平下为0.0150。人口城镇化率的系数在1%的显著水平下为负值。非农业人口密度的系数在5%的显著水平下为正值。实际PGDP的系数仍然显著为正值，实际PGDP平方项的系数仍然显著为负值，即经济发展水平与县（市、区）级政府保障房支出比重之间呈现倒“U”型的关系没有发生改变。

（三）基于收入分权度的稳健性检验

财政分权度的衡量指标不同，估计结果可能存在差异。基于此，我们用财政收入分权度替代支出分权度对上述模型进行稳健性检验。估计结果表明，收入分权度以及政府竞争度对县（市、区）级政府保障房支出比重影响的显著水平以及影响程度发生了细微的变化，但是影响方向没有发生改变（见表6－3），仍然存在负向影响。财政自给率的估计系数仍然为正。实际PGDP的估计系数仍然显著为正值，实际PGDP平方项的估计系数仍然显著为负值，即经济发展水平与县（市、区）级政府保障房支出比重之间呈现倒“U”型的关系也没有发生改变。

表6－3　制度因素影响地方政府保障房支出比重的估计结果（收入分权度）

解释变量	被解释变量：地方政府保障房供给总量（AH）	
	(1) FE	(2) FE
FD_{rev}	−0.0003* (0.0002)	−0.0025*** (0.0002)
FDIshare	−0.3297*** (0.1175)	−0.1310 (0.1237)
OWN		0.0149*** (0.0017)

续表

解释变量	被解释变量：地方政府保障房供给总量（AH）	
	(1) FE	(2) FE
Non-agrPOP		0.0926 *** (0.0082)
Density		0.0355 (0.0005)
PGDP	2.5426 *** (0.4673)	2.2035 *** (0.3310)
$PGDP^2$	-13.9575 ** (1.8896)	-9.8634 *** (1.8642)
α	0.0290 (0.0012)	-0.0150 ** (0.0075)
R^2	0.7284	0.8535
Adj R^2	0.5825	0.7696

二、估计结果解释

（一）财政分权显著降低了保障房支出比重

实证研究发现，财政分权并没有增加保障房的有效供给。相反，无论仅仅考察财政分权与政府竞争，还是引入其他解释变量，或者是替换衡量指标，财政分权对保障房支出比重的影响都是显著负向的。这一估计结果支持了我们的理论推断，一定程度上论证了“财政分权将导致地方政府公共支出偏向，为了增加预算内外收入，地方政府存在更大的激励支持房地产业发展或投资基础设施建设，而缺乏保障房有效供给的激励”这一命题。

（二）政府竞争显著且可观地降低了保障房支出比重

实证结果表明，无论仅仅考察财政分权与政府竞争，还是引入其他解释变量，政府竞争度对保障房支出比重都产生了显著的负向影响。由此可见，以经济相对绩效为考核标准的官员晋升机制导致地方政府之间展开“自上而下的标尺竞争”（张晏，2005），这种政府竞争对地方政府公共支出结构产生扭曲，对保障房支出比重产生了显著的负向影响。在控制了经济发展水平、地方财政状况等变量之后，政府竞争度对保障房支出比重仍然产生显著的负效应，并且这种负向影响非常可观。

政府竞争程度对保障房支出比重产生的负效应远远大于财政分权对保障房支出比重产生的负效应，相比之下，财政分权对保障房支出比重产生的负效应则微弱得多。换言之，财政分权带来的保障房支出比重下降程度并不大，县（市、区）级政府竞争或者分权下的政府竞争才是保障房供给不足的主要原因。这一结论支持了我们之前的理论推断，并一定程度上论证了“以GDP为主的政绩考核机制下，地方政府偏向任期内促进经济增长的公共支出，而弱化不能显著快速拉动GDP的保障房供给”这一命题。

（三）财政自给率的上升将显著增加保障房支出比重

与“财政自给率提高反而可能恶化公共品供给（World Bank，2006）”这一结论不同的是，在我们的回归中，财政自给率的上升将显著增加保障房支出比重。这一研究结果与其他学者（Arze del Granado，2003；郑磊，2008；傅勇，2010）研究基础教育或城市公共服务时得出的结论是一致的。这在一定程度上佐证了我们在理论分析时提及的“地方政府在保障房供给上存在着资金硬约束”的推断。

（四）经济发展水平与地方政府保障房支出比重之间呈现倒“U”型关系

随着PGDP的提高，县（市、区）级政府将增加保障房支出比重；而当经济发展水平超过某一临界值后，随着PGDP的提高，县（市、区）级政府将逐步降低保障房支出比重，这一估计结果与傅勇等（2007）的研究结果是一致的。这是否意味着保障房供给缺口随着经济发展水平的提高可以自行弥合？能不能由此说，现阶段的保障房支出比重偏低主要是经济发展水平所致？答案显然是否定的。我们的理由是，在长期中政府供给偏好更大程度上内生于经济发展的阶段、模式和路径，短期中则更多地表现为社会各方政治影响力通过现有公共决策机制来实现市场自愿交换所不能有效提供的商品或劳务的过程（汤玉刚等，2007）。因此，短期内，保障房供给缺口并不必然会随着经济发展水平的提高而自行弥合。

第三节　分区域考察

根据经济发展水平以及区域地理位置，江苏省 13 个省辖市所辖的县（市、区）可以划归为经济发展水平较高的苏南地区、经济发展水平一般的苏中地区和经济发展水平较低的苏北地区。处于不同区域的县（市、区）级政府在社会经济等方面存在较大的差异，因此，区别不同区域政府的保障房支出行为非常必要。

一、引入支出分权度与地区虚拟变量交互项的估计

为了考察财政分权对保障房支出比重影响的地区差异，我们在表 6－4 方程（1）、方程（2）中引入地区虚拟变量。因为地区虚拟变量不能直接进入固定效应模型，所以我们将财政分权度和地区虚拟变量的交互项引入模型，同时将政府竞争度、PGDP 及其平方项、财政自给率、人口城镇化率、非农人口密度也引入模型。回归结果表明，分权度与苏南地区虚拟变量系数为 0.0010；分权度与苏中地区虚拟变量系数为－0.1220；分权度与苏北地区虚拟变量系数为 0.0856。即财政分权度每增加 1 个单位，苏南地区的县（市、区）级政府保障房支出比重上升约 0.15 个百分点，苏中地区的县（市、区）级政府保障房支出比重下降 12.20 个百分点，苏北地区的县（市、区）级政府保障房支出比重上升约 8.56 个百分点（见表 6－4）。由此可见，财政分权度对保障房支出比重的影响存在地区差异。对苏中地区而言，财政分权度对地方政府保障房支出比重的影响仍然显著为负，但是对苏中与苏北地区政府保障房支出比重并没有产生负面影响。

表 6－4　财政分权影响地方政府保障房支出比重的估计：分区域考察（支出分权）

	被解释变量：地方政府保障房支出比重（AH_{it}）	
解释变量	（1）	（2）
$FD_{exp} \times DS$	0.0010 **	0.0025 ***
	（0.0005）	（0.0001）
$FD_{exp} \times DM$	－0.1220 ***	－0.0932 ***
	（0.0086）	（0.0080）

续表

	被解释变量：地方政府保障房支出比重（AH_{it}）	
解释变量	(1)	(2)
$FD_{exp} \times DN$	0.0856*** (0.0441)	0.0598*** (0.0077)
FDIshare	-0.5498*** (0.0783)	-1.1720*** (0.0213)
OWN		0.0160*** (0.0008)
Non-agrPOP		-0.0854*** (0.0116)
Density		-0.0216*** (0.0005)
PGDP	3.6502*** (0.0581)	5.0547*** (0.1079)
$PGDP^2$	-19.6304*** (0.3421)	-26.2526*** (0.6722)
α	-0.0013 (0.0123)	0.00254*** (0.0051)
R^2	0.8844	0.9059
Adj R^2	0.7732	0.8501

注：* 代表5%显著性水平；** 代表1%显著性水平；*** 代表0.1%显著性水平。

二、引入政府竞争度与地区虚拟变量交互项的估计

为了考察地方政府竞争对保障房支出比重影响的地区差异，我们在表6-5方程（1）、方程（2）中引入地区虚拟变量。因为地区虚拟变量不能直接进入固定效应模型，所以我们将政府竞争度和地区虚拟变量的交互项引入模型，同时将财政分权度、PGDP及其平方项、财政自给率、人口城镇化率、非农人口密度也引入模型。回归结果表明，政府竞争度与苏南地区虚拟变量系数为2.3062；分权度与苏中地区虚拟变量系数为-0.7440；分权度与苏北地区虚拟变量系数为-1.0252。即政府竞争度每增加1个单位，苏南地区的县（市、区）级政府保障房支出比重上升约231

个百分点，苏中地区的县（市、区）级政府保障房支出比重下降103个百分点，苏北地区的县（市、区）级政府保障房支出比重下降约74个百分点（见表6－5）。由此可见，政府竞争度对保障房支出比重的影响存在地区差异。对苏中地区与苏北地区而言，政府竞争度对地方政府保障房支出比重的影响仍然显著为负，但是对苏南地区政府保障房支出比重并没有产生负面影响。

表6－5　政府竞争影响地方政府保障房支出比重的估计：分区域考察

解释变量	被解释变量：地方政府保障房支出比重（AH_{it}）(1)	(2)
FD_{exp}	－0.0003 ** (0.0002)	－0.0050 *** (0.0002)
FDIshare × DS	2.3795 *** (0.8725)	2.3062 ** (0.9832)
FDIshare × DM	－1.6140 *** (0.5040)	－0.7440 ** (0.2889)
FDIshare × DN	0.8521 *** (0.3191)	－1.0252 *** (0.0544)
OWN		0.0103 *** (0.0010)
Non-agrPOP		0.1128 *** (0.0039)
Density		－0.0005 *** (0.00004)
PGDP	0.1691 (0.1598)	0.6933 *** (0.0792)
$PGDP^2$	－7.14E－11 (1.20E－10)	－1.02E－10 *** (1.14E－10)
R^2	0.8461	0.8191
Adj R^2	0.7600	0.7113

注：* 代表5%显著性水平；** 代表1%显著性水平；*** 代表0.1%显著性水平。

三、稳健性检验

（一）基于收入分权度

我们用财政收入分权度替代财政支出分权度对上述模型进行稳健性检验，以证明估计结果是否存在差异。估计结果表明，收入分权度以及政府竞争度对各区域地方政府保障房支出比重影响方向没有发生改变（见表6-6）。

表6-6　制度因素影响地方政府保障房支出比重的估计结果：分区域考察（收入分权）

	被解释变量：地方政府保障房支出比重（AH_{it}）	
解释变量	（1）	（2）
$FD_{rev} \times DS$	0.0005 ** （0.0002）	0.0021 *** （0.0002）
$FD_{rev} \times DM$	-0.0960 *** （0.0221）	-0.0987 *** （0.0122）
$FD_{rev} \times DN$	0.1379 *** （0.0330）	0.0874 *** （0.0015）
FDIshare	-0.2449 （0.1509）	-0.0578 （0.0648）
OWN		0.0158 *** （0.0004）
Non-agrPOP		0.067 *** （0.0083）
Density		-0.0217 *** （0.0008）
PGDP	2.7741 *** （0.3189）	2.1716 *** （0.3618）
$PGDP^2$	-14.8243 *** （1.1783）	-9.9023 *** （2.0506）
R^2	0.8039	0.8901
Adj R^2	0.6939	0.8246

注：* 代表5%显著性水平；** 代表1%显著性水平；*** 代表0.1%显著性水平。

（二）样本拆分

1. 财政分权度

为了进一步考察财政分权①、地方政府竞争对保障房支出比重影响的地区差异，本书将样本拆分为苏南地区②、苏中地区③与苏北地区④三个子样本。分地区考察，估计结果列示于表6－7中的方程（1）~方程(6）中，其中，方程（1)、方程（2）是苏南地区的估计结果，方程（3)、方程（4）是苏中地区的估计结果，方程（5)、方程（6）是苏北地区的估计结果。估计结果显示，将江苏各县（市、区）级政府所属区域进行区分后，各区域的财政分权对保障房支出比重的影响都是显著为负的，但是财政分权的系数差异较大。仅仅考察财政分权、政府竞争以及经济发展水平对地方政府保障房支出比重的影响时，苏中地区的财政分权系数为－0.0372；苏南地区的财政分权系数为0.0016；苏北地区的财政分权系数为0.1135。估计结果说明，财政分权度提高1个百分点，苏中地区的保障房支出比重下降约3.72个百分点，苏南地区的保障房支出上升约0.16个百分点，苏北地区的保障房支出比重上升约11.35个百分点（见表6－7)，这一估计结果与引入支出分权度与地区虚拟变量时的估计结果是一致的。由此可见，估计结果具有稳健性。

进一步引入财政自给率等其他解释变量或控制变量之后，各区域的财政分权对保障房支出比重的影响没有发生本质的变化。

表6－7　稳健性检验：样本拆分

被解释变量	保障房支出比重（I_{it}）					
	苏南地区		苏中地区		苏北地区	
	(1)	(2)	(3)	(4)	(5)	(6)
FD_{exp}	0.0016*** (0.0003)	0.0026 (0.0028)	－0.0372*** (0.0029)	－0.03890*** (0.0038)	0.1135*** (0.0393)	0.1551*** (0.0118)
FDIshare	－0.4013*** (0.0612)	－0.6748*** (0.2395)	－1.1883*** (0.2244)	－1.4304*** (0.2808)	2.6719 (2.2300)	－1.2272 (1.0351)

① 因为上面利用收入分权度估计的结果与利用支出分权度估计的结果没有本质上的区别，所以本部分及之后部分仅列示利用收入分权度估计的结果，不再列示利用支出分权度估计的结果。

② 包括南京、无锡、苏州、常州、镇江。

③ 包括南通、扬州、泰州。

④ 包括徐州、宿迁、连云港、淮安、盐城。

续表

被解释变量	保障房支出比重（I_{it}）					
	苏南地区		苏中地区		苏北地区	
	(1)	(2)	(3)	(4)	(5)	(6)
OWN		0.0156 * (0.0080)		0.0089 *** (0.0013)		0.0165 *** (0.0013)
Non-agrPOP		-0.0628 (0.0967)		0.2066 *** (0.0569)		-0.0120 (0.0119)
Density		-0.0148 (0.0269)		-2.5300 *** (0.8190)		-0.0252 *** (0.0031)
PGDP	3.3553 *** (0.1348)	5.1973 *** (0.3635)	9.4718 *** (0.5725)	5.8563 *** (1.1311)	1.9543 *** (0.1021)	2.1171 *** (0.5973)
$PGDP^2$	-10.0809 ** (4.2807)	-23.3863 *** (6.1646)	-934.1032 *** (176.3305)	-651.4794 * 249.5313	-10.0812 *** (0.5370)	-9.7373 *** (3.2841)
R^2	0.9608	0.5926	0.7705	0.7730	0.7637	0.9082
Adj R^2	0.9398	0.3607	0.6476	0.6437	0.6371	0.8560

注：常数项未列出，下同。

2. 政府竞争度

拆分样本之后，政府竞争度对地方政府保障房支出比重影响系数的估计结果列示于表6-7方程（1）~方程（6）中，其中，方程（1）、方程（2）是苏南地区的估计结果，方程（3）、方程（4）是苏中地区的估计结果，方程（5）、方程（6）是苏北地区的估计结果。估计结果显示，将江苏各县（市、区）级政府所属区域进行区分后，各区域的政府竞争度对保障房支出比重均产生了显著的负向影响，但影响程度不同。政府竞争度提高1个单位，苏中地区的保障房支出比重下降约143个百分点，苏北地区的保障房支出约123个百分点，苏南地区的保障房支出比重仅下降约67个百分点（见表6-7）。除了苏南地区之外，这一估计结果与引入政府竞争度与地区虚拟变量时的估计结果是一致的。由此可见，估计结果具有一定的稳健性。

四、估计结果解释

（一）财政分权度对保障房支出比重的影响存在地区差异

通过引入地区虚拟变量后发现，财政分权对苏中地区保障房支出比重产生了显著的负面影响，与之相反，财政分权对苏南地区和苏北地区保障房支出比重却产生了正向影响。为了检验估计结果的稳健性，我们使用苏南、苏中、苏北地区的分样本数据进行估计，估计结果表明，仍然只有苏中地区的财政分权系数为负。

出现如此估计结果的可能解释是：（1）苏中地区经济发展水平处在苏南地区和苏北地区之间，高于苏北地区，但低于苏南地区。苏中地区既希望奋力追赶苏南地区，又担心被苏北地区所赶超，促进经济增长的动力非常强，增加政治绩效压力非常大，因此，造就了苏中地区的县（市、区）政府热衷于促进 GDP 增长的公共投资、忽视保障房供给的偏向。这一研究结果与傅勇等（2007）、林江等（2011）的结论是吻合的。（2）经济发达地区的财政支出结构效率相对较高，服务型政府建设意愿相对更高，执政的公共性相对更明显（李永友，2011）。苏南经济发展水平相对较高，财政收入来源较多，对土地财政的依赖性没有那么大。在经济性公共品和非经济性公共品供给上更可能实施“不偏不倚”的均衡发展战略，公共投资与公共服务之间更接近于均衡点。（3）苏北地区经济落后，自然禀赋劣势，辖区内的竞争难以成功，容易破罐子破摔，放弃竞争（Cai and Treisman，2005）。同时，因为苏北地区经济发展水平相对较低，低收入家庭占比高，民生问题更加突出，来自上级政府的监管力度较大，所以，财政分权反而带来了苏北地区保障房支出比重的提升。

（二）政府竞争对保障房支出比重影响的地区差异

无论是通过引入地区虚拟变量进行估计，还是使用苏南、苏中、苏北地区的分样本数据进行估计，估计结果基本得出了所有地区的政府竞争系数均显著为负的结论。这与前面使用全样本得出的“财政分权对保障房支出比重的影响不大，地方政府竞争或者分权下的政府竞争才是保障房供给不足的最主要原因”是一致的。

在财政分权体制下，要想增加地方政府保障房有效供给，还需要依赖适宜的政府治理。“为增长而竞争”适用于苏南、苏中以及苏北地区。对上负责制和以GDP为主的政绩考核机制下，所有地区的地方政府均有强烈的激励发展地方经济，增加财政收入和促进经济增长，从而增加政治晋升的可能性。“为增长而竞争”下，公共支出的地方化非但没有促进保障房的有效供给，反而成为供给不足困境的制度根源。

第四节 分政府类型考察

本书所使用的县级层面的数据，可以详细地分为两种政府类型：省辖市的辖区政府（以下称为“区级政府”）与县（含县级市）级政府（以下称为“县级政府”）。虽然省辖市的辖区政府与县（含县级市）级政府的政府层级相同，但是两者在社会经济等方面存在较大的差异，由此自然地产生一个问题：两种类型的地方政府的保障房供给行为是否存在差异。

一、引入分权度和政府类型虚拟变量的交互项的估计

为了考察县级政府与区级政府的保障房供给行为差异，我们在表6－8方程（1）、方程（2）中引入政府类型虚拟变量考察财政分权产生的效应是否存在政府类型差异。政府类型虚拟变量不能直接进入固定效应模型，因此，我们将财政分权度和政府类型虚拟变量的交互项引入模型，同时将政府竞争度、PGDP及其平方项、财政自给率、人口城镇化率、非农人口密度也引入方程。回归结果表明，财政分权度增加1个单位，区级政府的保障房支出比重下降约0.37个百分点，县级政府的保障房支出比重下降约3.65个百分点（见表6－8）。

表 6-8　财政分权影响地方政府保障房支出比重的估计：分地方政府类型考察（将财政分权度和政府类型虚拟变量的交互项引入模型的估计结果）

	被解释变量：地方政府保障房支出比重（AH_{it}）	
解释变量	（1）	（2）
$FD_{exp} \times QJ$	-0.0002*** （0.0001）	-0.0037*** （0.0001）
$FD_{exp} \times XJ$	-0.0677* （0.0398）	-0.0365* （0.0398）
FDIshare	-0.4321*** （0.1706）	-0.4717*** （0.1706）
OWN		0.00923*** （0.0025）
Non-agrPOP		0.0989*** （0.0042）
Density		-0.0003*** （0.00002）
PGDP	0.1285 （0.1349）	0.5042*** （0.0277）
$PGDP^2$	-19.8872 （0.4496）	-15.4095 （1.7444）
R^2	0.7337	0.6656
Adj R^2	0.5947	0.4706

注：* 代表 5% 显著性水平；** 代表 1% 显著性水平；*** 代表 0.1% 显著性水平。

地方政府竞争对保障房支出比重的影响系数为 -0.4717。实际 PGDP 的系数仍然显著为正值，实际 PGDP 平方项的系数仍然为负值，但不再显著。

二、引入竞争度和政府类型虚拟变量的交互项的估计

我们将政府竞争度和政府类型虚拟变量的交互项引入模型，同时将财政分权度、PGDP 及其平方项、财政自给率、人口城镇化率、非农人口密度也引入方程。回归结果表明，政府竞争度增加 1 个单位，区级政府的保障房支

出比重下降约 9.69 个百分点，县级政府的保障房支出比重下降约 82.64 个百分点（见表 6-9）。

表 6-9 财政分权影响地方政府保障房支出比重的估计：分地方政府类型考察（将政府竞争度和政府类型虚拟变量的交互项引入模型的估计结果）

	被解释变量：地方政府保障房支出比重（AH_{it}）	
解释变量	(1)	(2)
FD_{exp}	-0.0013*** (0.0002)	-0.0022*** (0.0002)
FDIshare × QJ	-0.0470* (0.0244)	-0.0969*** (0.0057)
FDIshare × XJ	-0.5118*** (0.0203)	-0.8264*** (0.0902)
OWN		0.0148*** (0.0011)
Non-agrPOP		-0.0251 (0.0230)
Density		-0.0300*** (0.0052)
PGDP	3.6645*** (0.0505)	2.9650 (0.3948)
$PGDP^2$	-19.8872*** (0.4496)	-14.4095 (1.7224)
R^2	0.8337	0.8052
Adj R^2	0.7446	0.6920

注：* 代表 5% 显著性水平；** 代表 1% 显著性水平；*** 代表 0.1% 显著性水平。

财政分权对保障房支出比重的影响系数为 -0.0022。实际 PGDP 的系数仍然为正值，实际 PGDP 平方项的系数仍然为负值，但均不显著。

三、稳健性检验：拆分样本

为了进一步考察财政分权、不同类型地方政府之间的竞争对保障房支出比重的不同影响，本书将样本拆分为省辖市的辖区政府与县（含县级市）政府两个子样本进行估计。估计结果列示于表6－10中的方程（1）~方程（4）中，其中，方程（1）、方程（2）是省辖市的辖区政府的估计结果，方程（3）、方程（4）是县（含县级市）政府的估计结果。估计结果显示，财政分权度对区级政府与县级政府的保障房支出比重仍然均产生负向影响。财政分权度提高1个单位，区级政府的保障房支出比重下降约0.22个百分点，县级政府的保障房支出比重下降约5.75个百分点。政府竞争度提高1个单位，区级政府的保障房支出比重下降约2.74个百分点，县级政府的保障房支出比重下降约9.60个百分点（见表6－10）。

表6－10　　　　稳健性检验：拆分样本

被解释变量	保障房支出比重（I_{it}）			
	区级政府		县级政府	
	(1)	(2)	(3)	(4)
FD_{exp}	−0.0012***	−0.0022***	−0.0539***	−0.0575***
	(0.0001)	(0.0007)	(0.0203)	(0.0015)
FDIshare	−0.1635**	−0.0274**	−0.4757**	−0.0960***
	(0.0800)	(0.0132)	(0.2652)	(0.3413)
OWN		0.0213***		0.0151***
		(0.0056)		(0.0002)
Non-agrPOP		−0.0059		0.1047***
		(0.0938)		(0.0055)
Density		−0.0341***		−1.0200***
		(0.0432)		0.0044
PGDP	3.5409***	2.2107**	15.7066***	5.6983***
	(0.0401)	(0.9292)	(1.4861)	(0.0287)
$PGDP^2$	−19.0786***	−9.9644*	−1763.683***	−263.1713*
	(0.6969)	(5.3406)	(134.4485)	(140.7776)
R^2	0.8162	0.7512	0.8397	0.9261
Adj R^2	0.7178	0.6095	0.7539	0.8841

注：*代表5%显著性水平；**代表1%显著性水平；***代表0.1%显著性水平。

进一步引入财政自给率等其他解释变量或控制变量之后，财政分权以及政府竞争对不同类型政府的保障房支出比重的影响没有发生本质的变化。

四、估计结果解释

无论是通过引入政府类型虚拟变量进行估计，还是使用区级政府和县（含县级市）级政府的分样本数据进行估计，估计结果均表明，所有县（市、区）的财政分权度系数以及政府竞争度系数均显著为负，但是，与区级政府相比，无论财政分权还是政府竞争，均对县（含县级市）级政府保障房供给的负向影响更大。

可能的解释是，区级政府与县（含县级市）级政府虽然所处的政府层级相同，但是两者在政府职能等方面存在较大的不同，两种类型政府的行为目标函数也会存在一定差异。

其一，与县（含县级市）级政府相比，区级政府职能不完善，缺乏发展辖区经济的相应手段。如有些市规定凡引进的生产型1000万美元、非生产型500万美元以下的“三资”企业由区里审批。但在具体工作中，由于相应的许可证、代码证等权限并没有同时下放到区里，使得上述审批权限形同虚设（颜昌武，2008）。

其二，与县（含县级市）级政府相比，区级政府的有限独立性和高度依存性，决定了区级政府在竞争中资源动员能力明显弱于县（含县级市）级政府。例如，县（含县级市）级政府在土地资源利用方面具有明显的自主性，而区级政府缺乏自主性，必须严格按照省辖市规定的“城区土地开发利用年度计划”组织实施（颜昌武，2008）。因此，县（含县级市）级政府之间可以展开更加激烈的竞争，更具备发展经济的冲动和现实条件，对保障房支出比重产生更大的负面影响，即县级层面的保障房有效供给不足问题更加严重。

第五节　分保障房类型考察

2010年之前，保障房主要包括廉租房和经济适用房两种类型，廉租房属于租赁型保障房，经济适用房属于购买型保障房。政府在廉租房上的支出采取的是政府财政支出的直接补贴方式，在经济适用房上的支出采用的是政府减免税费的间接补贴方式。地方政府对两种类型的保障房是否存在供给偏好？

为此，本书构造了以下两个检验模型：第一个模型以地方政府廉租房的实际支出占地方政府预算内支出的比例作为被解释变量，考察关键解释变量财政分权、政府竞争对廉租房支出比重的影响。第二个模型以地方政府经济适用房的实际支出占地方政府预算内支出的比例作为被解释变量，考察关键解释变量财政分权、政府竞争对经济适用房支出比重的影响。目的在于考察地方政府对不同类型的保障房是否产生了偏向，地方政府更偏好于供给廉租房还是经济适用房，抑或是没有偏向。

一、财政分权、政府竞争对廉租房供给影响的估计结果

（一）模型设定、指标选取与数据说明

与研究制度因素对保障房支出比重的影响时相同，我们设定的回归模型如下：

$$LRH_{i,t} = \alpha + \beta_1 \cdot FD_{i,t} + \beta_2 \cdot FDIshare_{i,t} + \gamma \cdot X_{i,t} + \varepsilon_{i,t} \qquad (6.2)$$

其中，以地方政府廉租房的实际支出金额占地方政府一般预算支出的比重（以下简称廉租房支出比重）（LRH）作为被解释变量，以财政支出分权度（FD_{exp}）、政府竞争度（FDIshare）作为关键解释变量，同时引入如下几个控制变量或其他解释变量：财政自给率、人口城镇化率、非农业人口密度、实际 PGDP 及其平方项。

廉租房的实际支出金额的计算过程为：运用江苏省城乡与住房建设厅住房保障处编制的《江苏省住房保障目标任务完成情况表（2008～2010）》提供的 50 个县（含县级市）①、10 个单一辖区、13 个混合辖区的 2008～2010 年廉租房新增套数与廉租房补贴发放户数，乘以各区县廉租房每户补贴金额，加总得到每年廉租房的实际支出金额。其余数据来源同本章第二节。

（二）估计结果

仅仅考察财政分权、政府竞争以及经济发展水平时的回归结果表明，支出分权度对廉租房支出比重产生了 5% 以下显著水平下的负向影响，影响系

① 与本章第一节相同。

数为 -0.00005。政府竞争度对廉租房支出比重产生了 1% 以下显著水平下的负向影响，影响系数为 -0.0187（见表 6-11，方程（1））。即支出分权度每增加 1 个单位，廉租房支出比重下降约 0.005 个百分点；政府竞争度每增加 1 个单位，廉租房支出比重下降约 1.87 个百分点。

引入其他解释变量或控制变量后，支出分权度对廉租房支出比重仍然产生了 5% 以下显著水平下的负向影响，只是影响程度发生了细微的变化。政府竞争度对廉租房支出比重仍然产生了负向影响，只是不再显著（见表 6-11，方程（2））。即支出分权度每增加 1 个单位，廉租房支出比重下降约 0.08 个百分点；政府竞争度每增加 1 个单位，廉租房支出比重下降约 0.60 个百分点。

表 6-11　对廉租房支出比重影响因素的估计结果

	被解释变量：地方政府廉租房支出比重（LRH）	
解释变量	（1）	（2）
FD_{exp}	-0.00005** (0.00002)	-0.00008** (0.00003)
FDIshare	-0.0187*** (0.0030)	-0.0060 (0.0066)
OWN		0.0005*** (0.00008)
Non-agrPOP		0.0015*** (0.0001)
Density		-0.0002 (0.0002)
PGDP	0.0669*** (0.0239)	0.0407 (0.0289)
$PGDP^2$	-0.3558*** (0.1263)	-0.1986 (0.1525)
R^2	0.8060	0.8524
Adj R^2	0.7021	0.7685

注：* 代表 5% 显著性水平；** 代表 1% 显著性水平；*** 代表 0.1% 显著性水平。

二、财政分权、政府竞争对经济适用房供给影响估计结果

（一）模型设定、指标选取与数据说明

与研究制度因素对保障房支出比重的影响时相同，我们设定的回归模型如下：

$$JSH_{i,t} = \alpha + \beta_1 \cdot FD_{i,t} + \beta_2 \cdot FDIshare_{i,t} + \gamma \cdot X_{i,t} + \varepsilon_{i,t} \quad (6.3)$$

其中，以地方政府经济适用房的实际支出金额占地方政府一般预算支出的比重（以下简称经济适用房支出比重）（JSH）作为被解释变量，以财政支出分权度（FD_{exp}）、政府竞争度（FDIshare）作为关键解释变量，同时引入如下几个控制变量或其他解释变量：财政自给率、人口城镇化率、非农业人口密度、实际 PGDP 及其平方项。

经济适用房的实际支出金额的计算过程同第三章。其余数据来源同本章第二节。

（二）估计结果

仅仅考察财政分权、政府竞争以及经济发展水平时的回归结果表明，支出分权度对经济适用房支出比重产生了 1% 以下显著水平下的负向影响，影响系数为 -0.0013。政府竞争度对廉租房支出比重产生了 1% 以下显著水平下的负向影响，影响系数为 -0.0729（见表 6-12，方程（1））。即支出分权度每增加 1 个单位，廉租房支出比重下降约 1.3 个百分点；政府竞争度每增加 1 个单位，经济适用房支出比重下降约 7.29 个百分点。

表 6-12　对经济适用房支出比重影响因素的估计结果

	被解释变量：地方政府廉租房经济适用房支出比重（JSH）	
解释变量	（1）	（2）
FD_{exp}	-0.0013*** （6.69E-05）	-0.0013*** （0.0003）
FDIshare	-0.0729*** （0.0078）	-0.0955*** （0.0091）

续表

	被解释变量：地方政府廉租房经济适用房支出比重（JSH）	
解释变量	(1)	(2)
OWN		0.0132 *** (0.0026)
Non-agrPOP		-0.0943 *** (0.0324)
Density		-0.0231 *** (0.0063)
PGDP	3.4789 *** (0.0531)	0.3513 *** (0.4145)
$PGDP^2$	-19.0074 *** (0.4671)	-18.1117 *** (2.3435)
R^2	0.9227	0.9042
Adj R^2	0.8813	0.8498

注：* 代表5%显著性水平；** 代表1%显著性水平；*** 代表0.1%显著性水平。

引入其他解释变量或控制变量后，支出分权度对经济适用房支出比重仍然产生了1%以下显著水平下的负向影响，只是影响程度发生了细微变化。政府竞争度对经济适用房支出比重仍然产生了1%以下显著水平下的负向影响，同样是影响程度发生了细微变化（见表6-12，方程（2））。即支出分权度每增加1个单位，廉租房支出比重下降约0.13个百分点；政府竞争度每增加1个单位，廉租房支出比重下降约9.55个百分点。

三、估计结果解释

财政分权度的提高带来的经济适用房支出比重下降程度大于廉租房支出比重下降程度，换言之，随着财政分权度的提高，经济适用房支出比重下降的程度更大。政府竞争度对经济适用房和廉租房的影响相同。

（一）估计结果与现实情况相吻合

事实的确如此。2011年5月24日，中国指数研究院发布的《2011年保障房白皮书》报告显示，1999年，经济适用房占商品住宅的比重达16.6%，是历史最高点。从2001年至2010年的10年间，随着普通商品住宅的快速发展，经济适用房的投资额度占全部住宅投资的比重整体上呈下降趋势，2010年降至3.1%，创历年新低（见图6-1）。

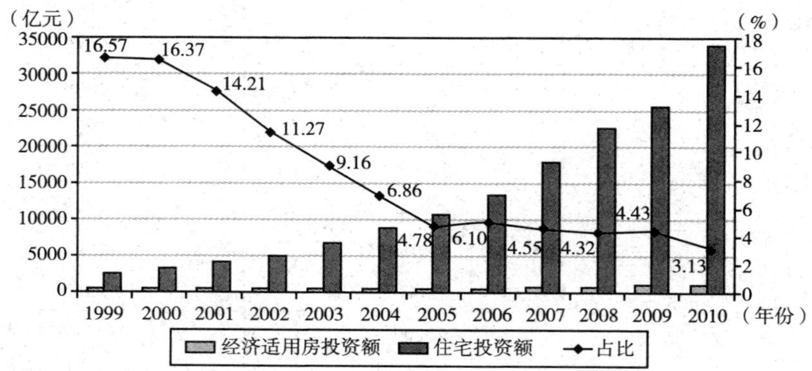

图6-1 1999~2010年我国住宅及经济适用房投资额

资料来源：CREIS中指数据、fdc. soufun. com。

就全国经济适用房投资额增长率而言，2000~2006年平均为34.21%，2007~2009年平均约为15%，但是2010年快速降至5.88%。就新开工面积而言，2006年同比增长24.63%，而2009年同比下降4.75%，2010年同比下降8.05%（见图6-2）。

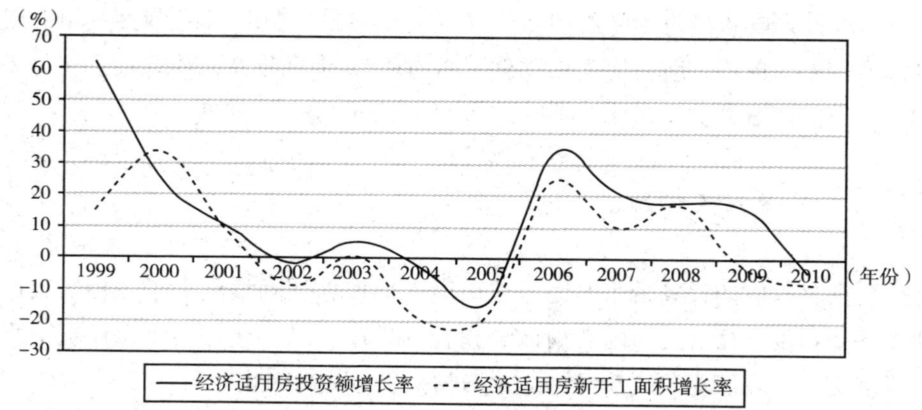

图6-2 1999~2010年我国经济适用房投资额及新开工面积增长率

资料来源：CREIS中指数据、fdc. soufun. com。

由此可见，地方政府缺乏供给经济适用房的激励是客观存在的。

（二）结果解释

可能的解释可以总结为以下两点。

1. 与廉租房相比，供给经济适用房需要地方政府投入更加巨额的资金

经济适用房是国家采取减免有关税费，给予用地、计划、规划、建设、资金等方面的政策扶持以使其售价明显低于普通商品住宅价格的保障性住房。地方政府供给经济适用房的代价是土地出让金和有关税费的减少，相当于地方政府在经济适用房上支付了高额补贴。

政府在经济适用房上的补贴到底有多高？因为只有经济适用住房的开发商能够获得同其他商品住宅开发商基本同等的资本回报，开发商才有动力开发经济适用房（否则他们不会参与经济适用住房开发）。因此，可以使用扣除经济适用房的普通商品住宅的平均售价与经济适用住房的平均售价差额，间接计算政府在经济适用房上的土地投入和税费减免金额。

运用姜万军的计算公式①，1999～2010 年，全国以土地划拨和税费减免形式用于经济适用住房的补贴价值为 6035 亿元（见表 6－13）。这相当于同期国家财政用于武装警察总支出的 3 倍。由此可见，供给经济适用房需要地方政府的资金投入相当可观。

表 6－13　　地方政府在经济适用房上的投入金额

年份	扣除经济适用房的商品住宅均价（元/平方米）	经济适用房平均售价（元/平方米）	经济适用房销售面积（万平方米）	政府补贴金额（亿元）
1999	2147	1093	2704	285
2000	2337	1202	3762	427
2001	2369	1240	4412	454
2002	2380	1283	4402	439
2003	2422	1380	4201	419
2004	2694	1482	3259	395
2005	3035	1655	3203	442
2006	3216	1729	3336	496

① 商品住宅（扣除经济适用住房）平均售价 =（商品住宅总销售额 - 经济适用住房总销售额）/扣除经济适用住房的商品住宅销售面积；政府补贴价值（实物形式的补贴）= 经济适用住房销售面积 ×（扣除经济适用住房的商品住宅平均售价 - 经济适用住房平均售价）。

续表

年份	扣除经济适用房的商品住宅均价（元/平方米）	经济适用房平均售价（元/平方米）	经济适用房销售面积（万平方米）	政府补贴金额（亿元）
2007	3741	1754	3508	697
2008	3684	1929	3630	637
2009	4509	2134	3057	726
2010	4738	2495	2751	617

资料来源：《中国统计年鉴（2011）》。

2. 制度缺陷致使投入不能循环使用，重复投入进一步加重了地方政府的财政负担

从公共资源占有的角度考虑，通过政府直接或间接的补贴，一部分由全体国民创造的财富转移到中低收入人群的住房消费中，本质上是国民财富再分配的一种方式。为了减少不必要的政府财务负担，对于作为稀缺公共资源的经济适用房，应当对其使用者的范围进行标准划定。这一划定标准应是动态的，对于超出支持标准的情况如不及时有效地退出，而是任其继续低代价占有，就会形成新的不公平，从而增加社会负担。

《经济适用住房管理办法》规定，经济适用房的退出办法有两种：政府回购和上市交易。但实际执行中，各地采用政府回购形式的较少，大都采用直接上市形式，使经济适用房丧失了多次循环使用的机会，增加了地方政府的供给负担。此外，经济适用房的购买者在上市交易时掌握着上市时间、成交价格等话语权，导致地方政府难以分享应得的收益份额，导致财政资源流失严重。

总之，与廉租房相比，经济适用房建设不但无法享受中央财政补贴，而且还要“暗补”巨额资金。因而，在财政分权和政府竞争相结合的中国式分权下，地方政府有激励将资金和土地用于能够带来财政收入增加和 GDP 增长之处，而在保障房供给上缺乏应有的激励，对经济适用房的供给偏好更低。

第七章　隐瞒信息、寻租与保障房错配

2007 年底以来，保障房建设数量突飞猛进，但是部分保障房并未瞄准目标家庭。部分不符合条件家庭通过隐瞒家庭信息或寻租等方式①享用了保障房，“不应进却进”“应退却未退”等保障房错配问题逐渐凸显。李克强总理（2011）认为，确保分配公平是大规模实施保障性安居工程的“生命线”。如果该保障的“落了空”，不该保障的“搭便车”，就会导致住房保障政策失效，甚至造成新的不公和社会矛盾。换言之，保障房配置效率的高低关系到保障房供给能否实现良性循环、能否实现预期的政策效果，甚至关系到能否实现社会公平正义与和谐稳定。因此，避免受益主体错位，保证保障房公平分配，具有重要的现实意义。

审计署及部分省审计厅发布的保障性安居工程审计结果表明，部分不符合条件家庭“不应进却进”“应退却未退”保障房，造成了部分保障房错配。在上述典型事实的基础上，厘清造成保障房错配的各影响因素，进而构建不符合条件家庭与保障房分配政策执行者之间的博弈模型进行不对称信息静态博弈分析，求解不符合条件家庭隐瞒信息或寻租行为与影响因素之间的定量关系。研究结果表明，$(1-P)R-PF_1\geqslant 0$ 时，隐瞒信息或寻租行为是家庭的占优策略；当 $(1-P)R-PF_1<0$，$PA-(1-P)F_2-C\geqslant(1-p_1)S-F_2$ 时，家庭隐瞒信息或寻租的概率为$\frac{C}{P(A+F_2)-(1-p_1)S}$。因此，为了提高保障房的配置效率，需要提高监管精准度、降低监管成本、加大处罚力度、压缩保障房利润空间等。

① 有些家庭通过向保障房分配政策执行者寻租的方式错享了保障房，而有些家庭并未寻租而单纯使用隐瞒信息的方式同样错享了保障房。换言之，保障房错配现象要么通过隐瞒信息的方式，要么通过寻租的方式，两种方式属于并存关系。因而，下面统一使用“隐瞒信息或寻租方式”这一说法。

第一节 保障房配置效率的影响因素分析

为什么不符合条件家庭能够成功申请保障房、不再符合保障条件家庭能够继续享用保障房呢？一般而言，不符合条件家庭享用保障房，不外乎两种情况：一是不符合家庭隐瞒信息或寻租；二是保障房分配政策执行者疏于监管。不符合条件家庭隐瞒信息或寻租带给其一定的或有收益，同时也带给其一定的成本。保障房分配政策执行者偷懒也会同时带来或有收益以及成本。因此，一些因素通过影响家庭或政策执行者的收益及成本，进而影响家庭隐瞒信息或寻租行为以及政策执行者行为，最终影响保障房配置效率。

一、影响家庭行为的因素

对不符合条件家庭而言，享用保障房的途径不外乎两种，一是不符合条件家庭隐瞒真实信息；二是不符合条件家庭向政策执行者寻租。不符合条件家庭选择隐瞒信息还是真实显示信息，选择寻租还是不寻租，取决于以下几个方面的因素：其一，家庭成功隐瞒信息或寻租而获得的净收益。净收益的多少主要取决于商品住房购买价格或租赁价格与保障房相应价格之间的差价、隐瞒材料的成本，或者寻租成本等因素。其二，隐瞒信息的成功概率与隐瞒信息被发现的概率。成功概率越大，家庭选择隐瞒信息的可能性就越大。反之，被发现的概率越大，家庭选择隐瞒信息的可能性越小。其三，家庭隐瞒信息或寻租被发现后受到的罚金。罚金越多，家庭选择隐瞒信息的可能性越小。其四，寻租成本。寻租成本越大，家庭付出的代价越大，家庭选择隐瞒信息的可能性越小。

二、影响政策执行者行为的因素

保障房分配政策执行者的行为取向取决于其受到的激励与约束。具体而言，保障房政策执行者选择严格监管还是偷懒，选择收取寻租租金还是不收取寻租租金，取决于以下几个方面的因素：其一，政策执行者发现隐瞒信息而获得的奖励。奖励力度越大，政策执行者采取积极行为的可能性越大。其二，可能获得的租金。租金额度越大，政策执行者采取积极行为的可能性越大。其三，未发现隐瞒信息而被问责的罚金。惩罚力度越大，政策执行者采取积极行为的可能性越小。其四，严格监管成本。监管成本越大，政策执行者采取积极行为的可能性越小。

第二节 家庭与政府间博弈的一般均衡分析

如上所述，不符合条件家庭、政策执行者的行为取向取决于各自受到的激励与约束。一些因素激励不符合条件家庭或政策执行者采取积极行为，做出增加保障房配置效率的行为，也存在一些因素约束不符合条件家庭或政策执行者的积极行为，做出不利于保障房配置效率增加的行为。同样的道理，不符合条件家庭或政策执行者采取消极行为的激励或约束因素同时存在。各个因素的共同作用，以及不符合条件家庭与保障房分配政策执行者之间的博弈行为共同决定了两者的最终行为取向，进而决定了保障房的配置效率。

一、博弈模型构建

不符合条件家庭与保障房分配政策执行者之间的博弈属于不对称信息静态博弈。我们把不符合条件家庭设定为博弈方 1，把保障房分配政策执行者设定为博弈方 2，博弈双方均拥有两个可供选择的策略。博弈方 1 的可供选择策略为：隐瞒信息或寻租；真实显示信息且不寻租。博弈方 2 的可供选择策略为：严格监管；偷懒。

假设博弈双方都是完全理性的，即家庭及保障房分配政策执行者均为“经济人”，其行为目标均为净收益最大化，其通过对比分析收益成本进行有利于自我的决策。假定家庭成功隐瞒信息或寻租而获得的净收益用 R 表示；家庭隐瞒信息被发现的罚金为 F_1；寻租成本为 S；地方政府发现隐瞒信息的奖励为 A；可能获得的寻租租金为 S；未发现隐瞒信息而被问责的罚金 F_2；严格监管成本 C；政策执行者严格监管时家庭成功隐瞒信息或寻租的概率为 $1-P$，隐瞒信息被发现的概率为 P；不符合条件家庭为了得到保障房采用隐瞒信息方式的概率为 p，采用寻租方式的概率为 $1-p$。通常情况下，$F_1>0$，$C>0$，$R>0$，$F_2 \geqslant O$。那么，存在以下四种得益情形。

第一种情形：家庭隐瞒信息或寻租却被严格监管时，家庭的得益为 $(1-P)R-PF_1$，政策执行者的得益为 $PA-(1-P)F_2-C$。

第二种情形：家庭隐瞒信息或寻租，政策执行者偷懒时，家庭的得益为 R，政府的得益为 $(1-p_1)S-F_2$。

第三种情形：家庭真实显示信息且不寻租，但政策执行者严格监管时，家庭的得益为0，政策执行者的得益为 $-C$。

第四种情形：家庭真实显示信息且不寻租，但政策执行者偷懒时，家庭的得益为0，政府的得益为0。

由此得到纯策略组合的得益矩阵（见表7-1），在表7-1的得益矩阵中，四组得益数字组合的前一个数字均为不符合条件家庭的得益，后一个数字均为保障房分配政策执行者的得益。

表7-1　　家庭与政府间博弈的得益矩阵

		政府	
		严格监管	偷懒
家庭	隐瞒信息（或寻租）	$(1-P)R-PF_1$，$PA-(1-P)F_2-C$	R，$(1-p_1)S-F_2$
	真实显示信息且不寻租	0，$-C$	0，0

二、博弈模型求解

为了方便以下分析，假定博弈双方风险中性。该博弈结果存在如下几种均衡解。

（1）当 $(1-P)R-PF_1\geqslant 0$，$PA-(1-P)F_2-C\geqslant(1-p_1)S-F_2$ 时，不符合条件家庭选择隐瞒信息或寻租是其博弈的占优策略，保障房分配政策执行者做出严格监管的策略是其占优策略。此种情形下存在唯一的纯策略纳什均衡解（隐瞒信息或寻租，严格监管）。

（2）当 $(1-P)R-PF_1\geqslant 0$，$PA-(1-P)F_2-C<(1-p_1)S-F_2$ 时，家庭有占优策略即隐瞒信息或寻租，政策执行者有占优策略即偷懒，该博弈有唯一的纯策略纳什均衡（隐瞒信息或寻租，偷懒）。

（3）当 $(1-P)R-PF_1<0$，$PA-(1-P)F_2-C<(1-p_1)S-F_2$ 时，政策执行者（博弈方2）有占优策略即偷懒，家庭有占优策略即隐瞒信息或寻租，从而该博弈有唯一的纯策略纳什均衡（隐瞒信息或寻租，偷懒）。

（4）当 $(1-P)R-PF_1<0$，$PA-(1-P)F_2-C\geqslant(1-p_1)S-F_2$ 时，博弈方 2 如果选择严格监管策略，则家庭选择真实显示信息且不寻租是其占优策略；若博弈方 1 选择真实显示信息且不寻租，则博弈方 2 的最优策略是偷懒；若博弈方 2 选择偷懒，则博弈方 1 的最优策略是选择隐瞒信息或寻租；给定博弈方 1 选择隐瞒信息或寻租，则博弈方 2 的最优策略是选择严格监管；如此循环往复下去，因而纯策略纳什均衡解并不存在。此时，混合策略纳什均衡解是否存在呢？下面对其进行继续考察。

设 t 为家庭隐瞒信息或寻租的概率，$1-t$ 为家庭真实显示信息且不寻租的概率。给定 t，政策执行者严格监管的期望得益为：$t\times[PA-(1-P)F_2-C]+(1-t)\times(-C)$，政策执行者偷懒的期望得益为：$t\times[(1-p_1)S-F_2]$。

令 $t\times[PA-(1-P)F_2-C]+(1-t)\times(-C)=t\times[(1-p_1)S-F_2]$

解之得：
$$t^{*}=\frac{C}{P(A+F_2)-(1-p_1)S} \tag{7.1}$$

由此可得，混合策略纳什均衡时，家庭隐瞒信息或寻租的概率为 $\frac{C}{P(A+F_2)-(1-p_1)S}$。也就是说，不符合条件家庭隐瞒信息或寻租的概率大于 $\frac{C}{P(A+F_2)-(1-p_1)S}$ 时，监管者的占优策略是严格监管；不符合条件家庭隐瞒信息或寻租的概率小于 $\frac{C}{P(A+F_2)-(1-p_1)S}$ 时，监管者的占优策略是偷懒；不符合条件家庭隐瞒信息或寻租的概率等于 $\frac{C}{P(A+F_2)-(1-p_1)S}$ 时，监管者随机地选择严格监管或偷懒。

三、博弈均衡结果的解释

针对上述博弈结果的纯策略纳什均衡以及混合策略纳什均衡分别进行分析与解释。

（一）纯策略纳什均衡的解释

由上述分析可知，$(1-P)R-PF_1\geqslant0$ 时，存在纯策略纳什均衡（隐瞒信息或寻租，偷懒）或（隐瞒信息或寻租，严格监管）。这两种情形的纯策略纳什均衡皆为家庭隐瞒信息或寻租，均可能造成保障房错配。一般情况下，该均衡结果的出现是由于 R 太大、F_1太小，或 P 太小所致。因此，要避免出现该博弈均衡结果，应该尽量减少家庭隐瞒信息或寻租而获得的净收益 R，增加对家庭隐瞒信息或寻租的惩罚 F_1，以及提高发现家庭隐瞒信息或寻租行为的概率 P。

$PA-(1-P)F_2-C<(1-p_1)S-F_2$ 时，政策执行者的占优策略为偷懒。该条件通常意味着政策执行者严格监管的成本高于其所获与被罚之和。其一，在严格监管成本既定的条件下，该均衡结果的出现一般是由于对政策执行者的奖惩力度不足所致。其二，在政策执行者面临的奖惩力度既定的条件下，该均衡结果的出现一般是由于严格监管的成本过高所致。因此，要避免该均衡结果出现，政府应加大对政策执行者的奖惩力度，或者降低监管成本。

（二）混合策略纳什均衡的解释

混合策略纳什均衡结果（式（7.1））表明，家庭隐瞒信息或寻租的概率与监管成本 C 同方向变动，与家庭租金付出 S 成正比；与隐瞒信息被发现的概率 P 反方向变动，与政策执行者发现隐瞒信息而受到的奖励 A 反方向变动，与政策执行者可能受到的罚金 F_2反方向变动。

由博弈均衡结果可知，在保障房错配的过程中：其一，监管成本越小，政策执行者严格监管的可能性越大，家庭选择隐瞒信息或寻租的可能性越小。其二，家庭付出的租金越少，意味着家庭选择隐瞒信息或寻租的可能性越小。其三，家庭隐瞒信息或寻租而被发现的可能性越大，家庭选择隐瞒信息或寻租的可能性越小。其四，对政府的奖励越大，政府加大监管力度的可能性越大。政府监管力度越大，监管越严格，家庭选择隐瞒信息或寻租的可能性越小。其五，政策执行者受到的罚金 F_1越大，加大监管力度的可能性越大。政策执行者监管力度越大，监管越严格，家庭选择隐瞒信息或寻租的可能性越小。因此，要避免该混合策略纳什均衡结果出现，需要降低监管成本，增加监管的有效性，加大对监管者的奖励，加大对监管者的处罚力度。

第三节　保障房有效配置的政策建议

根据上述分析，防止不符合条件家庭进入保障房，或者不再符合条件家庭继续居住保障房，就要从以下几方面着手激励与约束不符合条件家庭隐瞒信息或寻租行为，让保障房分配给最需要的家庭，降低保障房错配，实现保障房的公平分配。

一、尽快建立居民经济状况核对信息系统，提高监管精准度

对于保障房审核办法，大多数城市均采用多级审核和多次公示手段，但监管效果不佳，因此需要进一步提供更完善的信息基础设施和制度保障，尽快将住房保障、房产、民政、公安、车管、税务、银行等部门的信息系统联网，尽快建立居民经济状况核对信息系统。根据居民经济状况核对系统，查看保障房申请人及其家庭的各类收入和资产，其中不仅包括工资性收入，而且包括经营性收入、财产性收入以及转移性收入。不仅核查其银行存款和有价证券等金融资产，而且核查家庭拥有或控制的汽车、房产等实物资产，以及核查纳税记录、房产登记及公积金缴纳等信息。

目前，上海已建立“居民经济状况核对中心”，通过公安、金融、证券、工商、税务、保险、住房公积金、住房产权管理等信息资源共享，相关政务信息比对，建立了高效快速的核查机制。其他城市可以参考上海市的经验，尽快建立居民经济状况核对信息系统等高效的信息甄别及审核机制，实现动态跟踪监督，提高政府部门甄别能力，提高监管精准度。

二、完善信息披露制度、充分发挥社会监督，降低监管成本

尽快建立申请人所在社区、街道和县（市、区）房管部门参与对其资格进行联动审核的保障房分配联动审核机制，增强社会监督在保障房分配的审核过程中的监督作用。

信息公开透明是保障房的利益相关者（保障对象、纳税人等）参与监督的前提之一，是防止保障房错配的先决条件。为此，需要完善保障房分配公示制度，让保障房分配在阳光下运行。其一，将保障房政策（包括保障对象、保障范围、申请、审批、退出等相关政策和操作流程），通过印发宣传册、小区内张贴公告等方式向居民广泛宣传，增加广大居民对此项政策的知情权、监督权。其二，将保障房分配过程及结果，通过政府门户网站以及新闻媒体进行公示，运用新闻媒体等社会舆论力量，监督保障房分配过程。其三，采取有奖举报等方式鼓励广大居民揭露保障房分配过程中的违规操作，

形成有效的监督反馈机制。

三、加大对不符合条件家庭的处罚力度

目前，我国各地对隐瞒信息、骗取受保资格家庭处罚的通行做法是约谈、警告、通报批评、责令退还、取消受保资格等，威慑作用不大。为此，需要加大对不符合条件家庭的惩处力度。我国香港特区法例第283章《房屋条例》第26条规定：如果发现公共住房申请过程中存在造假行为，申请者不仅会被取消资格，还会视情节轻重予以罚款20万港元以及监禁6个月。内地应该借鉴香港地区的成功做法，使用更有威慑力的惩处办法，做到零容忍。当然，保障房退出时，除了加大处罚力度外，可以借鉴其他国家或地区采取奖惩结合的办法。例如，英国实行“优先购买权政策”，鼓励公共住房租住者按一定优惠折扣价购买租住的公共住房，香港地区实行“置业资助贷款计划”，向合格的申请人提供免息贷款和按揭还款补助金，激励承租人主动退出。

四、加大对监管者的奖惩力度

保障房错配的出现一定程度上是由于监管者缺乏监管的激励与约束机制所致，鉴于此，提高保障房配置效率，必须完善地方政府官员晋升机制，从根本上激励约束监管者行为。其一，明确监管责任，落实监管主体。其二，将保障房配置效率以及公平分配纳入官员政绩考核机制之中，让保障房公平分配还是错配影响官员个人政治升迁。当然也需要对核实出隐瞒信息的监管者给予适当的物质奖励。其三，对于利用职务之便进行寻租、收受贿赂、徇私舞弊而违规分配保障房的，必须从严处罚，情节严重者甚至可开除公职，触犯法律的交由司法机关惩处。

五、压缩保障房可能存在的利润空间

保障房和商品房分别由政府和市场提供，随着商品房价格不断呈上涨之势，两者价格之差逐渐呈扩大之势。保障房可能存在的利润空间取决于经济适用房售价与商品房市场价之间的差价或廉租房租金与住房租赁市场价格之

间的差价、保障房单套面积和标准、对保障房转售、转租、转借行为的约束。因此，若压缩保障房可能存在的利润空间，其一，要控制房价过快上涨；其二，严格限制保障房单套面积和标准；其三，限制经济适用房的流转，实行资格申请担保制度等，尽快制定相关法律法规禁止公租房转租、转借；其四，进行保障房产权制度创新，建立经济适用房的共有产权制度，降低甚至完全取消住房保障对象继续占用或违规出售保障房的收益。

第八章　保障房有效供给机制的完善

从理论和经验两个方面探讨了制度因素对地方政府保障房有效供给不足（或供给缺口）的作用机制之后，本书有针对性地提出如下几点增加保障房有效供给的政策建议。

第一节　优化财政分权体制与政绩考核机制

机理分析和现实考察均告诉我们，要想从根本上增加保障房供给总量和减少保障房“闲置”引起的供给失效，需要继续深化政治经济体制改革。通过优化分税制和政绩考核机制激励地方政府调整支出结构，增加保障房的有效供给。

一、优化财政分权体制与土地出让制度，改变地方政府对土地财政的依赖

（一）调整税制结构

增加保障房有效供给，重点不在于舍弃分权制，而在于根据我国经济社会发展状况探寻优化我国税制结构与总量的途径、增加其合意性。通过调整税制结构，逐步改变地方政府依赖土地财政的激励。

一方面，将土地的所有市场上收至中央政府，地方政府出售或者出租的土地出让金全部划归为中央财政收入，通过上收土地出让金来改变地方政府依赖土地财政的激励。另一方面，中央政府将企业所得税等产业税收项目的一部分或者全部划归为地方财政收入，从而改善地方政府单纯追求土地出让

以获取财政税收的扭曲性行为，强化地方政府的保障房供给偏好。

（二）完善土地“招拍挂”出让制度

改革土地“招拍挂”出让制度，要改变商业用地的“价高者得”的单一定价方式，细化商业用地的用途，根据不同的土地用途，采用不同的定价方式。比如，宾馆酒店、商业大厦、娱乐设施、高档公寓、别墅用地等继续采用“价高者得”的出让方式；但对普通住宅建设用地的出让企业选择应综合多种指标，比如，周边地价、预售房价、户型面积、企业信誉、房屋质量、消费者评价、纳税情况、社会责任，从而将土地出让给品质高、服务好的住宅建设企业，在一定程度上也可以扭转地方政府依赖土地财政的局面。

二、改进地方政府官员的绩效考评机制

除了优化分税制之外，更重要的是，优化地方政府官员的政绩考核机制，从根本上改变地方政府官员的行为激励。只有将政府绩效评估手段与建设服务型政府、构建和谐社会的目标结合起来，增加我国保障房有效供给才能取得明显的成效。

首先，完善地方政府过于追求经济增长的相对绩效考评机制，建立多元化的地方政府官员考核机制，将保障房建设完成比例引入地方主要领导政绩考核指标之中，并赋予相当的权重，激发有职位升迁愿望的地方主要领导建设保障房的积极性。

其次，逐渐增强县（市、区）级政府对本地居民公共品需求的敏感性和反应性，增强本地居民对县（市、区）级政府行为的约束，使县（市、区）级政府的目标逐渐回归到追求居民福利最大化，由“增长型政府”建设向“公共服务型政府”建设转变。

最后，建立保障房建设领导调研、定点挂钩与考核问责制度，加大对保障房建设的跟踪督查力度，对推进廉租房建设工作不力的，通过其政绩、资格、荣誉、待遇等予以体现，比如，不得推先评优、晋级晋职，并且要追究负责保障房供给的党政分管领导或直接责任人的相应行政责任，迫使所有地方领导改变保障房建设的消极态度。

第二节 加大法律约束与公众监督

有效规制地方政府行为，增加保障房有效供给，还需要法律的约束与公众的监督。

一、加快立法进程，约束地方政府行为

有效约束地方政府保障房供给行为，必须加强住房保障的立法工作，尽快颁布《住房保障法》，完善配套相应的法律法规制度，通过法律的形式明确地方政府在住房保障资金投入、土地提供、金融支持、财税优惠等方面的具体责任，并明确规定财政安排多大比例的资金用于住房保障建设，从而保障地方政府行为的公共服务性。对于没有完成保障房建设数量以及质量存在问题的地方政府分别予以何种程度和何种性质的惩罚，以法律的形式约束地方政府保障房供给的质量和数量问题。

二、增加预算透明度，加大公众监督力度

在地方政府官员政绩考核评价主体上，完善社会监督机制，变上级政府部门考核为社会公众考核。强化地方政府的公共服务者角色，让公共管理活动更多地表现为社会公众的意志；更多地反映社会公众的诉求，在谋求效率优先的同时，提高服务质量和社会公众满意度。

有效约束地方政府保障房供给行为，还需实行公共财政，增加预算的透明度，在赋予地方必要的财政自主权的同时，也适当扩大当地居民参与政府预算决策的机会，赋予当地居民监督政府、参与政府决策、审核财政预决算的权力（周业安、章泉，2008）。要实现公众监督，需增加保障房建设和管理的透明度，将发展规划、土地审批、资金落实、建设进度、分配原则、分配结果等情况定期公布、及时更新，以便于公众全过程监督，从而确保保障房配置给有迫切住房需求的低收入家庭。同时，还要建立质量监控体系，根据保障房工程建设进展情况实施检查和监督抽测，保证保障房工程安全和使用功能。

第三节　完善准入与退出机制

一、完善准入机制

优化准入标准，探讨多种监管机制，完善准入机制，从源头上减少保障房供给失效程度。

（一）优化准入标准

为了增加保障房的有效供给，其准入标准的确定尤为重要。目前，我国保障房准入标准大多以人均收入作为主要参考指标，使得收入标准在实践中不便操作、效率低下，最终导致部分保障房供给失效。因此，从这个层面上说，应尽快优化准入标准，将以人均收入改为以家庭收入作为主要参考指标。理由是，其一，以家庭收入来衡量低收入家庭情况科学合理、切合实际。因为社会上房屋居住普遍以家庭为单位，所以采用家庭收入作为准入标准更贴近现实情况，同时也符合保障房供给的初衷。其二，以家庭收入作为准入标准，能够涵盖更多的户籍信息，具有更强的操作性，更容易识别出不符合保障条件的申请家庭，更有效地减少保障房供给失效。

（二）增加辅助性的准入指标

在保障房收入标准较低时，可以增加一些显性指标作为辅助性工具用以识别出真正的保障对象，比如将家庭成员中失业者比例、60 岁以上人口比例、有残疾或重大疾病人口比重等指标纳入收入标准之中。

加强政策宣传和行政公示，发挥邻里监督功能，科学构建信息非对称和个人理性的准入机制模型，有效控制虚假申请、隐瞒事实等保障房失效问题。

（三）加快信息系统联网建设

鉴于难以有效识别保障房申请家庭所申报信息的真假，应加快建立家庭收入核对中心，探索金融、证券、工商、税务、保险、住房公积金、产权管理等信息资源共享，同时，通过房地产权产籍信息系统、公有住房数据库系统和公安户籍信息系统相关政务信息比对的方式，建立高效快速的住房面积核查机制，由此完善保障对象的准入机制。实时地根据保障对象的实际情况进行动态调整与管理，让真正具有居住需求的家庭能够及时得到保障，而将不符合保障条件的家庭“拒之门外”。

二、增加“转换式”退出，循环利用存量保障房

住建部提供的数据显示，到2010年底，我国仍有2000多万户城镇低收入和少量中等偏下收入家庭的住房不成套，设施简陋[①]。因此，救济或支持这些“应保未保”家庭[②]解决住房困难的任务仍然非常艰巨。因为保障对象池内的家庭数目及具体保障对象是呈动态变化的（见图8-1），因此要解决保障房的“应保未保”问题，除了需要加大货币补贴力度或者新增保障房建设数量，更加需要有效地循环利用已建存量保障房，从而增加保障房有效供给。

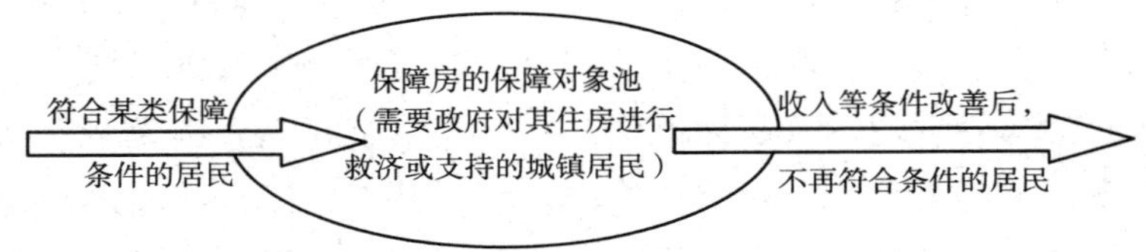

图8-1 呈动态变化的保障房的保障对象池

通过住房管理政策上的变化实现保障房体系内部之间的“转换式”梯度退出。就是说，房子还是这个房子，可以称为廉租房，也可以称为公租房，或者也可以称为经济适用房。在保障对象条件变化后，可以采取以下步骤实现“转换式”退出。某家庭现在符合廉租房申请条件，缴纳廉租房标准的租金，租住廉租房；家庭经济状况等提高后不再符合廉租房租住条件，但又确实没有其他住房的，可以采取提高租金的办法来实现“政策退出”。假如其符合公租房租住条件，仍然可以居住于该房屋，但要缴纳公租房租金标准的租金；假如家庭收入继续提高，不再符合公租房租住条件，仍然可以居住于

① 2011年10月27日上午，全国人大常委会第23次会议举行联组会议，就国务院关于保障房建设和管理的报告进行专题询问时提供了相关信息。http：//news. cn. yahoo. com/ypen/20111028/664497. html。

② 符合某类保障房的保障条件但尚未得到相应住房保障的家庭。

该房屋，但要缴纳市场化租金；假如家庭收入提高至符合经济适用房购买条件，可以考虑允许其以经济适用房的价格购买现住房屋，选择继续居住其中（见图8－2）。

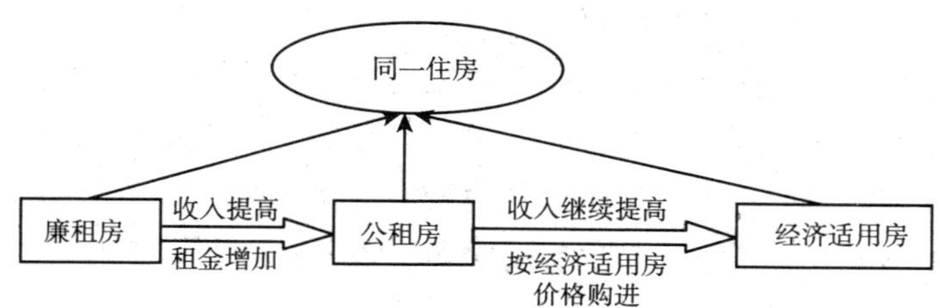

图8－2　实现保障房体系内部的“转换式”退出

显然，“转换式”退出并非完全取代“腾退式”退出，现阶段可以考虑将“转换式”退出方式作为“腾退式”退出方式的有益补充。因此，在家庭收入提高至不再符合某类保障房保障条件后，该住房是采用“腾退式”的退出方式，还是采用“转换式”的退出方式，需要在征求和尊重租住家庭意见的基础上，采用保障对象乐于接受的退出方式，从而在一定程度上解决租赁型保障房退出难的问题。当然，要做到这一点，需要政府部门更加有效率的工作方式和更加完善、更加健全的家庭资产与住房信息系统，进一步加强银行、社保、公积金、车辆管理、民政、劳动等部门的信息共享，及时动态地把握保障对象的收入与住房状况，实现保障房的“转换式”退出。

第四节　发展“共有产权式”经济适用房

经济适用房属于政府向低收入住房困难家庭提供的具有支持性质的保障房。经济适用房政策在执行过程中出现了诸多问题，但基于住房福利在不同阶段要保持一定连续性的考虑，目前不宜废止经济适用房，而应在遵循经济适用房保障体系的基础上，规范和改进经济适用房制度，重点发展“共有产权式”经济适用房。

一、制度优势

与传统的经济适用房制度相比，“共有产权式”经济适用房应在遵循保障对象不变、面积标准不变以及准入退出动态管理不变的前提下，对普通商品房实行过渡产权，改变其管理、供应、建设方式，完善其管理政策体系，避免“套利”行为。“共有产权式”经济适用房与同等条件下的普通商品房同价销售，由符合申请条件的家庭与政府按比例出资购买。根据符合申请条件家庭的经济状况，确定受政府支持家庭具有经济承受能力的出资额度，对经济承受能力不同的家庭，设置不同的产权比例。承受能力低的家庭可以先购买较低比例的产权，而承受能力相对较高的家庭可以购买相对较高比例的产权，从而形成受支持家庭与政府按比例出资并持有相应产权比例的“共有产权式”经济适用房。不同比例的产权体现了国家对不同收入家庭支持力度的不同。

二、退出优势

要做到有效退出，需要建立保障房管理信息联网系统，委托专门机构动态监控城镇居民的收入和居住情况。当管理信息联网系统收到某些家庭不再符合保障条件或者准备上市交易的信息后，监管机构考虑是否回购以及以何种价格回购等事宜。当管理信息联网系统收到某些家庭申请购买政府持有产权部分的信息后，监管机构作为政府代理人负责和购房家庭进行价格商谈以及价格结算等事宜。除了政府回购外，经济适用房通过向商品房的转换，实现保障房体系向商品房体系的转换的“转换式”退出。

（一）购房者在 n 年后申请购买政府持有产权部分

n <5 时，购房人只需要向政府支付政府原出资金额部分，即可购买政府持有产权部分，并拥有该房屋的全部产权，继续居住于该房屋。该房屋的标签由“共有产权式”经济适用房变成了购房者拥有全部产权的商品房，从而完成了“共有产权式”经济适用房的“转换式”退出。而政府可以将收回的投资资金再次用于支持其他有资格、有意愿购买经济适用房的家庭。

n >5 时，购房人购买政府持有的产权部分，不仅需要向政府支付政府原出资金额部分，而且需要向政府支付其持有产权部分的房屋增值收益，还需要向政府支付超过 5 年免租年限后的租金。向政府支付三项资金后，购房家庭可以继续居住该房屋，“共有产权式”经济适用房转换为购房者拥有全部产权的商品房，实现“转换式”退出。

（二）购房者在 n 年后私自出租或者申请上市交易“共有产权”

购房家庭在 n 年后没有申请购买政府持有产权部分，而是因为收入提高等原因，已从该房屋中搬出，完成了“使用退出”。“使用退出”后，面临两种情形：一是申请上市出售；二是私自出租获利。

根据《中华人民共和国物权法》对“共有”的规定，“按份共有人可以转让其享有的共有的不动产或者动产份额。其他共有人在同等条件下享有优先购买的权利”。在购房家庭申请上市交易时，政府可以回收经济适用房，实现“腾退式”退出，并将其用于支持其他符合申请条件的低收入家庭。假如政府不回购，则应当同意购房家庭在市场上整体出售“共有产权”，政府与购房家庭按各自持有的产权比例回收原投资以及分享增值收益，政府将回收资金用于支持其他符合条件家庭购房。

《经济适用住房管理办法》规定，“个人购买的经济适用住房在取得完全产权以前不得用于出租经营”。当政府通过保障房管理信息联网系统，监控到购房家庭的收入或居住等状况发生了改善，发现购房家庭已经“使用退出”，监管机构就要负责与其商谈退出问题。要么政府回购住房，实现“腾退式”退出；要么政府回收资金，实现“转换式”退出。

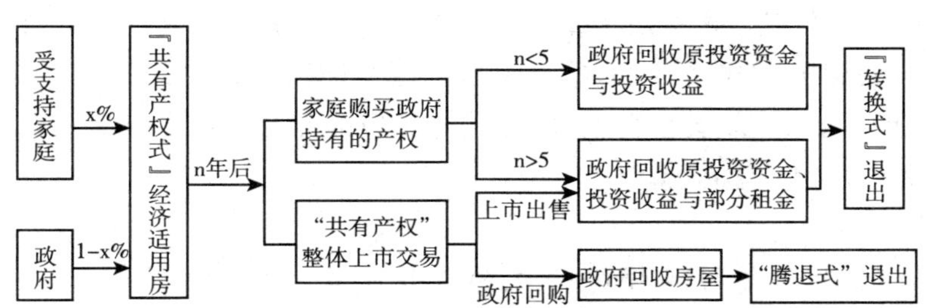

图 8-3 “共有产权式”经济适用房退出机制

第五节　转变公共租赁住房的供给方式：理性选择与配套政策

公共租赁住房供给是政府必须承担的一项重要职责，实现良好的保障效果必须选择恰当的保障方式与良好的配套政策。目前，公共租赁住房的新建数量与需求数量已大致相当，并且以新建方式进行实物配租的保障效果欠佳。同时，中国商品房存在一定的空置率，因而，应逐步摒弃“自上而下”层层摊派式的大规模新建方式，逐步在住房保障中引入市场机制，打通住房市场与住房保障，逐步采用以政府收购方式进行实物配租和货币补贴的保障方式。至于采取政府收购进行实物配租为主，还是货币补贴为主，要视不同城市的存量商品房数量、公共租赁住房供求数量等具体情况而定。为了实现良好的保障效果，切实改善居民的居住条件，需要对住房三级市场、住房租赁交易平台、住房税收体系等配套政策进行科学的顶层设计。

随着新型工业化、新型城镇化的快速推进，大量新就业人员和外来务工人员涌入城市。《公共租赁住房管理办法》规定，新就业无房职工和在城镇稳定就业的外来务工者应被逐步纳入公共租赁住房的保障范围。因此，在相当长的一段时期内，公共租赁住房供给仍然是政府必须承担的一项重要职责。公共租赁住房通常有两种保障方式：实物配租和货币补贴。实物配租也被称为供给方补贴、“补砖头”、“砖头补贴”、“暗补”（以下统称为实物配租），是指由政府直接出资兴建、改建、收购住房，或由享受政府补贴的开发商建造住房，出租给保障对象的保障方式。货币补贴，也称为需求方补贴、“补人头”、“人头补贴”、“明补”（以下统称为货币补贴），是指政府通过收入补贴、税收减免等方式增强保障对象的住房可支付能力，支持保障对象自行承租住房的保障方式（汪利娜，2009）。这两种保障方式的适用条件不同，福利效应也不同。选择适当的保障方式与相应的配套政策才能实现良好的保障效果和既定的政策目标。

一、公共租赁住房保障方式的理性选择

公共租赁住房的保障方式通常有两种：实物配租和货币补贴。实物配租可以由政府新建住房，也可以由政府收购住房。通过对我国公共租赁住房供求现状的分析，我们可以得出保障方式的现实合理选择：大规模新建方式已不是实物配租的最优方式，由政府收购住房进行实物配租以及货币补贴方式是未来的主要保障方式。

（一）大规模新建已不是房源筹集的最优方式。若采用实物配租方式，应由新建为主向政府收购为主转变

公共租赁住房采用实物配租方式时，可以通过新建、改建、收购、长期租赁等多种方式筹集房源。经过2010年以来大规模的新建（含配建），公共租赁住房供求总量已基本平衡，并且新建房在供给过程中存在错配、挪用、闲置等供给失效现象，因而，大规模新建方式已不是房源筹集的最优方式。目前确实仍需要政府筹集房源进行实物配租的部分城市，应逐步改为政府在住房三级市场①收购住房进行实物配租的方式。政府在住房三级市场收购住房，可以打通住房市场和住房保障两大体系，消化住房市场的库存商品房（存量房），促进房地产市场的持续健康发展。

（二）货币补贴将是未来的主要保障方式

其一，无论采用新建方式进行实物配租，还是采用收购方式进行实物配租，政府均需付出相当大的财力。其二，无论公共租赁住房新建数量大于需求量的城市，还是新建数量小于需求量的城市，实物配租均存在错配、挪用、闲置等供给失效现象。其三，随着住房市场的不断完善和发展，商品房建设数量逐年增加，库存商品房越来越多。打通住房市场与住房保障，充分利用二手房租赁市场来盘活存量商品房将是住房保障未来的主旋律。其四，货币补贴方式一方面可以减轻政府新建住房的巨大财政压力，增加地方政府供给的积极性；另一方面可以提高住房保障效率，盘活库存商品房，促进房地产业持续健康发展。因而，在地方政府债务压力较重的背景下，主要依靠政府在住房三级市场上收购或租赁住房进行实物配租不应是未来的主要保障方式，而应逐步转向货币补贴为主的保障方式。

（三）不同区域或城市的主要保障方式转变不能完全同步

如前所述，不同城市的公共租赁住房供需关系不尽相同，因而，主要保障方式选择应该有所不同。对于东部地区的城市而言，公共租赁住房的供给小于需求，且库存商品房相对较少，房价相对较高，若采用货币补贴方式，保障对象难以在住房三级市场租住到合适的住房。因而，仍然需要一定数量

---

① 住房三级市场包括二手房买卖市场和二手房租赁市场。

的实物配租。当然，实物配租应该更多地采取市场收购方式进行实物配租，而非大规模新建的方式。对于中西部地区的城市而言，大学生新就业、外来务工等人口净流入较少，且新建住房存量已经很大，因而，可以向“货币补贴为主，市场收购方式进行实物配租为辅”转变。另外，从城市规模视角看，大城市房价高、公共租赁住房存量相对不足，当前仍需实物配租（主要通过收购而非新建）和货币补贴并举；中西部地区房价相对较低，公共租赁住房数量相对充裕，且住房市场上存量商品房较多，可以主要采用货币补贴方式进行住房保障。

二、提升保障效果的配套政策建议

无论是政府收购方式，还是货币补贴方式，均属于主要依靠住房市场筹集房源以解决公共住房供给的问题。由主要依靠政府新建住房向通过住房市场筹集房源转变过程中，确保住房保障效果提升最为关键。根据国际经验，住房充足仅仅只是通过住房市场筹集房源方式的必要条件，而非充分条件。因为即便住房建设数量已经足够多，保障对象能否切实改善居住条件还取决于以下因素：其一，住房三级市场的有效供给量有多大，这取决于拥有多套住房的家庭出售或出租住房的动力与意愿的大小；其二，住房三级市场交易平台是否良好，这关系到交易成本的大小及交易成功的概率。美国等住房市场较为发达的国家，主要采用通过住房市场筹集房源的住房保障方式，取得了良好的住房保障效果。其主要原因在于这些国家的住房三级市场非常成熟，相应的配套制度设计非常完善（健全的住房税收体系、良好的住房交易平台），因而，住房市场上住房供应数量足够的前提下，保障对象可以相对容易地租住到较为满意的住房。

然而，中国住房市场还是一个新兴的市场，发展时间较短，住房三级市场不成熟，住房相关税收体系不完善，住房交易平台不佳。因而，即便中国住房空置率很高，如果多套住房拥有者没有动力出售或出租住房，或者交易平台不佳交易难以达成，都难以实现较好的保障效果。因此，需要对保障方式进行相应的配套政策措施跟进，例如，完善住房三级市场，增加住房拥有者出售或出租住房的动力；完善住房交易平台，降低交易成本、增加交易成功的概率，以确保保障对象的居住条件得到切实改善。

（一）以积极税收政策引导空置房进入租赁市场

与实物配租相比，货币补贴更有效率是有前提条件的（顾书桂，2012）。以收购方式进行实物配租和货币补贴方式有效率的必要条件之一是住房市场上有充足的可供租住的房源。西南财经大学中国家庭金融调查与研究中心发布的《城镇住房空置率及住房市场发展趋势》调研报告表明，2013 年中国城镇住宅市场的整体空置率达到 22.4%[①]。中金公司根据六普时数据测算得出，当时城镇住房广义空置率为 18.3%，考虑 2011～2013 年新增房屋套数和对应的被占用套数之后，得出 2013 年末空置率为 17.7% 的结论[②]。由此可见，相当数量的空置住房是客观存在的。然而，目前部分空置住房并未进入住房三级市场。原因之一是目前中国尚未对住房空置进行税收约束，或者说空置住房几乎不存在税收成本；原因之二是租赁关系不稳定带来的烦琐手续、租赁中介机构不完善可能导致的住房设施破坏，致使许多家庭宁愿空置而不愿出租。

为了保证住房三级市场上充足的房源，政府应通过积极的税收政策引导空置住房进入市场。具体而言，一方面，降低住房出租的相关税收，降低出租人和承租人的租赁成本；另一方面，逐步开征住房空置税（对于能够出具水电费单据、出租合同等证明的普通住宅不予征收），空置一定时间以上起征，空置时间越长税率越高，从而增加住房持有的成本，推动空置住房进入住房市场，增加市场房源。此外，租赁房源的增加也可以平抑租金，相对地提升享受货币补贴家庭的租房支付能力。

（二）引导租赁中介向“房产管理公司”转变，以搭建良好的交易平台

除了住房市场房源充足之外，以收购方式进行实物配租和货币补贴方式有效率的另一个必要条件是具备良好的住房交易平台。目前，中国住房三级市场缺乏专业化的机构出租人和规模化的住房出租业（辜胜阻等，2013），房产中介公司仅为交易中介，并不负责住房后续的维护监督等工作（例如，承租人不认真维护甚至破坏住房环境、住房设施时，房产中介公司不承担任何责任）；住房租赁交易的合同备案率极低，租赁关系和出租人权益难以得到保障；出租人与承租人的收入或身份地位不对等，租赁关系难以建立。

---

① http：//estate. caijing. com. cn/2014 - 06 - 11/114252792. html。

② http：//finance. sina. com. cn/review/sbzt/20140619/161719463569. shtml。

为了确保享受住房保障的家庭在住房市场上找到合适的房源并建立稳定的租赁关系，政府有责任和义务引导“二手房交易中介公司”向“房产管理公司①”转变（辜胜阻等，2013）。房产管理公司受出租人委托进行住房管理、经营物业，提供专业化、集约化的住房租赁服务（比如定期检查卫生、代理收取房租、代为房屋维修等），通过长期收取资产管理费进行产业化运营，形成住房三级市场综合管理长效机制，为出租方解除后顾之忧、扫清交易障碍，以利于享受住房保障的家庭在住房市场上承租到较为满意的住房。

第六节　农民工住房保障创新：以常州市为例

构建完善的针对农民工的住房保障是一个系统性的机制，在制度上、经济上、思想上仍有较长的路要走。保障农民工住房的法律法规出台有“时间差”，制度的建设跟不上经济发展的速度以及农民工群体增加的速度。城市的发展需求创造了很多的就业机会，吸引了大量的农民工到城市就业。但是在相关的制度建设上城市并没有完全做好准备迎接这样的快速发展所带来的连锁效应。因此，需要在保障模式上进行创新。

一、农民工住房保障模式创新

1. 逐步实现由“实物补贴”向“货币化补贴”转变

通过对发达国家对于低收入住房保障的研究可以看到，发达国家住房保障方式普遍都从“砖头”转移到“人头”，即由“实物补贴”向“货币化补贴”转变。所谓货币化补贴，即国家为解决农民工住房问题通过货币的形式一次或多次发给农民工，然后农民工再到住房市场通过购买或租赁解决住房问题。补贴形式可以分为两种：购房补贴和租房补贴。1994 年《关于深化城镇住房制度改革的决定》由国务院提出，开始了以安居工程为主要形式的经济适用住房的建设，后出现了廉租房、经济适用房等“实物补贴”的保障模式。但是在近些年的发展进程中可以看到，有部分人出现了骗取、违规使用

① 房产管理公司类似于辜胜阻等（2013）提出的“房屋银行”，也类似于发达国家的专业化的住房租赁公司（协会）。

廉租房或经济适用房的情况，或者符合入住条件家庭后期在经济状况改善后依旧使用廉租房或经济适用房等占用政府补贴资源的情况出现，甚至出现了部分“权力寻租”的现象。此外，“实物补贴”资源相对于数量庞大的低收入群体，例如农民工，明显不对称，因此政府应由原本的“实物补贴”向“货币补贴”转变，才能真正保障农民工住房权利。

2. 对农民工进行有层次的合理化区分并进行补贴

在改革开放的40年洪流中，虽然刚开始的时候很多农民工被定义为低收入、低地位甚至被城市社会排斥的一个群体，农民工群体经过多年的发展，可以看到一部分农民工在数十年的打拼中也开拓出了自己的天地。特别是近些年来制造业的转型、服务业的繁荣，社会上专业技术人员的紧缺，对于“手艺人”的需求，使得许多农民工通过自己的双手创造财富。因此在对于农民工住房的保障体系中，不仅需要考虑各地的实际特点，还需要考虑农民工自身的工作能力，灵活地、分层次地解决不同农民工的保障需求。简单地可以分为以下两种类型。

（1）有较强专业技能、有手艺或经营小本生意的农民工。对于有专业能力、有手艺或者经营小本生意，可以较好维持自己生活的农民工，政府需要打通城乡壁垒，把农民工尽快纳入城镇体系中，从而使得农民工可以享受和城镇居民一样的保障体系，特别是尽快将其纳入住房公积金的保障模式中，使其在政府的一定扶持下可以通过自己的努力“扎根”于城市。

（2）专业技能较弱，从事低技能体力劳动的农民工。由于低技能造成的低收入，此类农民工在城市的生存相较于第一类有更大的困难，因此，除了尽快纳入城镇体系中享受应有的住房等保障，同时在进行住房补贴的过程中需要加大对其的“货币化补贴”，优先解决其生存困境。此外，社会保障部门需要大力度地定期开展专业培训课程，旨在提高此类农民工的专业技能，使其可以通过知识与技能增加自己的收入，用自己的双手改善自己的住房环境。

3. 政府主导，避免“权力寻租”

现有的公共住房体系中已经有了廉租房、经济适用房等保障性住房，这些保障性住房在各地的试行一定程度上缓解了农民工的住房难问题，但是由于其价格低廉，出现了权力寻租的现象，导致一些真正有困难的人群享受不到福利。因此对于公共住房制度的覆盖人群应进行更为严格的审查，确保公共住房制度真正地落到实处，解决真正有需求的农民工的要求。同时政府也应该建立及时的审查退出机制，当其经济状况达到一定程度的时候，就将福利转移至更需要的人群中，使得政府公共住房制度“活起来”。

4. 加快开展地区试点工程

在不同的地区可能会产生相同的城市农民工住房保障问题，但是在我国特殊的国情之下，每个出现农民工住房保障问题的地区都会有各个方面的差异与不同。所以当制定出城市农民工住房的相关政策以后，政策执行是应先在具有代表性的地区执行，观察城市农民工对于新政策的反应程度以及社会接受程度，将好的经验推广到其他相似的地区。加快推进地区试点工程可以在短时期内积累解决农民工住房问题的更多经验，通过地区的试点工程进行政策制定的调整，加快推进对农民工住房的保障。

通过国内外案例以及我国在农民工问题上所获得的经验表明，解决此问题不宜采用“一刀切”的方法，特别是在我国这个特殊的国情之下，各个地区的经济发展、财政水平、产业结构、农民工比例水平不一，改革进程所在位置不同，更应该避免过于统一的政策，应从各个地区的实际出发。地方政府应扮演安排者和提供者的角色履行其社会管理职责。目前，有些模式在一些地方实行得较好，形成了较为典型的几种模式（见表 8－1）。

表 8－1　　地方政府解决农民工城市住房保障问题的典型模式

典型模式	代表地区	主要做法	服务与租金	实际效果
重庆模式	重庆市	将空置和闲置的楼房以及烂尾楼改造为农民工“阳光公寓”	公寓内生活配套设施齐全，提供保安计生等公共服务，租房租金按照 1 元/天/床低价推出	保障了农民工的基本住房需求，受到了农民工的欢迎
长沙模式	长沙市	利用城乡接合部农村集体土地建设农民公寓	花园式小区，主要提供集体宿舍，同时出租成套住宅，基本设施健全，房屋租金 50～70 元/月/人	少有农民工入住，受到了“集体冷落”
上海模式	上海市嘉定区马陆镇	在企业集中区，将工业园区内企业为员工建房的土地统一集中起来，集中建造公寓式集体宿舍	公寓区内有食堂、卫生、医疗等公共服务，宿舍内生活配套设施齐全，建立了正规化的社区公共治理组织结构，每个宿舍限住 8 人，租金为 70 元/月/人	节约利用了土地，减轻了企业负担

续表

典型模式	代表地区	主要做法	服务与租金	实际效果
苏南模式	苏州、无锡	利用政府、社会、企业的力量，多渠道、多途径构建农民工汇集点	居住点休闲娱乐场所、配套设施较为齐全，公共管理制度完善，部分设有“维权会”和“法律援助服务站”等	方便了农民工的生活，给农民工子女入学提供了便利
湖州模式	湖州、南通	把农民工纳入住房公积金的范围之内	降低建立住房公积金账户的门槛，为非公有制企业的农民工建立住房公积金制度	农民工初步获得了“市民待遇”

资料来源：刘双良．农民工城市住房保障问题分析与对策研究［J］．经济与管理研究，2010（1）．

二、农民工住房保障制度创新

要更好更快地解决农民工住房问题，还应做到以下几点：

（一）完善相关法律法规，形成配套制度

我们现在的住房制度，只要是为城市居民服务的，包括公积金制度，前面提过，只有很少一部分农民工拥有住房公积金。因此，政府及相关部门必须建立完备的住房制度，保护农民工的利益。此外，政府还应改变国人的传统概念，培育“租买并重”的市场观念。由于国人买房情结严重，导致了大量资金投入房地产行业，造成资金浪费，并且形成了“房奴”盛行的局面。这些都不利于资金在社会中的流动，对于人们的自身发展也并无益处。这方面我国可以向德国学习，建立完善的租房体制，保护租客与房东的共同利益，避免资源浪费。

（二）政府引导、市场参与、农民工自强相结合，互相之间加强合作

只有将政府、市场及农民工结合起来，加强彼此之间的交流沟通，才能最大限度地帮助农民工纳入住房保障体系。仅仅依靠城市政府，显然承担不起沉重的经济负担。因此，就必须加强这三者之间的联系（见图 8－4）。此外，“互联网＋”的模式也可以运用到保障住房中来。“大力推行‘互联网＋政务服务’”（《2016 年国务院政府工作报告》），市场可以推广“互联网＋房地产”的模式，而对于农民工自身来说，使用互联网就是对自己的提高塑

造。前面调查报告中也提及过，大部分农民工对于购房的优惠政策并不清楚，若是能够通过这种互联网参与的模式帮助他们学习如何搜集寻找信息，将有利于农民工的发展的。

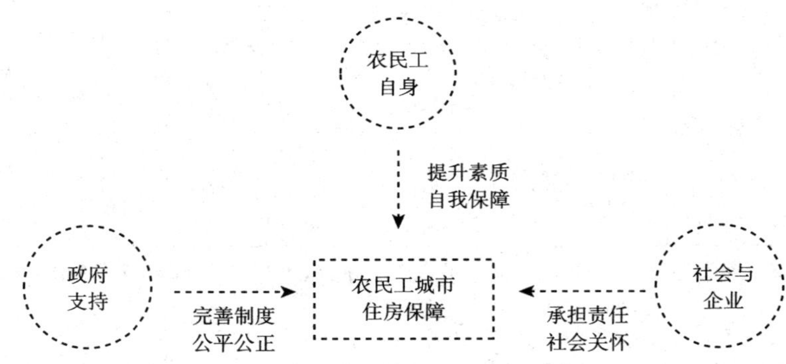

图 8－4　我国农民工住房保障模式三个改革方向

（三）坚持因地制宜、具体问题具体分析的原则

就全国而言，各城市发展水平不尽相同，因此并不适合使用完全相同的农民工住房解决模式。经济不够发达的城市，就不适合大刀阔斧地进行住房保障的建设改革，这样只会让社会矛盾更加尖锐。因此，我国政府解决农民工城市住房保障问题，应坚持具体问题具体分析的原则，因地制宜。一些新的政策措施可以先在经济发展比较好的城市进行试验，根据试验情况，结合各城市市情，酌情推广。2013 年常州市成为全国第二批利用住房公积金贷款支持保障房建设的试点城市，现在全国范围内很多城市都已实施这项政策。

三、农民工住房保障配套制度改革

创新农民工住房保障模式之后，保障效果能否得以实现，还取决于相应的制度配套能否有效地跟进，否则，再好的制度设计都不可能实现预想的政策效果。因此，为了实现良好的保障效果，以下的配套制度改革必须先行，至少要及时跟进。

（一）户籍制度的创新改革

户籍制度是我国的基本制度。现有的公共住房体系中已经有多种形式的保障性住房，对于城镇低收入居民来说，这种保障模式带来了一定的便利，解决了很多城镇居民的住房问题，但是对于农民工群体而言，“农村户口”成为他们进入保障范围的“拦路虎”。因此要建立健全城乡统筹的住房体制，首先要打破“户口”对农民工的限制，打破城乡差异，增加保障力度。对于进入城市的农民工而言，户籍制度则成为他们享受城镇福利、城市发展红利的最厚重的壁垒。陈旧户籍制度已经成为计划经济体制中深深的烙印之一，其在当今阻碍着经济的发展。户籍制度亟须进行创新改革，努力打破城乡差异，使得农民工群体可以尽快真正地融入城市生活中，而不再是游离于城乡之间的“候鸟”。

（二）改进就业制度使农民工融入城市生活

农民工的低收入性严重制约着农民工生活质量的提升，除了政府的保障制度和资金投入这种由政府指导帮助的方法以外，农民工收入水平是农民工住房改善的基础。由于教育程度低、职业技能低使得部分农民工进入低端的劳动力市场，这带给部分农民工低收入、低声望。因此应该引入对农民工就业培训的制度，且将培训长期化、大众化、平常化，而不是仅仅是“阵风式”培训，从而能真正提升农民工的职业技能，提供提高职业福利。让农民工可以有渠道通过自己的双手、自己的努力改变自己的社会地位，提高自己的工作收入，在一定程度上改变自己的住房困境。

（三）建立专门的农民工住房保障管理机构

在我国农民工庞大群体的国情下，农民工及其家属的住房问题成为我国如今面临的巨大挑战。住房保障制度的落实是需要全社会共同参与的大工程，涉及财政、税务、土地和司法等多个政府部门。为了统筹各个部门，需要梳理细化住房保障机构的职责。特别是对于我国巨大的农民工群体，也应设立专门的保障机构保障其住房以及农民工的生产生活，为其提供服务保障。只有解决好农民工的住房问题，才能增加城市对于农民工的认同感，以及农民工对于城市的归属感。只有让农民工在城市有落脚之地，才能发挥农民工群体的巨大力量。

第九章　结　　语

第一节　主要结论

通过理论分析和经验研究，我们得到如下六点结论。

一、财政分权度和政府竞争度均对保障房实际支出比重产生了负向影响

理论和实证研究表明，财政分权和政府竞争对保障房实际支出比重产生了负向影响。在地方政府实际垄断城镇土地一级市场以及土地“招拍挂”出让制度下，获取巨额土地出让金以及房地产相关税收的财政激励促成了地方政府“重市场、轻保障”的倾向。以GDP为主的政绩考核机制等政治激励促成了地方政府过度追求经济增长的行为取向。供给保障房难以给地方政府带来客观的经济利益和明显的政治利益，于是，保障房供给总量不足现象出现。

二、政府竞争是造成保障房供给不足的主要原因

相对政府竞争度而言，财政分权对保障房支出比重的影响程度都比较微弱。因而可以推断，经济分权还不足以构成中国经济发展的全部激励（傅勇，2010），保障房供给不足更多地源自政府竞争而非财政分权。实证结果显示，与财政分权相比，政府竞争对保障房支出比重产生负向影响更大。中国式分权下，地方政府之间展开“自上而下的标尺竞争”，竞相加大公共基

础设施投入等有利于外资流入的公共投资或者支持房地产业的快速发展，增加税收收入以及促进 GDP 增长。而保障房供给无法在地方政府官员任期内明显促进经济增长，因而被地方政府忽视。

三、财政分权对保障房供给的负向影响存在地区差异

模型估计显示，财政分权对保障房支出比重的影响存在地区差异。财政分权对保障房支出比重的影响并非全部为负，对苏南、苏北地区而言，并未产生负向影响。可能的解释是：（1）苏中地区经济发展水平处在苏南地区和苏北地区之间，既希望奋力追赶苏南地区，又担心被苏北地区所赶超，促进经济增长的动力非常强，因此，造就了苏中地区的县（市、区）政府热衷于促进 GDP 增长的公共投资、忽视保障房供给的偏向。（2）苏南经济发展水平相对较高，财政收入来源较多，对土地财政的依赖性没有那么大。在经济性公共品和非经济性公共品供给上更可能实施“不偏不倚”的均衡发展战略，公共投资与公共服务之间更接近于均衡点。（3）苏北地区经济落后，自然禀赋劣势，辖区内的竞争难以成功，容易破罐子破摔，放弃竞争（Cai and Treisman，2005）。同时，苏北地区经济发展水平相对较低，低收入家庭占比高，民生问题更加突出，来自上级政府的监管力度较大，所以，财政分权反而带来了苏北地区保障房支出比重的提升。

四、政府竞争对保障房供给的负向影响存在地区差异

在财政分权体制下，要想增加地方政府保障房有效供给，还需要依赖适宜的政府治理。“为增长而竞争”适用于苏南、苏中以及苏北地区。对上负责制和以 GDP 为主的政绩考核机制下，所有地区的地方政府均有强烈的激励发展地方经济，增加财政收入和促进经济增长，从而增加政治晋升的可能性。“为增长而竞争”下，公共支出的地方化非但没有促进保障房的有效供给，反而成为供给不足困境的制度根源。

五、财政分权、政府竞争对县级政府保障房供给的负向影响更大

与县（含县级市）级政府相比，区级政府职能不完善，对省辖市政府而

言的有限独立性和高度依存性，决定了区级政府缺乏发展辖区经济的相应手段，在竞争中资源动员能力明显弱于县（含县级市）级政府。因而，财政分权、政府竞争下，区级政府发展辖区经济的动力不强，对保障房支出比重的负向影响反而不大；而县（含县级市）级政府发展本地区经济的激励非常强，财政支出偏向严重，对保障房供给支出比重的负向影响大。

六、与廉租房相比，地方政府的经济适用房供给偏好更低

经济适用房需要地方政府“暗补”巨额资金，且不能循环使用，所以，随着财政分权度和政府竞争度的增强，地方政府更加缺乏供给经济适用房的激励。

第二节 政策含义

基于前述章节的研究，本书认为增加保障房有效供给的政策建议可以归纳为以下五点。

一、优化财政分权体制与政绩考核机制

机理分析和现实考察均告诉我们，要想从根本上增加保障房供给总量和减少保障房“闲置”引起的供给失效，需要继续深化政治经济体制改革。其一，通过调整税制结构、完善土地“招拍挂”出让制度等优化分税制，改变地方政府对土地财政的依赖。其二，完善地方政府过于追求经济增长的相对绩效考评机制，建立多元化的地方政府官员考核机制，将保障房建设完成比例引入地方主要领导政绩考核指标之中，并赋予相当的权重；逐步建立“自下而上”的考核机制，建立保障房建设领导调研、定点挂钩与考核问责制度，加大对保障房建设的跟踪督察力度，激励地方政府调整支出结构，增加保障房的有效供给。

二、加大法律约束与公众监督

有效规制地方政府行为，增加保障房有效供给，还需要法律的约束与公众的监督。其一，加快立法进程，约束地方政府行为。通过法律的形式明确地方政府在住房保障资金投入、土地提供、金融支持、财税优惠等方面的具体责任，并明确规定财政安排多大比例的资金用于住房保障建设，从而保障地方政府行为的公共服务性。其二，增加预算透明度，加大公众监督力度。将发展规划、土地审批、资金落实、建设进度、分配原则、分配结果等情况定期公布、及时更新，以便于公众全过程监督，从而确保保障房配置给有迫切住房需求的低收入家庭。

三、完善准入机制

优化准入标准，探讨多种监管机制，完善准入机制，从源头上减少保障房供给失效程度。例如，优化准入标准，将以人均收入改为以家庭收入作为主要参考指标；增加辅助性的准入指标，加强政策宣传和行政公示，发挥邻里监督功能，科学构建信息非对称和个人理性的准入机制模型，加快信息系统联网建设，有效控制虚假申请、隐瞒事实等保障房失效问题。

四、增加“转换式”退出，循环利用存量保障房

通过住房管理政策上的变化，可以实现保障房体系内部之间的“转换式”梯度退出。就是说，房子还是这个房子，可以称为廉租房，也可以称为公租房，或者也可以称为经济适用房。在保障对象条件变化后，可以采取以下步骤实现“转换式”退出。某家庭现在符合廉租房申请条件，缴纳廉租房标准的租金，租住廉租房；家庭经济状况等提高后不再符合廉租房租住条件，但又确实没有其他住房的，可以采取提高租金的办法来实现“政策退出”。假如其符合公租房租住条件，仍然可以居住于该房屋，但要缴纳公租房租金标准的租金；假如家庭收入继续提高，不再符合公租房租住条件，仍然可以居住于该房屋，但要缴纳市场化租金；假如家庭收入提高至符合经济适用房购买条件，可以考虑允许其以经济适用房的价格购买现住房屋，选择继续居

住其中。

五、发展“共有产权式”经济适用房

经济适用房属于政府向低收入住房困难家庭提供的具有支持性质的保障房。经济适用房政策在执行过程中出现了诸多问题，但基于住房福利在不同阶段要保持一定连续性的考虑，目前不宜废止经济适用房，而应该在仍遵循经济适用房保障体系的基础上，规范和改进经济适用房制度，重点发展“共有产权式”经济适用房。与传统的经济适用房制度相比，“共有产权式”经济适用房应在遵循保障对象不变、面积标准不变以及准入退出动态管理不变的前提下，对普通商品房实行过渡产权，改变其管理、供应、建设方式，完善其管理政策体系，避免“套利”行为。

参 考 文 献

［1］“基于家庭收入的保障性住房标准研究”课题组．基于家庭收入的保障性住房标准研究［J］．统计研究，2011（10）．

［2］巴曙松，王志峰．资金来源、制度变革与国际经验借鉴：源自公共廉租房［J］．改革，2010（3）．

［3］蔡荣生，吴崇宇．我国大中城市经济适用房有效供求均衡度研究——基于“非均衡计量模型”的实证分析［J］．财贸经济，2010（7）．

［4］蔡玉峰．廉租房住户退出机制探讨［J］．管理世界，2009（10）．

［5］曹书军，刘星，张婉君．财政分权、地方政府竞争与上市公司实际税负［J］．世界经济，2009（4）．

［6］谢经荣，吕萍，乔志敏．房地产经济学（第三版）［M］．北京：中国人民大学出版社，2013．

［7］中国发展研究基金会．中国城镇化进程中的住房保障问题研究［M］．北京：中国发展出版社，2013．

［8］常华堂，张大勇．社会政策视角下的城市弱势群体住房保障问题探析——关于经济适用房政策争议的思考［J］．中国农业大学学报（社会科学版），2006（2）．

［9］陈超，柳子君，肖辉．从供给视角看我国房地产市场的“两难困境”［J］．金融研究，2011（1）．

［10］陈杰，农汇福．保障房挤出效应的存在性及其时空异质性：基于省级面板门限模型的证据［J］．统计研究，2016（4）．

［11］陈杰，王文宁．经济适用房供应对商品住房价格的影响效应［J］．广东社会科学，2011（2）．

［12］陈立中．住房保障政策瞄准效率及其影响因素——来自北京市廉租房和经济适用房政策的实证［J］．财经科学，2010（5）．

[13] 陈诗一，张军. 中国地方政府财政支出效率研究：1978～2005 [J]. 中国社会科学，2008 (4).

[14] 陈硕. 分税制改革、地方财政自主权与公共品供给 [J]. 经济学（季刊），2010 (7).

[15] 邓可斌，丁菊红. 转型中的分权与公共品供给：基于中国经验的实证研究 [J]. 财经研究，2009 (3).

[16] 丁菊红，邓可斌. 政府偏好、公共品供给与转型中的财政分权 [J]. 经济研究，2008 (7).

[17] 董晓芳，傅十和. 从"配给"到"自由选择"——我国住房制度改革与住房需求决定因素的变迁 [J]. 制度经济学研究，2010 (4).

[18] 董昕. 中国房地产业的公共投资研究 [D]. 财政部财政科学研究所，2010.

[19] 范允奇，王文举. 中国式财政分权下的地方财政支出偏好分析 [J]. 经济与管理研究，2010 (7).

[20] 范子英，张军. 财政分权与中国经济增长的效率——基于非期望产出模型的分析 [J]. 管理世界，2009 (7).

[21] 方红生，张军. 中国地方政府竞争、预算软约束与扩张偏向的财政行为 [J]. 经济研究，2009 (12).

[22] 风笑天. 家安何处：当代城市青年的居住理想与居住现实 [J]. 南京大学学报（哲学·人文科学·社会科学版），2011 (1).

[23] 冯俏彬，贾康. 权益—伦理型公共产品：关于扩展的公共产品定义及其阐释 [J]. 经济学动态，2010 (7).

[24] 冯亦珍，慎海雄. "长三角"上演机场建设大战 [N]. 市场报，2003.03.07.

[25] 傅勇，张晏. 中国式分权与财政支出结构偏向：为增长而竞争的代价 [J]. 管理世界，2007 (3).

[26] 傅勇. 财政分权、政府治理与非经济性公共品供给 [J]. 经济研究，2010 (8).

[27] 傅勇. 中国的分权为何不同：一个考虑政治激励与财政激励的分析框架 [J]. 世界经济，2008 (11).

[28] 傅勇. 中国式分权与地方政府行为：探索转变发展模式的制度性框架 [M]. 上海：复旦大学出版社，2010.

[29] 高峰. 对我国廉租住房保障方式的若干思考 [J]. 武汉大学学报(哲学社会科学版), 2010 (2).

[30] 葛扬, 贾春梅. 廉租房供给不足的事实、根源与突破路径——基于转型期中国地方政府行为视角的分析 [J]. 经济学家, 2011 (8).

[31] 龚峰, 卢洪友. 公共支出结构、偏好匹配与财政分权 [J]. 管理世界, 2009 (1).

[32] 龚锋, 雷欣. 中国式财政分权的数量测度 [J]. 统计研究, 2010 (10).

[33] 顾海峰. 新型城镇化、保障房制度与最优信贷环境——基于需求引致与供给助推的双重视角 [J]. 中国软科学, 2017 (1).

[34] 顾列铭. 长三角港口群群龙何以起舞 [N]. 新浪网, 2006. 08. 16.

[35] 郭广珍, 李绍平, 黄险峰. 经济发展中的地方官员行为研究——基于政治晋升、财政分权与腐败的视角 [J]. 经济评论, 2011 (5).

[36] 国务院. 国务院关于解决城市低收入家庭住房困难的若干意见 [R]. 中国政府网, 2007.

[37] 郝生跃, 卢玉洁, 任旭. "十三五" 时期保障性住房建设可持续模式研究 [J]. 经济纵横, 2017 (1).

[38] 何灵, 郭士征. 廉租住房保障推出机制: 现状、问题与对策——以上海市为例 [J]. 华东经济管理, 2010 (2).

[39] 何灵. 现阶段廉租住房推出管理中的问题与对策 [J]. 现代经济探讨, 2011 (4).

[40] 何元斌, 王雪青. 保障性住房建设中中央政府与地方政府的博弈行为分析 [J]. 经济问题探索, 2016 (11).

[41] 何元斌. 保障性住房政策的经验借鉴与我国的发展模式选择 [J]. 经济问题探索, 2010 (6).

[42] 胡福光, 李放, 周婷婷, 李金花. 住房弱势群体对廉租房需求度的实证研究——以江苏省四市为例 [J]. 经济体制比较, 2010 (5).

[43] 胡际莲, 洪诗鸿. 基于博弈视角的经济适用房骗购行为 [J]. 东疆学刊, 2011 (2).

[44] 黄衍电, 黄文达. 经济适用房建设投资政策效应分析 [J]. 福建论坛 (人文社会科学版), 2009 (5).

[45] 黄振宇. 我国住宅市场供给对住宅价格影响的实证分析——基于

1998～2007 年我国房地产市场数据［J］. 宏观经济研究，2011（3）.

［46］黄征学. 经济适用房的政策效应分析［J］. 经济科学，2004（3）.

［47］贾春梅，葛扬. 对地方政府保障房支出缺口的估计——来自江苏市（县）的证据［J］. 经济评论，2012（1）.

［48］贾俊雪，郭庆旺，宁静. 财政分权、政府治理结构与县级财政解困［J］. 管理世界，2011（1）.

［49］贾俊雪，郭庆旺，赵旭杰. 地方政府支出行为的周期性特征及其制度根源［J］. 管理世界，2012（2）.

［50］贾智莲，卢洪友. 财政分权与教育及民生类公共品供给的有效性——基于中国省级面板数据的实证分析［J］. 数量经济技术经济研究，2010（6）.

［51］江苏省住房和城乡建设厅住房保障处. 江苏省住房保障目标任务完成情况表（2008～2010）［R］. 2011.

［52］姜万军，喻志军. 经济适用住房政策：问题与出路［J］. 中国软科学，2005（9）.

［53］焦怡雪，尹强. 关于保障性住房建设比例问题的思考［J］. 城市规划，2008（9）.

［54］黎精明. 对中国财政分权度的研究［J］. 财经理论与实践，2009（9）.

［55］李光明，刘保齐. 安庆现 205 平方米超大经适房［N］. 法制日报，2009－11－17.

［56］李辉婕. 各地区廉租住房保障水平测算及其与经济发展的适应性分析［J］. 当代财经，2008（11）.

［57］李娟. 基于政府财政能力的住房保障适度水平研究——以南京市为例［J］. 中国房地产金融，2008（1）.

［58］李娜. 中国城镇适度住房保障水平研究［D］. 北京：中国人民大学，2006.

［59］李培. 经济适用房住户满意度及其影响因素分析——基于北京市 1184 位住户的调查［J］. 南方经济，2010（4）.

［60］李培. 中国经济适用房供求的省际差异分析［J］. 财贸经济，2008（9）.

［61］李祥云，陈建伟. 财政分权视角下中国县级义务教育财政支出不

足的原因分析 [J]. 教育与经济，2010（2）.

[62] 李永友. 公共服务型政府建设与财政支出结构效率 [J]. 经济社会体制比较，2011（1）.

[63] 林建设，郭宏宇. 住宅金融市场发展的两难困境——从美国住宅金融市场改革看住房保障与财政风险的两难抉择 [J]. 经济社会体制比较，2011（4）.

[64] 林江，孙辉，黄亮雄. 财政分权、晋升激励和地方政府义务教育供给 [J]. 财贸经济，2011（1）.

[65] 刘广平，陈立文. 基于住房支付能力视角的保障房准入标准研究——思路、方法与案例 [J]. 中国行政管理，2016（4）.

[66] 刘家义. 关于2010年度中央预算执行和其他财政收支的审计工作报告 [R]. 2011-06-27.

[67] 刘丽荣. 保障性住房的合理供给与梯度消费模型的构建 [J]. 建筑经济，2008（10）.

[68] 刘润秋，曾祥凤，于蕴. 经济适用房制度的存废之争及其路径选择——基于和谐社会和包容性增长的视角 [J]. 西南民族大学学报（人文社会科学版），2011（5）.

[69] 刘生龙，胡鞍钢. 基础设施的外部性在中国的检验：1988~2007 [J]. 经济研究，2010（3）.

[70] 刘小鲁. 区域性公共品的最优供给：应用中国省际面板数据的分析 [J]. 世界经济，2008（4）.

[71] 刘雅南，邵宜航. 政府竞争与区域经济差异 [J]. 经济学（季刊），2009（7）.

[72] 刘颖. 中国廉租住房制度创新的经济学分析 [D]. 成都：四川大学，2006.

[73] 刘志彪，安同亮，编. 现代产业经济分析 [M]. 南京：南京大学出版社，2009.

[74] 娄文龙，杨春江，唐学庆. 农民工住房保障供给机制存在的问题及其解决路径 [J]. 城市问题，2016（10）.

[75] 吕炜，王伟同. 发展失衡、公共服务与政府责任——基于政府偏好和政府效率视角的分析 [J]. 中国社会科学，2008（4）.

[76] 吕炜，王伟同. 政府服务性支出缘何不足？——基于服务性支出

体制性障碍的研究［J］. 经济社会体制比较，2010（1）.

［77］马辉民，刘潇. 我国共有产权住房政策的探索与实践［J］. 中国行政管理，2016（1）.

［78］穆怀中. 老年社会保障负担系数研究［J］. 人口研究，2001（4）.

［79］牛毅. 经济适用住房政策的绩效评价［J］. 财贸经济，2007（12）.

［80］庞娟. 公共品供给中地方政府的行为探析［J］. 学术论坛，2009（8）.

［81］皮建才. 中国转型期地方政府行为取向及调控策略研究［J］. 经济理论与经济管理，2010b（10）.

［82］皮建才. 中国地方政府间竞争的收益与成本分析［J］. 经济学动态，2007（1）.

［83］皮建才. 转型时期地方政府公共品供给机制分析［J］. 财贸经济，2010a（9）.

［84］平新乔，白洁. 中国财政分权与地方公共品的供给［J］. 财贸经济，2006（2）.

［85］乔宝云，范剑勇，冯元兴. 中国的财政分权与小学义务教育［J］. 中国社会科学，2005（6）.

［86］秦强. 中国财政分权度测量方法的实证分析［J］. 社会科学家，2010（3）.

［87］沈坤荣，付文林. 中国的财政分权制度与地区经济增长［J］. 管理世界，2005（1）.

［88］宋勃. 房地产价格波动与政府的干预政策［J］. 价格月刊，2010（11）.

［89］苏多永. 保障性住房供给不足的原因与建议［J］. 上海房地，2010（3）.

［90］汤玉刚，赵大平. 论政府供给偏好的短期决定：政治均衡与经济效率［J］. 经济研究，2007（1）.

［91］陶然，袁飞，曹广忠. 区域竞争、土地出让与地方财政效应——基于1999～2003年中国地级城市面板数据的分析［J］. 世界经济，2007（10）.

［92］田建军. 长江港口建设全面提速 万吨级码头泊位平均七公里［N］.

新华网，2012－03－07.

［93］田伟，田红云．晋升博弈、地方官员行为与中国区域经济差异［J］．南开经济研究，2009（1）.

［94］王诚庆．经济适用房的历史地位与改革方向［J］．财贸经济，2003（11）.

［95］王世磊，张军．中国地方官员为什么要改善基础设施？——一个关于官员激励机制的模型［J］．经济学（季刊），2008（2）.

［96］王文剑，覃成林．地方政府行为与财政分权增长效应的地区性差异——基于经验分析的判断、假说及检验［J］．管理世界，2008（1）.

［97］王文剑．中国的财政分权与地方政府规模及其结构——基于经验的假说与解释［J］．世界经济文汇，2010（5）.

［98］王贤彬，徐现祥．晋升激励与经济增长：来自中国省级官员的证据［J］．世界经济，2010a（2）.

［99］王贤彬，徐现祥．晋升激励与投资周期——来自中国省级官员的证据［J］．中国工业经济，2010b（12）.

［100］王贤彬，徐现祥．转型期的政治激励、财政分权与地方官员经济行为［J］．南开经济研究，2009（2）.

［101］王贤彬，张莉，徐现祥．辖区经济增长绩效与省长省委书记晋升［J］．经济社会体制比较，2011（1）.

［102］吴群，李永乐．财政分权、地方政府竞争与土地财政［J］．财贸经济，2010（7）.

［103］肖磊，李丽，肖佳文．廉租房补贴政策的效用比较与福利分析［J］．昆明学院学报，2011（2）.

［104］熊景维．农民工的城市住房困境及其解决路径［J］．城市问题，2016（5）.

［105］徐月宾，张秀兰．中国政府在社会福利中的角色重建［J］．中国社会科学，2005（5）.

［106］阎炎．经济适用房的黄昏来了？［J］．中国土地，2009（7）.

［107］颜昌武．我国市辖区政府间竞争：制度环境与策略选择［J］．社会主义研究，2008（5）.

［108］杨俊．中国保障性住房制度与房地产业的发展［J］．浙江社会科学，2010（3）.

[109] 杨其静. 分权、增长与不公平 [J]. 世界经济, 2010 (4).

[110] 尹恒, 朱虹. 县级财政生产性支出偏向研究 [J]. 中国社会科学, 2011 (1).

[111] 尹恒, 朱虹. 中国县级地区财力缺口与转移支付的均等性 [J]. 管理世界, 2009 (4).

[112] 俞传尧. 关于2010年度省本级预算执行和其他财政收支情况的审计工作报告（2011年7月27日在福建省第十一届人民代表大会常务委员会第二十五次会议上）[R]. 福建省人民代表大会常务委员会公报, 2011. 04.

[113] 虞晓芬, 傅剑, 林国栋. 社会组织参与住房保障的模式创新与制度保障——英国住房协会的运作经验与借鉴 [J]. 城市发展研究, 2017 (1).

[114] 袁飞, 陶然, 徐志刚, 刘明兴. 财政集权过程中的转移支付和财政供养人口规模膨胀 [J]. 经济研究, 2008 (5).

[115] 袁业飞. 经济适用房: 保留, 取消, 还是改革? ——聚焦经济适用房的存废之争 [J]. 中华建设, 2011 (4).

[116] 张波, 刘江涛. 经济适用住房退出机制的构建 [J]. 经济理论与经济管理, 2008 (7).

[117] 张军, 高远, 傅勇, 张弘. 中国为什么拥有了良好的基础设施? [J]. 经济研究, 2007 (3).

[118] 张清勇. 住房、住房问题与住房政策: 一个综述 [J]. 财贸经济, 2008 (1).

[119] 张双甜, 罗晓庚. 保障性住房供给的博弈分析 [J]. 工程管理学报, 2010 (10).

[120] 张五常. 中国的经济制度（神州大地增订版）[M]. 北京: 中信出版社, 2009.

[121] 张晏, 龚六堂. 分税制改革、财政分权与中国经济增长 [J]. 经济学（季刊）, 2005 (1).

[122] 张晏. 分权体制下的财政政策与经济增长 [M]. 上海: 上海人民出版社, 2005.

[123] 张祚, 李江风, 刘艳中, 黄琳. 经济适用房运行机制下的城市居住空间分异与社会公平——以武汉为例 [J]. 中国软科学, 2008 (10).

[124] 中国经济增长与宏观稳定课题组. 增长失衡与政府责任——基于社会性支出角度的分析 [J]. 经济研究, 2006 (10).

[125] 中国指数研究院主编. 2011 保障房白皮书 [R]. 2011.

[126] 中华人民共和国审计署. 19 个省市 2007 年至 2009 年政府投资保障性住房审计调查结果 [EDO]. 2010 年 22 号审计结果公告, http: //www. gov. cn/gzdt/2010 - 11/17/content_1747270. htm .

[127] 周飞舟. 分税制十年: 制度及其影响 [J]. 中国社会科学, 2006 (6).

[128] 周航, 樊学瑞, 周哲. 保障性住房供给对消费扩张的影响 [J]. 财经科学, 2016 (4).

[129] 周蕾. 住房补贴政策的消费促进效应及其影响因素研究——基于上海廉租房货币配租政策的 Logistic 分析 [J]. 上海经济研究, 2010 (4).

[130] 周黎安. 中国地方官员的晋升锦标赛模式研究 [J]. 经济研究, 2007 (7).

[131] 周业安, 章泉. 财政分权、经济增长和波动 [J]. 管理世界, 2008 (3).

[132] 踪程, 闫浩, 陈立文. 住房品质、公共品供给与保障房居民福利 [J]. 经济问题, 2017 (2).

[133] 李正升, 李瑞林, 王辉. 中国式分权竞争与地方政府环境支出——基于省级面板数据的空间计量分析 [J]. 经济经纬, 2017 (1).

[134] 李森圣, 张宗益. 财政分权与地方交通基础设施投资激励——基于中央跨区域财政配置视角的分析 [J]. 产业经济研究, 2015 (2).

[135] 李香菊, 刘浩. 区域差异视角下财政分权与地方环境污染治理的困境研究——基于污染物外溢性属性分析 [J]. 财贸经济, 2016 (2).

[136] 罗吉, 黄亚平, 赵丽元, 陈瞻, 张妮娅. 城市低收入群体二元居住需求与住房供给研究——基于微观实证调查 [J]. 城市规划, 2015 (3).

[137] 王波, 蒋和胜. 保障房建设对商品房价格的传导机制研究 [J]. 价格理论与实践, 2016 (2).

[138] 周航, 樊学瑞, 周哲. 保障性住房供给对消费扩张的影响 [J]. 财经科学, 2016 (4).

[139] 刘广平, 陈立文. 基于住房支付能力视角的保障房准入标准研究——思路、方法与案例 [J]. 中国行政管理, 2016 (4).

[140] Arellano, M. , and S. Bond, 1991, "Some Tests of Specification for Panel Data: Monte Carlo Evidence and an Application to Employment Equations", *Review of Economic Studies*, Vol. 58, 277 - 297.

[141] Berry, Steven T. , Waldfogel and Joel, 1999, "Public Radio in the United States: Does It Correct Market Failure or Cannibalize Commercial Stations?", *Journal of Public Economics* , 71, 189 - 211.

[142] Blanc, D. L. , 2005, "Economic Evaluation of Housing Subsidy Systems: A Methodology with Application to Morocco", World Bank Policy Research Working Paper.

[143] Blundell, R. and S. Bond, 1998, "Initial Conditions and Moment Restrictions in Dynamic Panel Data Models", *Journal of Econometrics*, Vol. 87, 115 - 143.

[144] Bond, S. , 2002, "Dynamic Panel Data Models: A Guide to Micro Data Methods and Practice", *Institute for Fiscal Studies Working Paper*, No. 09/02.

[145] Chen, Shaohua and Martin Ravallion, 2005, "Decentralized Transfers to the Urban Poor: China's Di Bao Program", Working Paper at the World Bank.

[146] Currie, Janet, Yelowitz, Aaron, 2000, "Are Public Housing Projects Good for Kids?", *Journal of Public Economics*, 75, 99 - 124.

[147] Cutler, David M. , Gruber, Jonathan, 1996, "Does Public Insurance Crowd out Private Insurance?", *Quarterly Journal of Economics*, 111, 391 - 430.

[148] David le Blanc and Anne Lafarrere, 2001, "The Effect of Public Social Housing on Households' Consumption in France", *Journal of Housing Economics*, 10, 429 - 455.

[149] Davoodi, R. and D. Grigorian, 2007, "Tax Potential vs. Tax Effort: A Cross-Country Analysis of Armenia's Stubbornly Low Tax Collection", IMF Working Paper, No. 07/106.

[150] Dennis Epple, Allen Zelenitz and Michael Visscher, 1978, "A Search for Testable Implications of Tiebout's Hypothesis", *Journal of Political Economics*, Vol. 86.

[151] DiPasquale, Denise, 1999, "Why don't We Know More about Housing

Supply?", *Journal of Real Estate Finance and Economics*, 18, 9 - 23.

[152] Early, Dirk W., 1998, "The Role of Subsidized Housing in Reducing Homelessness: an Empirical Investigation Using Micro-data", *Journal of Policy Analysis and Management*, Vol. 17, No. 4, 687 - 696.

[153] Early, Dirk W., Olsen, Edgar O., 2002, "Subsidized Housing, Emergency Shelters, and Homelessness: an Empirical Investigation Using Data from the 1990 Census", *Advances in Economic Analysis and Policy*, Vol. 2, No. 1. Article 2. http://www.bepress.com/bejeop/advances/vol2/iss1/art2.

[154] Ermisch, J., 1995, "The Demand for Housing in Britain and Population Ageing: Micro-econometric Evidence", *Economica*, 63, 383 - 404.

[155] Feldstein, Martin, 1982, "Social Security and Private Saving: Reply", *Journal of Political Economy*, Vol. 90, No. 3, 630 - 641.

[156] Francis Cronin, 1982, "Estimation of Dynamic Linear Expenditure Functions for Housing", *Review of the Economic Statistics*, Vol. 64.

[157] Gilbert, G. and P. Picard, 1996, "Incentives and Optimal Size of Local Jurisdictions", *European Economic Review*, Vol. 40, 19 - 41.

[158] Glaeser, E. L., and Luttmer, E. F. P., 1997, "The Misallocation of Housing under Rent Control", NBER Working Paper, 6220.

[159] Glaeser, Edward, Gyourko, Joseph, 2001, "Urban Decline and Durable Housing", NBER Working Paper, No. 8598.

[160] Gramlich, E. M., Rubinfeld, D. L., 1982, "Micro Estimates of Public Spending Demand Functions and Tests of the Tiebout and Median-Voter Hypotheses", *Journal of Political Economy*, Vol. 90, No. 3, 536 - 560.

[161] Gyourko, J., and Linneman, P., 1989, "Equity and Efficiency Aspects of Rent Control: An Empirical Study of New York City", *Journal Urban Economic*, 26, 54 - 74.

[162] H. Yin, 2008, "Fiscal Disparities and the Equalization Effects of Fiscal Transfers at the County Level in China", *Annals of Economics and Finance*, Vol. 9, No. 1, 115 - 149.

[163] IMF, 2008, "Government Finance Statistics Yearbook", http://www.imf.org/external/pubs/ft/gfs/yearbook/2008/gfsy08.pdf.

[164] Joseph Gyourko, Joseph Tracy, 1991, "The Structure of Local Public

Finance and the Quality of Life", *Journal of Political Economic*, Vol. 99.

[165] Kakwani, N., Son, H. H., 2006, "Evaluating Targeting Efficiency of Government Programmes: International Comparisons", DESA Working Paper.

[166] Katz, Lawrence, Kling, Jeffrey, Liebman, Jeffrey, 2001, "Moving to Opportunity in Boston: Early Results of a Randomized Mobility Experiment", *Quarterly Journal of Economics*, 116, 607 – 654 (May).

[167] Kenneth E. Train, 2002, "Discrete Choice Methods with Simulation", Cambridge University Press.

[168] Kingma, Bruce, 1989, "An Accurate Measurement of the Crowd-out Effect, Income Effect, and Price Effect for Charitable Contributions", *Journal of Political Economy*, Vol. 97, No. 5, 1197 – 1207.

[169] Kukenova, M. and J. Monteiro, 2008, "Spatial Dynamic Panel Model and System GMM: A Monte Carlo Investigation", MPRA Paper, No. 14319.

[170] Mario Forni and Marc Hallin, 2000, "The Generalized Dynamic-Factor Model: Identificationand Estimation", *The Review of Economic and Statistic*, Vol. 82, No. 4, 540 – 554.

[171] Mayo, S. K., and Barnbrock, J., 1985, "Rental Housing Subsidy Programs in Germany and the U. S.: A Comparative Program Evaluation", in *U. S. and West German Housing Markets* (R. Struyk and K. Stahl, Eds.), New York: Urban Institute Press, 115 – 154.

[172] Murray, M. P., 1975, "The Distribution of Tenant Benefits in Public Housing", *Econometrica*, 43, 771 – 788.

[173] Murray, Michael P., 1983, "Subsidized and Unsubsidized Housing Starts: 1961 ~ 1977", *Review of Economics and Statistics*, 65, 590 – 597.

[174] Murray, Michael P., 1999, "Subsidized and Unsubsidized Housing Stocks 1935 to 1987: Crowding Out and Cointegration", *Journal of Real Estate Finance and Economics*, 18, 107 – 124.

[175] Nichols, Albert, Zeckhauser, Richard, 1982, "Targeting Transfers through Restrictions on Recipients", *American Economic Review*, 72, 372 – 377 (May).

[176] Olsen, E. O., and Barton, D. M., 1983, "The Benefits and Costs of

Public Housing in New York City", *Journal Public Economic*, 20, 299 – 332.

[177] Olsen, Edgar O., 1987, "The Demand and Supply of Housing Service: a Critical Survey of the Empirical Literature", In: Mills, E. S. (Ed.), *Handbook of Regional and Urban Economics*, Vol. 2, 989 – 1022.

[178] Olsen, E. O., 2000, "Housing Programs for Low-Income Households", Paper Presented at the NBER Conference on Means-Tested Transfers, Mimeo.

[179] Otates, W. E., 1972, "Fiscal Federalism", New York: Harcourt Brace Jovanovich Inc.

[180] Pandey, R., Sundaram, P. S. A., 1997, "Subsidy to Government Employees through Staff Housing", *Economic and Political Weekly*, No. 32.

[181] Piancastelli, M., 2001, "Measuring the Tax Effort of Developed and Developing Countries: Cross Country Panel Data Analysis – 1985/95", IPEA Working Paper, No. 818.

[182] Roodman, D., 2006, "How to Do Xtabond2: An Introduction to 'Difference' and 'System' GMM in Stata", Center for Global Development Working Paper, No. 103.

[183] Rosen, H. S., 1985, "Housing Subsidies, Effects on Housing Decisions, Efficiency, and Equity", NBER Working Paper, No. 23.

[184] Shah, A., 1998, "Balance, Accountability and Responsiveness: Lesson about Decentralization", World Bank, Washington D. C., Policy Research Working Paper No. 2021.

[185] Stotsky, J. and A. Woldemariam, 1997, "Tax Effort in SubSaharan Africa", IMF Working Paper, No. 97 – 107.

[186] Tiebout, C. A., 1956, "Pure Theory of Local Public Expenditure", *Journal of Political Economy*, 64, 416 – 424.

[187] Todd Sinai and Joel Waldfogel, 2005, "Do Low-income Housing Subsidies Increase the Occupied Housing Stock?", *Journal of Public Economics*, 89, 2137 – 2164.

[188] White, M. J., White, L. J., 1977, "The Tax Subsidy to Owner-occupied Housing: Who Benefits?", *Journal of Public Economics*, 7. www. stata. com / meeting/2italian/Federici. pdf.

[189] Zhang, T. and H. Zou, 1998, "Fiscal Decentralization, Public Spending and Economic Growth in China", *Journal of Public Economics*, Vol. 67, 221 - 240.

[190] Zhurarskaya, E. V. , 2000, " Incentives to Provide Local Public Goods: Fiscal Federalism, Russian Style", *Journal of Public Economics*, 76, 337 - 368.

后　记

本书是在本人博士论文的基础上修订、补充、完善、更新而成。

2012 年夏天，我从 110 岁高龄的南京大学如期顺利毕业，获得经济学博士学位，进入彼时还叫南京审计学院的南京审计大学，开启了令人期待的教学和科研工作。

期待是美好的，然而现实往往是残酷的。繁重的教学工作压得人喘不过气来，在南审五年讲授过九门课程：《房地产热点问题》《政治经济学》《经济学说史》《中国财政史》《中国赋税史》《微观经济学》《经济学原理》《经济学通论》《〈政府与市场——变革中的政府职能〉导读》。几乎每学期都有新课要准备，还有年幼的孩子要照顾，所以，白天很少有时间阅读文献，静心写作更是奢望。但，心中深藏着的执念一直都在。

上天眷顾，终于迎来了进入南审以来最为幸运、收获颇丰的 2013 年。在这一年，以与本书相关而又不同的研究主题成功申请到两项课题基金——以“保障房有效供给激励机制”为主要内容的国家社会科学基金青年项目和以“保障房配置效率”为主要内容的江苏省教育厅人文社科基金一般项目。在这一年，我重返南京大学，进入应用经济学博士后流动站，成功申请到以“保障房公平配置”为研究内容的江苏省博士后科研资助计划。2016 年也是值得记录与赞美的一年，上述三项课题均如期结项。上天再次垂怜，又成功申请到江苏省社会科学基金项目“江苏城镇住房供给侧结构性改革研究”。2017 年，南京市哲学社会科学基金项目“大数据背景下宜居宜业城市建设路径研究”获得立项。

五年的时光悄然溜走，而今再回首，人生百转千回，最难得的是仍不忘初心。从博士阶段，到博士后期间，一直专注于低收入群体的住房保障问题研究。未来的日子，不忘初心，继续前行。

这些年取得的点滴进步离不开南京大学经济学院副院长、博士生导师葛扬教授的谆谆教导。师从葛老师，改变了我人生的轨迹，是我一生中最大的幸事。老师谦和大度的为人处事方式、高尚的师德、严谨的态度，春风化雨般影响着我、潜移默化地改变着我，是我一生受之不尽的宝贵财富。记得，刚入师门不久拿一篇自认为不错的短文给老师看，老师极具耐心地听我诉说稚嫩的想法，没有打断、没有批评，尽力帮我发现其中可能的闪光点，给了我继续完善下去的信心。还记得，文章接二连三被拒的那些时日，老师不止一次地打电话安慰我，告诉我“守得云开见月明”“宝刀百炼生玄光”的道理，让我最终品尝到了千磨万砺后收获的甘甜。

感谢给予我知识养分的南京大学经济学院的各位老师，以及给我关怀与帮助的南京审计大学经济与贸易学院的各位领导与同事。

感谢父母、姐妹、爱人与儿子，他们的支持是我前进的动力。

2019 年 5 月

写于南京